岳西

发展带动扶贫脱贫

YUEXI
FAZHAN DAIDONG
FUPIN TUOPIN

左停　于乐荣　唐丽霞　◎著

中国出版集团
研究出版社

图书在版编目 (CIP) 数据

岳西 : 发展带动扶贫脱贫 / 国务院扶贫办
组织编写 . -- 北京 : 研究出版社 , 2020.11
ISBN 978-7-5199-0749-5

Ⅰ . ①岳… Ⅱ . ①国… Ⅲ . ①扶贫 – 研究 – 岳西县
Ⅳ . ① F127.544

中国版本图书馆 CIP 数据核字 (2019) 第 184490 号

岳西：发展带动扶贫脱贫

YUEXI：FAZHAN DAIDONG FUPIN TUOPIN

国务院扶贫办　组织编写

责任编辑：寇颖丹

研究出版社 出版发行
（100011　北京市朝阳区安华里 504 号 A 座）

河北赛文印刷有限公司　　新华书店经销

2020 年 12 月第 1 版　2020 年 12 月北京第 1 次印刷
开本：710 毫米 ×1000 毫米　1/16　印张：23
字数：313 千字

ISBN 978 – 7 – 5199 – 0749 – 5　定价：49.00 元

邮购地址 100011　北京市朝阳区安华里 504 号 A 座
电话（010）64217619　64217612（发行中心）

《岳西：发展带动扶贫脱贫》编写组

主　编：左　停　于乐荣　唐丽霞

成　员：李　凡　刘　林　刘启明　王　琳　李　博

李　卓　金　菁　赵梦媛　徐卫周　刘　洋

苏青松　刘文婧　李佟劼　张一珂

目 录

概　要

发展引领脱贫
——中国脱贫攻坚的岳西模式

安徽省安庆市岳西县地处大别山腹地，安徽省西南边陲，跨大别山南北两坡，西与湖北省接壤，地跨长江、淮河两大流域，是淮河主要支流的发源地，也是长江中下游水源的主要补给区。由于历史（革命老区）、自然条件（山区县）等因素，岳西县一直都属于安徽省贫困人口多、贫困面积大、贫困程度深的县区。早在 1985 年，岳西就被列为首批国家重点贫困县，当时全县未解决温饱的人口（绝对贫困人口）24.7 万，贫困发生率为 72.3%，农民人均纯收入 188.5 元，分别为全省、全国平均水平的 58.5% 和 47.4%。安徽省委、省政府历来高度重视岳西县的扶贫工作，早在 1984 年，省委、省政府就专门为岳西县制定了特殊政策，采取减免农业税、增加农业贷款、解决交通运输困难等 10 项措施支持岳西县经济发展，免除岳西县的粮食征购任务。从 1989 年开始，岳西县就已经是安徽省委书记的工作联系县。岳西县政府也非常重视扶贫工作，将扶贫工作纳入当地历年的五年发展规划中，将扶贫工作和岳西县的综合发展有机结合起来，在发展中减贫，减贫成效显著。到 2014 年建档立卡时，岳西县的贫困户数量为 36367 户，贫困人口 11.05 万，贫困发生率为 30.5%。自 2014 年实施精准扶贫以来，岳西县委、县政府深入学习贯彻习近平总书记关于扶贫工作的重要论述，把脱贫攻坚作为头等大事和中心任务，着力打造“五大基地”，创新完善“六大扶贫机制”，全面落实“十大工程”，全面开展“七个不落、一个不少”大排查，选派245名党员干部到村任职，全县182个村实现对口帮扶全覆盖，各级财政投入扶持资金68.2亿元，全力改善民生，以村级集体经济发展为依托来实现贫困人口的减少。截至2017年底，未脱贫人口数量减少到1373户3541人，贫困发生率为0.98%，贫困村全部出列，且182个村级集体经济年收入全部达10万元以上。2017年度脱贫攻坚考核荣获安徽省县级第一。2018年6月，岳西县顺利通过国务院扶贫办第三方评估验收，实现零漏评、零错退。2018年8月，经国务院扶贫开发领导小组同意、安徽省人民政府批准，岳西县正式退出贫困县序列，成为安徽省首个脱贫摘帽的国家级贫困县。

作为安徽省以及大别山区29个国家级贫困县中贫困人口较多、贫困面较广、贫困程度较深的县之一，岳西县能够率先脱贫摘帽，其在减贫的制度建设、政策设计、资源配置等方面的经验值得总结推广。岳西县的减贫经验已经得到了社会各界的广泛关注，其在财政资金整合使用、产业扶贫、旅游扶贫、光伏扶贫、社会扶贫、健康扶贫、易地扶贫搬迁等工作中探索的经验，得到了国家和社会的一致认可；易地扶贫搬迁、财政资金管理获得了安徽省政府表彰，荣获全国财政管理先进典型县称号；县扶贫办荣获“全国扶贫系统先进集体”“安徽省先进集体”等荣誉称号。人民日报、新华社、央视、凤凰卫视、安徽卫视、安徽日报等国家和省级主流媒体多次报道岳西脱贫攻坚的主要经验和成效。岳西县已成为全国休闲农业和乡村旅游示范县、全国科技进步先进县、国家生态县、国家电子商务进农村综合示范县和全省美丽乡村建设先进县、全省循环经济示范县。

一、岳西县县域脱贫成就

（一）岳西县区位、社会经济特点

安徽省岳西县组建于1936年，由潜山、霍山、太湖、舒城四个县的边界接合部组成，全县国土总面积2398平方千米，南北长约82千米，东西宽约41千米，东距安庆市117千米，北距合肥市197千米。105国道、318国道贯穿县境，六潜高速贯穿南北，岳武高速连接东西。岳西县是安徽省唯一的纯山区县，全县平均海拔600米，境内最高海拔1755米，为大别山第二高峰驼尖，千米以上山峰69座。境内山清水秀，植物种类繁多，森林覆盖率达75.5%，生物资源极为丰富。岳西属北亚热带季风性气候区，气候温和，光照充足，雨水充沛，湿度较大，四季分明，小气候变异较大，气象灾害频繁。

全县共有24个乡镇182个行政村，6个社区，总人口41.2万（2018年户籍人口）。山场面积272万亩，人均7亩；耕地面积18万亩，人均不足0.5亩，属于典型的山区县。2017年全县地区生产总值92.6亿元，同比增长8.5%。其中，第一产业增加值16.85亿元，同比增长4.5%；第二产业增加值48.77亿元，同比增长9.6%；第三产业增加值26.98亿元，同比增长9.0%。三种产业结构比为18.2∶52.7∶29.1。2017年公共财政预算收入8亿元，同比增长10.1%；社会消费品零售总额31.4亿元，同比增长12.6%；规模以上工业增加值同比增长9%；完成固定资产投资122亿元，同比增长16.1%。与安徽省平均水平相比，2017年岳西县地区生产总值增长速度与省级地区生产总值增长速度持平，农业和工业产值增长速度均高于安徽省平均增速，这也说明岳西县近几年以扶贫为核心的总体发展战略，对整体经济发展带来了明显的促进作用，减贫也促进了经济的增长（见图 1）。

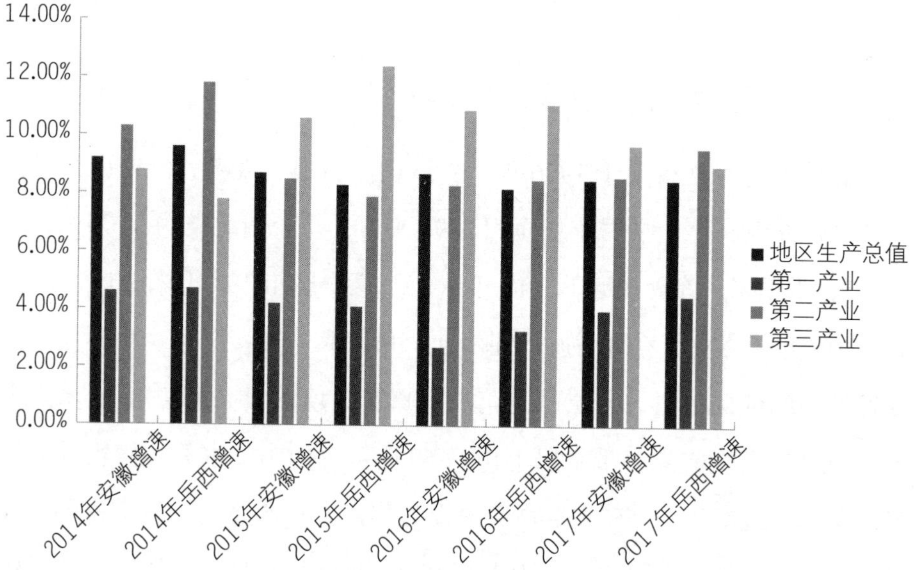

图 1　2014—2017 年安徽省、岳西县的地区生产总值和产业增加值增速情况

2014 年以来，岳西县城乡居民可支配收入稳定增长。2014 年至 2017 年，城镇居民可支配收入由 18531 元增加到 23942 元，年均增长 9.3%；农村居民可支配收入由 8001 元增加至 10553 元，年均增长 10.6%；农村居民收入增速略高于城镇居民，经济增长具有明显的益贫性（见图 2）。虽然城乡居民收入比从 2014 年的 2.31 下降到 2017 年的 2.27，但城乡居民收入差距依然十分显著，缩小城乡居民收入差距应该成为今后岳西县扶贫工作的重点。

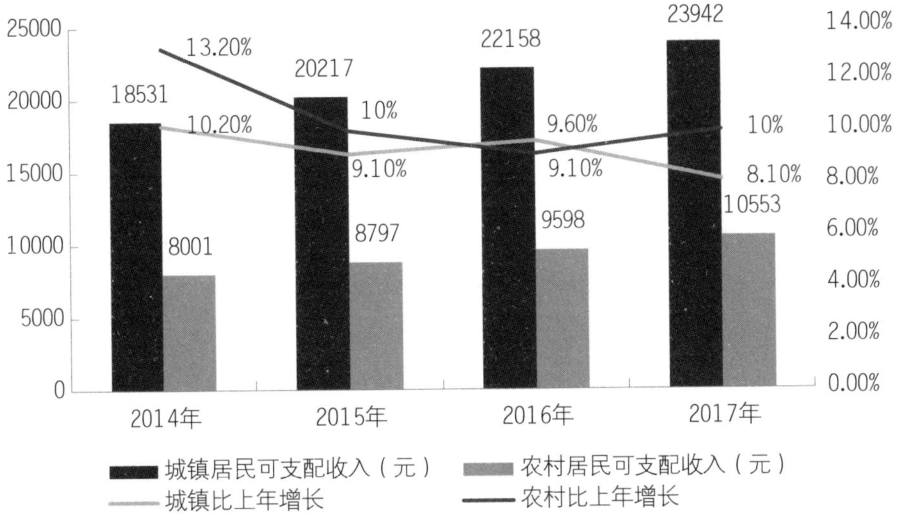

图 2　2014—2017 年岳西县城乡居民可支配收入情况

（二）岳西县的贫困状况和特点

岳西县是国家扶贫开发工作重点县。由于历史、自然等因素，岳西一直是安徽省以及大别山区 29 个国家级贫困县中贫困人口较多、贫困面较大、贫困程度较深的县之一。1985 年被列为首批国家重点贫困县，当时绝对贫困人口 24.70 万，占总人口的 72.30%。2012 年被列为大别山片区和国家扶贫开发重点县。2014 年，建档立卡贫困户 36367 户 11 万余人，贫困村 65 个。经过这几年的集中脱贫攻坚，截至 2017 年底，岳西县贫困人口数量仅为 3541 人，贫困发生率仅为 0.98%。

表 1　1985—2017 年岳西县贫困人口及贫困发生率

年份	贫困人口（万人）	贫困发生率（%）
1985	24.70	72.30
2002	17.56	48.90

续表

年份	贫困人口（万人）	贫困发生率（%）
2014	11.05	30.50
2017	0.35	0.98

脱贫攻坚开展之前，岳西的贫困呈现典型的区域性特点，贫困人口数量众多并且相对集中，受自然、交通以及人力资本等条件的制约，贫困人口由于长期缺乏发展机会而难以摆脱贫困，具体表现在以下几个方面：

第一，自然条件恶劣，农业生产具有严重的脆弱性。岳西县是长江中下游平均海拔最高的纯山区县，平均海拔 600 米。耕地面积较少，人均不足 0.5 亩且土壤贫瘠；加之干旱、强降雨、低温冻害、山洪等自然灾害多发，破坏性强；水利等基础设施薄弱，严重影响着农作物生长，给农民的生产、生活带来极大不便。

第二，农户普遍受教育水平低，缺乏适应现代社会需求的劳动力技能。笔者调研发现，50 岁以上的农户多为小学文化或文盲，加之部分农户满足于自给自足的农业生产模式，不愿走出去或者走出去后竞争力较弱，多从事劳动强度较大和劳动报酬较低的工种。

第三，以农业从业人员为主，生计结构传统且单一。岳西县 2017 年末户籍总人口为 41.4 万，其中乡村人口 32.4 万，占比 78.3%，城镇化水平低，农业从业人员较多；且人多地少，农业就业容量小，农村劳动力转移就业压力大，经济社会发展受土地制约明显。统计数据显示，岳西县 2014—2017 年农民收入结构中，生产经营性收入占比始终排在首位，其次是工资性收入，占比一直较为稳定。这也集中体现了农户生计的稳定性和保守性及其单一性的多重属性。加之近年来对环境保护的不断重视，农户增收渠道单一，农业结构调整制约因素多、空间小，农户经营性收入增长难度大。

第四，交通、通信条件落后，与外界沟通交流的机会少，造成信息闭塞和人口流动性低，制约着县域经济社会发展和人才交流。

2014年到2018年贫困人口建档立卡数据显示，“因病、因学、因残、缺技术、缺劳力、缺资金”一直是岳西县农村致贫的主要原因。随着国家扶贫力度的不断加大，贫困户在看病、教育、社会保障方面得到极大的改善。伴随鼓励产业发展的趋势，农村发展对资金和技术的需求不断加大，大部分贫困农户缺乏生产启动资金或缺少对生产继续投入的资金。

国务院扶贫开发信息系统数据显示，截至2018年12月9日，岳西县尚未脱贫的2097人中，因病致贫占到53.1%。2014年和2015年107户返贫户中，因病返贫户为52户，占48.6%。不同类型数据显示，因病致贫、返贫已经成为岳西县扶贫工作面临的最主要挑战。

（三）岳西县反贫困的基本历程

扶贫工作一直是岳西县的重要工作。从新中国成立至改革开放之初，岳西的扶贫做法很大程度上局限于对贫困人口实施生活救济，资金主要来源于中央财政补贴和外部支援。1978年改革开放以来，在国家扶贫政策的指引下，岳西县的扶贫工作和国家整体扶贫工作保持一致，呈现出阶段性的特点。

1. 1978—1985年：体制改革推动扶贫阶段

1978年，按照国家制定的贫困标准，岳西县有贫困人口31.3万，占全县农业总人口的95%，农民人均纯收入63元，为全国平均水平的47.2%。1978年后，岳西县委、县政府抓住国家扶贫开发的历史机遇，坚持以扶贫开发统揽工作全局，带领全县人民决战贫困。1978年5月，安庆地区扶贫试点工作在岳西县石关公社（石关乡）展开，调查评定出扶贫对象 258 户，全县扶贫工作正式开始。1985 年，岳西县被列为首批国家重点贫困县，安徽省将岳西县列为全省重点扶贫县。当时全县未解决温饱的人口（绝对贫困人口）24.7 万，贫困发生率为 72.3%，农民人均纯收入 188.5 元，分别为全省、全国平均水平的 58.5% 和 47.4%。长期以来，“松当灯，椒当盐，养猪为过年，鸡蛋换油盐”是这里百姓深度贫困的真实写照。安徽省委、省政府曾专门为岳西县制定了特殊政策，帮助岳西人民摆脱贫困。1984 年 5 月 30 日印发了《关于扶持岳西县发展经济问题会议纪要》，决定对岳西县采取 10 项特殊政策措施：一是适当减少农业税；二是解决山区农民的缺粮问题；三是对“三定”时的责任山有计划地实行“包干到户”；四是提取电费由县财政掌握使用；五是增加必要的农业贷款；六是解决交通运输困难；七是发展山区教育事业；八是农业、科研等有关部门协助开展多种经营，推广各种实用的先进技术；九是改革生猪派购办法；十是帮助发展县域经济。同年，安徽省全部免除岳西县粮食征购任务。1978—1985 年岳西县人均粮食产量增长 35%，农民人均纯收入增加 261%，全县贫困人口比例下降 24.7 个百分点。1985 年，岳西县被安徽省委、省政府命名为“扶贫开发先进县”，县扶贫办被评为先进集体。

2. 1986—1993 年：大规模开发式扶贫阶段

在此阶段，岳西县开始了有组织、有计划的扶贫，提出了“一切为了脱贫致富”的指导思想，将扶贫开发作为一切工作的中心。1985 年 12 月，《“七五”时期（1986—1990 年）岳西县扶贫规划》出台。1986 年，岳西县革命老区、贫困山区工作领导小组成立，出台《岳西县扶贫工作责任制》，提出了扶贫的任务、目标、组织领导、帮扶方法、内容及目标管理措施。1988 年，成立岳西县革命老区、贫困山区工作领导小组办公室。

县扶贫办建立后着手制定扶贫规划和扶贫责任制。1990 年 12 月，制定了《“八五”时期（1991—1995 年）岳西县扶贫规划》。1991 年，岳西县革命老区、贫困山区工作领导小组办公室更名为革命老区、贫困山区经济开发办公室。1991 年 3 月，成立县扶贫开发培训领导小组，建立了扶贫开发培训中心，建立健全干部扶贫责任制；1993 年，更名为岳西县扶贫开发领导小组办公室。

1989 年 2 月，时任安徽省委书记卢荣景深入岳西走访调研，将岳西作为联系点，并确立了“消灭荒山、植树造林、生态立县”的发展思路，由此岳西县走出一条绿色减贫之路。这是省委书记联系帮扶岳西的开始，自此连续八任省委书记均把岳西县作为扶贫联系点，带头深入岳西蹲点走访，与群众“零距离”接触，面对面商讨脱贫致富良策。通过 8 年的开发式扶贫，岳西县地区生产总值由 1.18 亿元上升到 2.81 亿元，工业总产值由 6367 万元上升到 2.23 亿元，农业总产值由 9852 万元上升到 2.12 亿元，财政收入由 954 万元上升到 1504 万元；农民人均纯收入由 190 元增加到 405 元，比 1985 年提高了 114.9%；全县贫困人口按当时统计标准下降到 11.2 万人，8 年共减少贫困人口 9.5 万人；贫困发生率下降到 38.4%，比 1985 年下降 33.9 个百分点。

3. 1994—2000 年：“八七”扶贫攻坚阶段

1994 年，国务院制定了《国家八七扶贫攻坚计划》，力争用 7 年左右的时间在 20 世纪末基本解决当时全国农村 8000 万贫困人口的温饱问题，这是中国历史上第一个具有明确目标、明确对象、明确措施和明确期限的扶贫计划，并重新调整了贫困县的标准和范围，确定了 592 个贫困县。“九五”期间，岳西县制定了《扶贫攻坚一次性计划》，1998 年，岳西县委、县政府作出《关于打好扶贫攻坚战的决定》，将扶贫攻坚作为之后 3 年工作的主调，实施绿色、白色、通村公路、常年特困户危房改造工程“四大工程”。1999年，县委、县政府决定实施“六大工程”，瞄准贫困人口的“衣、食、住、行”，改善农民生产、生活条件，增加农民收入，综合治理消除贫困：一是集山场开发与保护于一体的“绿色工程”，二是以提高粮食自给率和农业生产效益为目标的地膜覆盖“白色工程”，三是以改善特困户居住条件为目的的“危房改造工程”，四是以改变深山区群众交通闭塞状况为目的的“通村公路工程”，五是利用山区气候特点发展反季节无公害蔬菜的“高山蔬菜工程”，六是县处级干部帮扶4户、正科级干部帮扶3户、副科级干部帮扶2户、一般干部帮扶1户的“4321结对帮扶工程”。1999年，岳西县根据安徽省委、省政府作出的“集中力量，攥紧拳头，基本解决深山区、库区贫困人口温饱问题”的决定精神，将扶贫资金安排向深山区、库区倾斜，突出重点乡镇、重点村，坚持到村到户。同年，岳西县“两区”建档立卡贫困人口1.77万户7.1万人。1999年全县进行了第三次大规模贫困人口建档，建档贫困人口23673户103618人。同年，岳西县委、县政府制定扶贫开发五大责任制，即党政一把手负责制、县干部联系乡镇责任制、县直单位包村帮扶责任制、党员干部与贫困户结对帮扶责任制、检查监督考核制。在实施“六大工程”的同时，岳西县着力实施国家“村村通电话工程”“村村通广播电视工程”“广播电视传输网工程”“农村电网改造工程”以及“希望工程”“贫困地区义务教育工程”。岳西县实现了基本解决温饱的目标，彻底改变了“三落后”（交通落后、信息落后、电力落后）状况，基本上实现了“四通”，即村村通电、村村通公路、村村通电话、村村通电视，在教育上实现了“两基”，即基本普及九年义务教育和基本扫除青壮年文盲。

岳西县扶贫攻坚取得了巨大成就，县政府先后被省政府表彰为1996年全省“八五”扶贫开发先进县、1999年度全省“两区”扶贫攻坚第一名、2000 年度全省"八七"扶贫攻坚先进县，荣获"全省扶贫攻坚一等奖"，获扶贫项目奖励 160 万元。2002 年底，全县贫困人口为 17.56 万，占农业总人口的 48.9%，其中绝对贫困人口 4.5 万，低收入人口 13.06 万，农民年人均纯收入 1448 元，为全国平均水平的 58.5%。2002 年，省委、省政府授予岳西县"'八七'期间扶贫开发先进县"称号。

4. 2001—2013 年：21 世纪以来多措并举扶贫阶段

2001 年，岳西县被列为国家扶贫开发工作重点县，扶贫开发、社会经济发展逐步走上快车道，继续着力解决剩余贫困人口问题，抑制返贫现象，推进教育、卫生等社会事业发展。2002 年制定了《岳西县扶贫开发"十五"规划》，实施"一体两翼"扶贫战略，全力推进扶贫开发整村推进、劳动力转移培训和产业化扶贫三大专项扶贫工程，并确定了 166 个重点贫困村为脱贫攻坚的主战场。从 2008 年开始，岳西县相继出台一号文件，规定将扶贫工作作为全县工作的核心，以扶贫促发展，采取多种措施来缓解贫困问题。全县贫困人口由 2002 年的 17.56 万减少至 2010 年的 6.5 万，占全县人口的 16.3%，扶贫开发工作连续被评为全省第一。

5. 2014—2017 年：全面推进精准扶贫精准脱贫战略和实现脱贫摘帽阶段

实施精准扶贫精准脱贫战略以来，岳西县委、县政府深入学习贯彻习近平总书记关于扶贫工作的重要论述，把脱贫攻坚作为头等大事和中心任务，按新的标准，全县共识别 65 个贫困村，建档立卡贫困户 36367 户 110473 人，贫困发生率为 30.5%。全县着力打造"五大基地"（绿色有机特色农产品基地，汽配电子农机产业基地，轻纺服装产业基地，绿色能源产业基地，红色旅游及休闲、度假、健身、养生、修身基地），创新完善"六大扶贫机制"（贫困人口识别监测管理机制、社会帮扶机制、人才保障机制、扶贫开发考核机制、精准扶贫工作机制、财政专项扶贫资金管理机制），全面落实脱贫攻坚“十大工程”（道路通达工程、农田水利和安全饮水工程、农村电力和通信保障工程、易地扶贫搬迁和危房改造工程、教育扶贫工程、医疗卫生扶贫工程、文化扶贫工程、劳动力素质提升工程、农村社会保障工程、城乡环境保护工程），开展“七个不落、一个不少”（真贫不落一人，全面覆盖；资金不落一分，全面到位；政策不落一项，全面落实；产业扶贫不落一户，全面对接；健康扶贫不落一家，全面完善；易地扶贫搬迁不落一宅，全面安居；帮扶不落一方，全面聚力。基层基本公共服务、基础设施建设包括村级集体经济发展一村不少，确保各项工作全面达标）大排查，全面推进大走访大排查大整改，凝聚起脱贫攻坚强大合力。先后选派245名党员干部到村任职，全县182个村实现对口帮扶全覆盖，各级财政投入扶持资金68.2亿元，全力改善民生。岳西县所有单位以三分之二的人员、三分之二的时间、三分之二的精力开展脱贫攻坚。抽调县直单位1474名干部职工，组建186个工作专班，实现全县182个村和4个社区全覆盖，进驻乡村开展脱贫攻坚工作。截至2017年底，未脱贫人口1373户3541人，贫困发生率为0.98%，贫困村全部出列，且182个村级集体经济年收入全部达10万元以上。2018年6月，岳西县顺利通过国务院扶贫办第三方评估验收，实现零漏评、零错退；2018年8月，经国务院扶贫开发领导小组同意、安徽省人民政府批准，岳西县正式退出贫困县序列，成为安徽省首个脱贫摘帽的国家级贫困县。

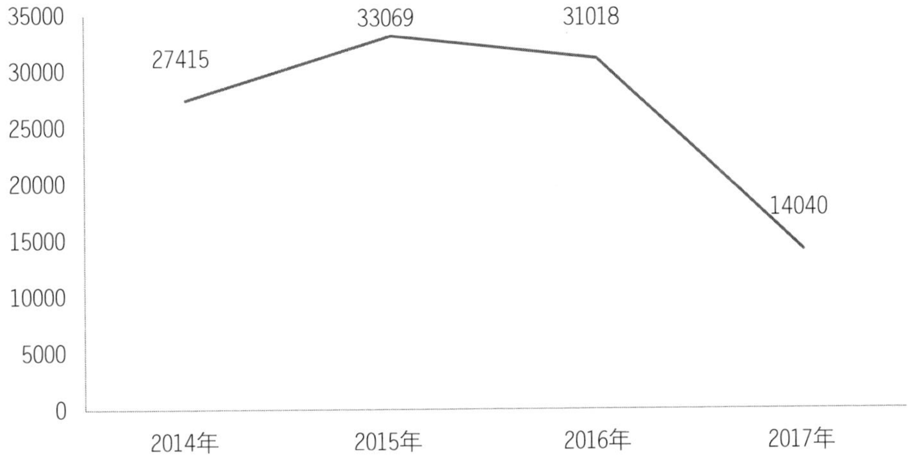

图 3　2014—2017 年岳西县每年脱贫人口数量（单位：人）

6. 2018 年至今：巩固脱贫成效的后扶贫阶段

2018 年以来，岳西县委、县政府先后印发了《关于决战决胜率先脱贫推进乡村振兴战略的实施意见》《强化后续帮扶实现稳定脱贫的实施方案》《关于确保“三率一水平”达标的实施方案》等文件，为脱贫成果的巩固奠定基础。制定了《关于做好返贫或新增贫困对象建档立卡工作的通知》《关于进一步完善建档立卡工作的通知》，全面提高贫困人口识别和退出精准度。对因灾、因病、因学以及家庭遭遇重大变故等原因致贫或返贫的农户，及时纳入建档立卡范围；对建档立卡贫困户中未纳入或多纳入的人员进行补录或自然变更；对优亲厚友、不符合识别标准的建档立卡贫困户予以清退。

虽然已经脱贫摘帽，但岳西县仍然坚持把提高脱贫质量放在首位，落实后续帮扶计划，出台健全长效机制、确保稳定脱贫的实施意见，做到“摘帽不摘责任、摘帽不摘政策、摘帽不摘帮扶、摘帽不摘监管”，筑牢政策、保险、捐赠、救助“四道保障防线”，切实做到攻坚期内原有的攻坚政策继续保持不变，支持力度不减。强化贫困对象的动态管理，对未脱贫户和新增贫困户及时落实帮扶措施。对已经脱贫的人口继续加强帮扶，对有劳动能力的，加大产业扶贫力度，大力构建“村有当家产业、户有致富门路、人有一技之长”的“三有”型稳定脱贫新模式。努力实现可持续脱贫，特别是对易地扶贫搬迁户，把工作着力点放到后续产业发展上来，让搬迁群众搬得出、留得下、能致富，真正融入新的生活环境。对无劳动能力的，要强化兜底保障能力，切实提高保障水平，同时还着力思考和实践如何将脱贫攻坚和美丽乡村建设以及乡村振兴战略有机衔接。

（四）精准扶贫以来的脱贫成效

1. 直接的减贫效果

自精准扶贫方略实施以来，岳西县围绕“两不愁三保障”的脱贫目标，集中全县力量从组织机制保障、扶贫资金投入层面加大工作力度，取得了显著的减贫效果。表 2 显示，2014—2017 年贫困人口数量大幅度减少，贫困发生率大幅度下降。2014 年，建档立卡贫困户 36367 户 110473 人，贫困村 65 个，经过几年的脱贫攻坚，截至 2017 年底，岳西县贫困人口数量仅为 3541 人，贫困发生率为 0.98%，贫困村全部脱贫出列。

表 2　2014—2017 年岳西县贫困村数量、贫困人口及贫困发生率

年份	贫困村数量（个）	贫困人口（万人）	贫困发生率（%）
2014	65	11.05	30.50
2015	65	5.10	12.92
2016	9	1.67	4.48
2017	0	0.35	0.98

表 3 显示，2014 年扶贫资金投入总额由 59818 万元增加至 2017 年的 291867 万元，年均增长 48.6%。从主要依赖财政资金转变为以金融扶贫为主、多种渠道并举的格局，如财政民生资金所占比例由 2014 年的 86.2% 下降为 2017 年的 30.4%，而金融扶贫资金则从无到有，2017 年金融扶贫资金所占比例为 45.8%，社会帮扶资金所占比例也有所上升。总的来看，脱贫攻坚期间扶贫资金来源结构趋向于以扶贫资金撬动金融资本为主。

表 3　2014—2017 年扶贫资金投入总额及比例

年份	资金投入（万元）	其中各项资金所占比例（%）						
		专项扶贫资金	财政存量资金	涉农整合资金	财政民生资金	金融扶贫资金	社会帮扶资金	合计
2014	59818	12.9	0.0	0.0	86.2	0.0	0.9	100
2015	83518	10.6	0.0	0.0	88.4	0.0	1.0	100
2016	134724	10.1	1.2	26.1	53.4	7.7	1.6	100
2017	291867	7.1	0.8	11.5	30.4	45.8	4.3	100
合计	569927	8.9	0.7	12.1	50.2	25.3	2.8	100

表 4 显示，从贫困户收入增长速度来看，2015—2018 年建档立卡贫困户人均纯收入年均增长 25%，高于岳西县农村居民人均纯收入平均增

速，收入增长呈现益贫增长趋势。建档立卡贫困户信息库显示，2015 年贫困户人均纯收入为 5884.2 元，2018 年则上升为 11048.2 元，年均增长约 25%，高于 2014—2017 年岳西县农村居民人均纯收入年均增长速度（10%）。若对贫困户进行十等分，最低收入组的人均纯收入增长率也高于最高收入组，说明脱贫攻坚阶段在政府强力干预下，贫困户收入变化呈现显著的益贫增长趋势。

表 4　岳西县 2015—2018 年建档立卡贫困户人均纯收入及增长率

年份	人均纯收入	增长率
2015	5884.2	
2016	8858.1	50.54%
2017	10170.3	14.81%
2018	11048.2	8.63%

自脱贫攻坚战打响以来，岳西县的基础设施及基本公共服务得到显著改善。2014 年以来，所有村庄实现通村公路全覆盖，村庄通电、安全饮用水工程全覆盖，每个村均有 1 个标准卫生室，有职业医师资格的医生 1—2 名，文化广场 1 处，城乡生活垃圾收集率达到 100%，城市和农村垃圾无害化处理率分别达到 100% 和 90% 以上，24 个乡镇政府驻地污水处理设施建设全覆盖，改厕工程积极推进。基础设施及公共服务的改善为脱贫和发展创造了有利的环境和条件，从增收、节支和人居环境层面改善了农户及贫困户的福利状况。

表5 岳西县基础设施公共服务覆盖率

年份	通电的自然村比重（%）	通电话的自然村比重（%）	广播电视综合覆盖率（%）	通宽带的自然村比重（%）	主干道路经过硬化处理的自然村比重（%）	饮用水安全的自然村比重（%）	有卫生室的行政村比重（%）	有小学且就学便利的行政村比重（%）
2010	100	98	90.4	73	60	60	100	95.2
2014	100	99	93.2	89	80	85	100	100
2016	100	100	96.1	95	87	97	100	100
2018	100	98	99.4	100	95	100	100	100

2. 减贫的间接影响

脱贫攻坚除了带来绝对贫困人口减少的直接效果外，还带来地方政府治理能力提升、发展氛围优化以及内生发展动力增强等间接影响。

第一，岳西县政府以脱贫攻坚为核心的工作任务，从组织架构、队伍建设、机制创新上探索出了一条自上而下、行之有效的工作机制，并培养和形成一支扎根基层、对农村和扶贫有感情、有能力和素质高的工作队伍，为今后乡村振兴战略的推进奠定了坚实的基础。岳西县治理机制和能力建设的详细阐述见第二章。

表6 岳西县脱贫攻坚组织机制

层级	组织	机制
县级	脱贫攻坚指挥部 八个工作专班	整合激励考核 扶贫夜校
乡镇	乡镇工作专班 县直选派乡镇副书记	
村级	村级工作专班 县直选派驻村专职书记 扶贫工作队	

第二，基础设施和环境改造的大规模投入营造了良好的发展氛围，从而形成政府、社会和农户发展的合力。脱贫攻坚以来基础设施、产业扶贫等大规模的政府扶贫资金投入，不仅客观上改善了岳西县的发展条件，更重要的是政府的强力干预为脱贫攻坚和改善民生传递了重要的政治信号，进而从整体上营造良好的发展氛围，促进政府、社会和农户的目标耦合并形成脱贫和发展的合力。

第三，在政府组织机制、队伍建设和扶贫资金的政府干预下，村庄和农户结合已有的资源基础进一步壮大产业和村级集体经济，拓宽农户就业渠道，基本实现家家户户有产业、每个村庄有集体经济的发展态势，极大地增强了贫困户和贫困村发展的信心，从而激发其主动脱贫并增收致富的内在动力。

3. 减贫的溢出效应

岳西县脱贫攻坚实践最明显的溢出效应体现在非贫困村和贫困村的均衡发展上。不同于其他地方的脱贫实践，岳西县在解决贫困问题上不仅着眼于贫困户和贫困村，而且在政策设计和资源投入上兼顾了非贫困村和非贫困户的利益诉求，确保区域内整体平衡发展。具体体现在基础设施和公共服务改善、农业产业和结构调整、村庄集体经济壮大、就业渠道拓宽和医疗健康政策保障上，这些均体现了岳西县对贫困村和非贫困村、贫困户和非贫困户统筹发展和共同发展的战略考量，因而具有整体性和前瞻性。

二、岳西县脱贫攻坚治理体系的形成

（一）建立了以党建促扶贫、促脱贫的工作机制，将扶贫作为“一号工程”，形成各级政府全面致力扶贫工作的广泛参与机制

岳西县是安徽省连续八任省委书记的扶贫联系点，全县共有基层党组

织 997 个，党员 18384 名，其中农村基层党组织 627 个，农村党员 10160 名。因此，岳西县委树立了“抓好党建是最大政绩、推进精准扶贫是最大任务”的理念，坚持抓党建促脱贫，其主要措施包括：

第一，将扶贫工作作为“一号工程”，当地所有工作围绕扶贫来开展。从 1985 年以来，岳西县一直坚持以扶贫开发为中心任务和脱贫攻坚为头等大事统揽社会经济发展全局。脱贫攻坚以来，岳西县积极落实国家政策，结合县情实际，因地制宜地相继出台一号文件或政策措施，准确把握全县发展方向，精准有效开展扶贫工作。2012 年出台了《岳西县扶贫开发示范县建设规划（2012—2020 年）》，2013 年编制完成了《大别山片区区域发展与扶贫攻坚规划（岳西县）实施规划》，并出台《关于强化新一轮农村产业化扶贫的决定》，2014 年出台了《关于创新机制扎实推进农村扶贫开发工作的实施意见》，2015 年出台了《关于全面推进精准扶贫的决定》，2016 年出台了《关于推进脱贫攻坚打造全省示范的决定》，2017 年出台了《关于决战决胜精准脱贫勇当脱贫攻坚先锋的实施意见》，2018 年出台了《关于决战决胜率先脱贫推进乡村振兴战略的实施方案》。尤其是近五年来岳西县委、县政府发布的一号文件，分别从农村扶贫开发、全面推进精准扶贫、推进脱贫攻坚、决战决胜精准脱贫、率先脱贫推进乡村振兴战略等方面，围绕扶贫脱贫奔小康的主线不动摇，精准把握时代脉搏，准确定位县情特色，争当脱贫先锋，积极实施乡村振兴战略。

第二，明确各级政府扶贫工作责任书。严格实行“县干包乡镇、县直单位和企业包村、干部包户”，明确包村单位不出列不收兵，包户干部不脱贫不脱钩，乡镇党政正职和扶贫工作队队长保持相对稳定。县委常委每人联系 1—2 个乡镇，书记、县长各联系 2 个最贫困乡镇。将包括所有县干部在内的 94 名干部选派到村任“脱贫攻坚专职书记（主任）”，对贫困村全覆盖；选派 21 名优秀年轻科级干部到乡镇挂任脱贫攻坚专职副书记；选派 182 名优秀干部到村任扶贫工作队长，实现 182 个村全覆盖。全县 116 个县直单位包保 186 个有脱贫攻坚任务的村（社区）。按照“三个三分之二”的要求，派驻 1474 名干部组建 186 个包保专班，专班班长由单位负责人担任，按照“认真学、户户到、事事清、问题解、回头看、不过夜”的要求，开展“三率一水平”入户核查。全县实行党员网格化服务机制，根据各村面积和人口分布划分若干网格，每个网格由乡村党员、干部包保，走进群众开展服务。

第三，建立赏罚分明的领导干部考核机制。出台《岳西县脱贫攻坚干部正向关怀激励八条措施》，严格落实县委脱贫攻坚“三个激励”措施，将脱贫攻坚一线作为培养锻炼、考察识别、选拔任用干部的主战场。2014 年以来先后提拔重用干部 201 名，注重提拔、重用在脱贫攻坚中贡献突出的选派干部，现 24 个乡镇党政正职中的 14 名同志、县直部门正职中的 9 名同志，均有选派到村任职工作经历。连续 11 年每年评选表彰“十佳村党组织书记”和“十佳村委会主任”，每两年选拔 3 名优秀村党组织书记挂任乡镇党委委员。11 年来，先后选拔优秀村党组织书记挂任乡镇党委委员 16 人次、解决事业编制身份 12 人次、享受事业编制副科待遇 7 人次和新聘人员待遇 3 人次、通过“三类人”比选进入乡镇领导班子 8 人次。严格执行教育培训、督查调度和奖惩问责制度，对搞数字脱贫、假脱贫的，对搞数字致贫、被贫困的，对不能如期完成脱贫攻坚任务造成重大不利影响的，一律问责。设立“蜗牛奖”拉起警戒线，紧盯“不作为、慢作为、不担当”，采取公开征集、专项督查、上级交办（督办）和群众举报等方式收集问题和线索，已向 6 个乡镇、5 个县直单位发放“蜗牛奖”，向 4 个单位发出预警。出台容错纠错实施办法，先后为 90 名干部澄清问题，合法合纪、合规合理地保护干部投身扶贫事业的激情。

（二）以问题为导向的目标瞄准体系，定位和瞄准岳西不同类型（贫困人口、村级、区域）的贫困问题，确定脱贫目标

在脱贫攻坚阶段，岳西县认真分析和诊断在当前阶段面临的贫困特点和致贫原因，通过对贫困村的摸排和贫困户的建档立卡发现贫困问题，认真总结过去30多年的扶贫工作经验，仔细研究中央和省政府下达的系列扶贫文件，形成了瞄准贫困人口、辐射非贫困人口，聚焦贫困村庄、拉动非贫困村发展，打造区域产业特色和经济“三位一体”的减贫政策体系。这使得岳西在脱贫攻坚阶段走上了在发展中减贫、通过减贫促发展的综合性整体性发展道路，将扶贫与发展的双重目标有效地结合，不仅实现脱贫摘帽，也促进了当地区域经济的良性发展，使得脱贫效果可持续。

岳西县针对贫困人口中的不同人群采取了不同的扶持方式，从提高收入、增加公共服务可及性以及降低返贫风险三个方面对贫困人口进行全方位的扶持。对于留守人口或返乡劳动力，通过光伏扶贫、构树扶贫、扶贫车间、扶贫驿站、产业扶贫等不同方式创造就业或发展产业，促进其工资性收入和经营性收入的增加，效果十分明显。从岳西县当前贫困人口的收入结构来看，工资性收入和经营性收入两者的比重加起来超过80%；通过设立公益性岗位等方式解决劳动能力不足的贫困人口就业，对于没有劳动能力的贫困人口采取最低生活保障制度和资产收益扶贫等方式进行兜底。为了防止因病致贫和因学致贫，扩大了健康扶贫和教育扶贫的范围。通过以上立体化、有针对性措施的实施，岳西县在过去几年内脱贫效果明显：2014年，建档立卡贫困户36367户110473人，贫困发生率为30.5%，2014年脱贫27415人；2015年脱贫33069人；2016年脱贫31018人，出列56个贫困村；2017年脱贫14040人，出列9个贫困村。截至2017年底，未脱贫人口1373户3541人，贫困发生率仅为0.98%。

岳西县建立了从贫困村到贫困户的一套完善的识别机制。全县共182个行政村，2014年识别了65个贫困村。由于岳西县整个县域均属于大别山深山区，山峦相间、山大沟深，人口分布较为分散，贫困村分布在除政府所在地的天堂镇以外23个乡镇，每个乡镇平均3个左右，分布相对均匀。绝大多数贫困村分布在相对偏远的山区和县域边界地区，生态环境十分脆弱，自然条件恶劣，资源缺乏，交通闭塞，基础设施和基本公共服务落后，缺乏一定的支柱产业，当时村级集体经济收入几乎为零，发展较为缓慢。针对贫困村经济发展不足的现状，岳西的精准扶贫行动采取了多样化的措施来支持贫困村的发展：针对生态环境脆弱，采取了公益林生态补偿、推行林长制和河长制、流域生态补偿和治理以及生态示范区建设等政策措施恢复和保护生态环境；针对交通闭塞、基础设施落后等，采取了大力发展道路交通等基础设施建设，实现自然村组村村通硬化公路，改善了交通条件；针对基本公共服务薄弱，依托美丽乡村建设，改善农村的厕所、垃圾处理和村庄环境，通过建设中心村的服务中心和大厅，将乡村各项公共服务建立起一站式服务中心；建设乡村中心幼儿园，改善学前教育，建设乡镇养老院，改善农村养老服务等。值得一提的是，岳西县通过公私合作模式（PPP），将城乡环卫保洁服务交给公司，由公司提供统一的城乡环卫服务，从而改善乡村环境。针对贫困村集体经济收入为零的状态，采取了盘活村集体资源，包括盘活集体林地、耕地、水域资源1.4万亩，水电站、空置小学、房产等集体资产5420万元。通过建设集体光伏电站、退宅还耕土地增减挂钩交易奖金以及提供村级产业发展基金等方式培育村级集体经济，2017年全县188个村（居）集体经济收入都超过10万元，65个贫困村均超过16万元，还有2个村超过100万元，进入国家重点贫困县消灭集体经济空白村的前列。通过上述系列政策行动，将贫困村建设成为基础设施完善、公共服务相对健全、村级集体经济活跃的美丽乡村。

针对岳西县山场资源丰富、平原耕地资源较少的农业发展条件，调整农业生产结构，将经济价值不高的水稻种植调整成茭白、桑枝木耳、茶叶和蚕桑等产业，并致力于打造绿色产品和品牌产品，创建国家地理标志保护产品4个、中国驰名商标6个。同时依托岳西县生态环境优势、便利的交通条件和区位优势，全县大力发展特色小镇和乡村旅游。截至2018年底，岳西县65个贫困村已经建成或在建省级中心村21个，市级中心村8个，县级中心村21个。其余15个贫困村也计划在2019年建设美丽乡村11个，2020年建设4个，实现贫困村美丽乡村全覆盖。通过这些举措，将岳西县打造成一个能够充分利用当地资源、当地农户，让贫困户能够积极参与，集特色农产品和特色乡村旅游为一体的绿色区域经济体。岳西县“革命老区县”的标签后面又增加了“生态示范县”“特色产业县”等标签，使得岳西县整体区域经济得到了长足的发展。

（三）以效率为导向的贫困治理体系，围绕岳西民生发展，建设服务型的回应性的贫困治理体系，服务贫困人口

为了有效开展扶贫工作，岳西县根据工作需要调整县扶贫开发领导小组，充实领导小组成员队伍。队伍基本涵盖全县各个层面的机关单位及企业，加大了扶贫开发领导力度。为了更好地协调不同部门的专项资金，岳西县组建了脱贫攻坚指挥部，指挥长由县委书记、县长担任，并对脱贫攻坚负总责。常务副指挥长分别由县委副书记、政府副县长担任，负责落实；副指挥长由县政协主席与副主席、人大常委会主任与副主任、县委常委、政府副职等20名县处级领导干部担任，负责各项工作推进落实；成员单位涵盖县直各单位共计41家，指挥部下设办公室，分为11个工作组，这些工作组包括宣传报道、危房改造、资金政策、金融扶贫、易地扶

贫搬迁、光伏扶贫、产业扶贫、督查考查、教育扶贫、健康脱贫和农村环境整治等，并且每一个工作组都指定一个专门的部门牵头负责。为了让各个单位都能够更好地熟悉和了解扶贫工作，脱贫攻坚指挥部的工作人员从各个单位以及乡镇进行抽调，并且由组织部从各个单位选调人员，以保证选调到脱贫攻坚指挥部的工作人员都是业务能力强的人。指挥部工作人员采取轮换的方式，每半年或一年轮换一次，这样能够让更多的工作人员真正参与精准扶贫工作。此外，还选派 245 名党员干部到村任职，不仅向贫困村选派，同时也向非贫困村选派。全县 182 个村实现对口帮扶全覆盖，通过这样大规模的干部参与，让全体党员干部理解精准扶贫政策，熟悉精准扶贫行动，从而更好地服务于贫困人口。

岳西县在扶贫治理体系上还有四点创新：第一，所有村庄开办扶贫夜校，邀请县、乡、村各级干部、专业技术人员和各类先进典型到贫困村宣讲各项扶贫政策、传授各种生产技术以及听取群众需求等，增强扶贫干部和贫困人口之间的互动和交流。第二，建立党员网格化服务体系，以村民小组为单位分成若干个网格，村党员、干部分片包保，通过促进基层党建来增强扶贫的基层治理体系，同时要求基层党员做好承诺，并将党员承诺上墙公示，年终进行考核等。第三，建立机构的负向激励机制，评定扶贫攻坚“蜗牛奖”，对扶贫工作投入不积极、不主动、没有显著成效的机构颁发“蜗牛奖”，并通过电视、报纸等媒体曝光等方式，促进不同机构参与扶贫。第四，建立村级扶贫专班，要求岳西县所有单位三分之二的人员、三分之二的时间、三分之二的精力开展脱贫攻坚；抽调县直单位 1474 名干部职工，组建 186 个工作专班，实现全县 182 个村和 4 个社区全覆盖，进驻乡村开展脱贫攻坚工作，查摆扶贫工作中存在的问题。

此外，岳西县还通过定点结对帮扶，动员企业参加扶贫；通过银行信贷资金鼓励大学生回乡创办领办集体经济；通过政府购买服务等方式让公益组织和民间组织参与到扶贫工作中来；建立公益慈善基金接收群众捐款。岳西县构建了一个从县委、县政府、县直机关、乡镇、村等不同层级到政府、私营企业、社会团体、个人等不同主体在内的精准扶贫体系，从政策、资金、人力、物力等方面共同发力的扶贫体系。这样一个纵向交错、横向联系的网络体系能够及时快速地捕捉到贫困人口的需求，及时发现扶贫工作中存在的问题，并且能够有效地采取措施应对贫困人口的需求和问题。通过这样一个体系，让全县党政干部都能够充分理解精准扶贫，改变过去只有扶贫部门管扶贫，只有农林水部门管农村发展的条块分割的局面，让所有党员干部树立起扶贫与乡村发展意识。这不仅对当前精准扶贫工作有着积极意义，对岳西县乡村振兴规划的实施也有积极的影响。

（四）以发展为导向的扶贫政策体系，定位市场条件下的内生发展、可持续发展

在岳西县大量的扶贫政策体系中，除了针对特定贫困人口和特定贫困问题采取转移支付的方式，如针对没有劳动能力的贫困人口采取低保和五保补贴的方式，针对因病致贫和因教致贫采取有条件现金转移支付的方式，对一些脱贫困难的贫困农户通过资产收益扶贫对其发展能力进行培育以外，大部分扶贫政策是定位市场经济条件下通过促进贫困村和贫困农户内生发展动力实现脱贫增收，具有很强的可持续性。在培育村级集体经济时，采取的是通过发展集体光伏产业、集体扶贫车间以及要求各村庄通过申报集体经济发育项目来筹集集体经济培育基金，通过金融贷款的方式鼓励大学生返乡引领集体经济发展，而非直接向贫困村庄注入财政资金扶持，让大部分村庄有自己的产业。对于农户的扶持，也是将扶持的重点放在产业发展和创造就业上，做到让每个贫困农户都有两个产业。考虑到当地环境保护和生态保护的发展需求，不追求产业发展的集中连片和规模效

益，而是采取了适应当地资源条件的分散经营，并且以绿色有机作为当地产品特色，打造区域性整体品牌，从而降低农户发展产业的自然灾害风险和市场风险，使得产业发展能够走上可持续的发展道路。对于越来越大的因病致贫风险，在当地财政能力有限的情况下，通过整合商业保险，通过农户少量筹资和县级财政补贴的方式来缓解医疗支出的压力。将市场作为资源分配的重要手段，已经成为岳西县精准扶贫政策的一个核心特征，这既有利于消除贫困户和贫困村“等、靠、要”的思想，也促进了减贫效果的可持续性，推动了县域经济的良性发展。

表7　岳西县2016—2018年就业创业情况统计

类型	2016年	2017年	2018年
提供就业帮扶贫困户（名）	3682	4138	524
制定帮扶计划（条）	4781	4825	—
开展帮扶（次）	5676	6813	—
帮扶率（%）	100	100	100
新开发公益性岗位（个）	166	199	375
在册贫困劳动力（人）	4	98	260
发放贫困劳动者社保补贴（万元）	2.8	27.23	188.67
发放岗位补贴（万元）	1.02	9.99	87.56
开发保洁保绿等辅助性岗位（个）	305	589	800
安置贫困家庭成员（个）	—	246	800
因地制宜开发居家就业岗位（个）	901	1.6	1000
新招募就业扶贫基地（家）	30	54	5
提供就业岗位（万个）	0.32	1.9	—
新建扶贫驿站（个）	—	40	4
乡镇开展实用技术培训（次）	8470	1970	327

数据来源：根据《岳西县就业脱贫工程工作汇报材料》整理。

三、岳西县脱贫攻坚经验的具体实践

（一）县级脱贫攻坚有效治理体系的形成

1. 以扶贫开发为县级工作的抓手

岳西县委、县政府明确提出“一切为了脱贫致富”的指导思想，以扶贫开发为一切工作的中心。从 1994 年起，岳西县委、县政府便提出了全县工作以扶贫攻坚为主调，以农民增收和财政增收为核心，把扶贫攻坚、解决群众的温饱问题作为全县压倒一切的中心任务，实行全党动员，全社会参与，高强度、大力度、全方位地打好打赢脱贫攻坚战。

2. 构建全面参与的扶贫组织架构

岳西县建立了多部门参与的县委、县政府扶贫开发领导小组、脱贫攻坚指挥部的组织架构。县委书记、县长共同担任指挥长，负总责。常务副指挥长和副指挥长负责各项工作推进落实。成员单位涵盖县直各单位共计 41 家，涵盖全县各个层面机关单位及企业，使工作小组设置更加科学全面、更加坚强有力、更加清晰优化，组织保障深入到位。

3. 形成一套科学可持续的制度安排

岳西县形成了一整套帮扶机制、资金整合机制、正向激励机制、倒逼机制的扶贫制度安排。目前，岳西已形成定点帮扶、社会帮扶、县域结对帮扶三大帮扶制度，帮扶机制稳固持久；形成广开门路多争、落实政策多列、强化统筹多整、突出重点多投、创新方式多融的五项措施并举的资金整合机制；形成鼓励支持党员干部改革创新、敢于担当、勇于担责的正向激励机制；设置“蜗牛奖”的负向倒逼机制。

（二）村级精准帮扶体系的形成

1. 实施“双包”措施有效解决剩余贫困人口脱贫问题

针对剩余贫困人口脱贫难度大的问题，岳西县于2014年开始实施“双包”制度，对全县每个建档立卡贫困村都确定一个定点帮扶单位，每个建档立卡贫困户都确定一名帮扶责任人，通过“双包”定点帮扶，进一步强化包村帮扶单位和包户负责人的扶贫责任，更加广泛地动员调动各方面的力量参与精准扶贫，提高扶贫的精准性和脱贫成效。

2. 外部治理力量辅助村庄内部治理力量完善自治体系

驻村工作队和第一书记制度是当前基层扶贫治理的重要制度安排，该制度通过下沉治理力量提升基层扶贫治理能力。在具体实践中，一些贫困村的村庄治理力量主次颠倒，即下沉的治理力量强治理，而村干部弱治理。岳西县厘清了驻村工作队和第一书记与村干部在村级治理中的主次关系，以外部治理力量辅助村庄内部治理力量强化治理能力，提升村庄自治能力，建立精准扶贫措施最后有效落地的治理保障。

3. 培育优质的村庄治理后备力量

岳西县强化村庄治理力量，更好地服务于2020年之后的扶贫工作以及乡村振兴工作，同时培养村庄新生后备干部。自2013年以来，岳西组织部开始实施“大学生回乡工程”，吸引一批优秀大学生毕业后回到家乡，到村任后备干部，有效解决基层难留人才的困境，加强基层村“两委”干部工作能力，为脱贫攻坚和乡村振兴储备年轻优秀人才。人才储备库的建立具有前瞻性及可操作性，有力地打造了一批想干事、能干事、干成事的干部队伍。

（三）精准扶贫措施的到位

1. 多样性扶贫措施实现扶贫精准性

致贫原因和贫困人口的区位以及社会经济条件的差异性，决定了只有实施多样化的扶贫措施供给，才能有效保障扶贫的精准性和长效性。多样化的扶贫措施供给不仅要求扶贫措施供给内容的多样化和扶贫措施供给形式的多元化，更重要的是要求多样化的措施能在匹配比重和时空顺序上相互协调，共同作用于贫困户群体，使贫困户形成稳固的生计系统，从而实现精准长效脱贫。岳西县地方政府根据中央“五个一批”扶贫路径的设计，结合地方致贫原因，因地制宜地设计多样化的、有特色的扶贫措施。例如，以茶叶、蚕桑、蔬菜、林药、养殖、构树、旅游、劳务、电商、光伏十大产业为内容的扶贫措施体系，以“三保障一兜底（即351兜底）一补充（即慢性病180政策）”为内容的综合医疗保障政策体系和以“两免两降四提高”等为内容的健康扶贫体系等。多样化的扶贫措施有效地保障了扶贫的精准性。

2. 社会力量参与对扶贫措施的补充与优化

社会力量积极参与岳西县扶贫工作，以更加灵活多样的方式发挥社会力量，使扶贫主体和扶贫措施更加多元化，有效提高岳西的扶贫成效。1999年开始，安庆石化开始对口帮扶岳西县；2002年，中石化总部开始定点帮扶岳西，每年连续派出干部驻点帮扶，挂职副县长，前后共派出16名干部。截至2017年底，中国石化总部和驻皖企业累计投入资金9145万元，在基础设施、产业发展、培训教育、救急难、危房改造、助学济困等方面倾力支持帮扶岳西，惠及全县188个村40万人。

3. 扶贫与扶志、扶智并重

治贫先治愚，扶贫先扶志。打赢脱贫攻坚战，智志双扶是关键。2017

年以来，岳西县在乡村普遍开办扶贫夜校，构建信息共享平台，定期邀请驻村第一书记、扶贫专干、致富能手、技术专家等轮流开展讲座进行答疑，让当地村民尤其是贫困户免费学习致富经验和农业技术，增强贫困户自身“造血”功能，坚定贫困户脱贫致富的信心，使扶贫夜校成为融洽干群关系的连心桥、锻炼基层干部的重要平台、脱贫攻坚的加油站。

（四）益贫环境的形成

1. 扶贫理念在不同部门政策中的主流化

扶贫并非“就痛治痛”，而是要逐步营造出良好的扶贫文化。岳西县委、县政府各部门坚持以人民为中心的发展思想，把扶贫理念嵌入自身各部门的日常工作中，将扶贫主流化，同时注意平衡扶贫与其他领域发展之间的关系，避免扶贫“重心化”，把支援式扶贫转变为职业化包容性的扶贫。岳西县扶贫办、农委、民政局、人社局、残联、老龄委等各个部门都将对贫困的关注转变为本职工作的基本原则，努力构建起一个包容性的经济增长体系和地方发展政策体系。

2. 益贫的市场环境改善

市场在减贫中具有重要作用，但贫困群体受自身以及市场经济的局限，在收入分配格局中处于弱势地位，难以合理分享经济增长的成果。这就要求实现益贫式增长，形成更有利于贫困群体的经济发展环境，促进贫困人口的市场参与，增加贫困群体的市场份额，以实现减贫目标。岳西县的扶贫工作紧扣市场，充分利用长三角市场辐射优势，通过优化基础设施和产业政策环境，力图创造更好的市场环境。例如，推行菜单定制服务，根据贫困户产业发展需求，提供特色种养业菜单服务，鼓励贫困人口参与市场，努力提高贫困人口在参与市场中的收益，从而提高自身参与市场的兴趣和意愿。

3. 适应性强的产业结构为劳动力和农业资源创造转换机会

产业扶贫作为“五个一批”促进脱贫的重要举措之一，被认为是促进贫困地区和贫困人口脱贫的根本途径，但产业设计与地方特征是否适应是保证产业扶贫成效的关键。岳西县地处大别山腹地，有着丰富的森林资源、旅游文化资源。在脱贫攻坚过程中，县委、县政府充分利用和挖掘本地的资源优势，注重立足于资源禀赋和产业基础，将劳动力资源和农业资源转化成产业发展优势，发展地域特色突出的脱贫产业，强化产业的适应性，实现差异性竞争，错位发展，发挥比较优势，保证产业发展的质量和效益。

4. 推进公共服务和基础设施的改善

依托美丽乡村建设，实现贫困村和非贫困村水、电、网、路、房五大基础设施的全面改善和升级；通过发展学前教育，改善农村低龄儿童发展环境；通过实施健康扶贫措施，消除因病致贫，实现医疗保障的全覆盖；通过壮大村级集体经济，提高村级集体公共服务能力等，将农村打造成宜居区域。

5. 建立村庄的互助体系

在当今社会中，互助文化是一种很普遍的社会文化。村庄是贫困人口的第一生活环境，良好的村庄互助环境有利于解决基本生产生活困难，在一定程度上可促进农村经济和社会的发展，避免陷入贫困陷阱中。岳西县地处大别山腹地，历史上交通不便，邻里互助传统由来已久。通过实地调研了解到，邻里亲戚是贫困人口在遇到困难时的主要求助对象之一。持续组织开展“最美岳西人”“道德模范”“好儿媳”“好家庭”评选活动，以身边典型引领农村新风文明，成立以“五老”、新乡贤组成的村道德评议制度，对不孝之人进行评议，有效解决了“儿女住高楼，老人住旧房，儿女吃香喝辣，父母生活生病不给钱”的不孝顺、不赡养问题。

四、岳西县脱贫攻坚经验的主要特点

岳西经验不仅是做脱贫攻坚的具体文章，还着眼于全面建成小康社会的大文章，概括来说是“发展引领脱贫”。岳西把脱贫攻坚和乡村县域发展结合起来，注重减贫基础条件、内生发展能力、文化发展和治理体系的培育，把减贫嵌入发展中形成包容性发展，形成发展引领型的可持续脱贫模式。“发展引领脱贫”表现在以下六个方面：

（一）不同时间节点与发展阶段脱贫安排的有机衔接

岳西县一直非常重视扶贫工作，连续十年以县委、县政府一号文件高规格锁定扶贫开发工作，尤其是2014年以来，更是将精准扶贫作为每年一号文件的核心关键词。虽然每年都关注精准扶贫，但根据岳西不同时间段精准扶贫面临的不同问题，在政策关注点上也有所不同。这些一号文件整体上呈现出围绕主线政策方向一脉相承之势，从最初扶贫开发到现阶段脱贫攻坚后的乡村振兴战略，有效加强二者政策衔接。具体来说，从指导思想上看，延续中央和省市文件精神并结合县情实际，做到思想上领会贯彻精神，行动上落实践行指导思想。从主题词提取看，扶贫、脱贫、振兴是关键，近五年主题略有差异，但都围绕扶贫脱贫展开，主题保持高度契合，保障政策连续、稳定、可持续。从重点任务上看，2014年重在创新机制，2015年强化精准扶贫，2016年明晰“双十”扶贫，2017年健全机制强化脱贫等，2018年脱贫攻坚推进乡村振兴，任务更加细化，确保政策落地生根，注重年度衔接。从具体政策安排上看，既有长期坚持的政策，又有精准扶贫阶段的集中突破。

（二）开发式扶贫与保护式扶贫相结合

岳西贫困具有区域性特点，囿于地理区位和基础设施落后等客观条件，贫困人口缺乏对外信息交流和对接市场的发展机会，从而长期深陷贫困。从扶贫手段看，采取适用于解决区域性贫困的开发式扶贫，对不能通过开发式扶贫摆脱贫困的人口，采取必要的保护式扶贫方式，形成开发式扶贫与保护式扶贫相结合的地方特色扶贫模式。具体来说，第一，通过道路、电力等基础设施建设，从整体上改善区域内的生产和生活条件，为贫困地区对接市场创造有利的发展环境。第二，将脱贫攻坚有效地嵌入经济发展中，通过产业扶贫、就业扶贫、旅游扶贫、电商扶贫、金融扶贫等多种方式，结合本地的地理、气候、自然资源条件和人力资源条件等特点，因地制宜发展面向市场、多元化且符合贫困户生计特点的产业及增收渠道。在农业部门，重点发展茶叶、蚕桑、林果、高山蔬菜等经济作物，面对市场并充分发挥各类新型经营主体和村集体的组织和带动作用，增强贫困户参与市场并从中获益的能力。同时，充分发挥农业的多功能性，因地制宜发展乡村旅游和休闲农业等业态，拓宽农户增收渠道。第三，在政府政策扶持下，通过客观发展条件改善自然资源和产业开发，贫困村和贫困户逐步形成自我积累和发展能力，能够克服资金、技术等局限，从而使有劳动能力的贫困户通过自身力量摆脱贫困。第四，对于不能通过开发式扶贫方式解决贫困问题的人口，则采取必要的保护式扶贫手段，确保其温饱、住房、医疗等基本需求，如针对因病、因残丧失劳动能力的贫困人口所采取的社会保障兜底扶贫等方式，确保其基本生活质量。

（三）扶贫与发展有效衔接、贫困与非贫困平衡发展

在岳西县扶贫政策和资源投入中，不仅瞄准贫困村和贫困人口，而且

对非贫困村和非贫困人口的发展需求也给予充分考虑。除上级下发的各类有明确指向性用途的扶贫资金外，县级通过统筹财政和社会资金来重点安排资金扶持非贫困村和非贫困户的发展，有效地实现了贫困村和非贫困村、贫困人口和非贫困人口的均衡发展，为岳西整体经济发展和社会和谐发展创造了良好的环境。

在精准扶贫的“六个精准”中，有一条是因村派人精准，要求向贫困村派出第一书记和扶贫工作队。岳西县不仅向65个贫困村派驻了扶贫工作队和第一书记，也向其他100多个非贫困村派出了扶贫工作队，做到扶贫工作队全覆盖，扶贫专班全覆盖，了解非贫困村的发展需求，解决发展问题。在培育村集体经济过程中，除了支持贫困村的扶贫车间、光伏扶贫以及扶贫产业、扶持基金外，对于非贫困村也全部安装集体光伏电站，为非贫困村村集体创造经营性收入；同时也向每个符合产业发展条件的非贫困村提供100万元的信贷贴息贷款，支持其培育村集体经济。在基础设施方面，通过整合资金，同时推进贫困村和非贫困村水、电、路、网、房等五大基础设施和八大基本公共服务建设。如实施2053千米道路畅通工程中，非贫困村占70%以上，省级美丽乡村中非贫困村占三分之二；通过在非贫困村进行移民搬迁集中安置点的建设以及打造移民新社区，拉动非贫困村的基础设施和公共服务体系建设。

对于非贫困户，县政府拿出2000万元建立风险保证金，撬动农发行5亿元产业发展贷款，对非贫困户发展特色产业和农家乐、民宿旅游等给予每亩180—1800元的产业奖补和每户1000—2000元的设施改造奖补。在大病医疗方面，县财政拿出500万元，给非贫困户购买保险，实行“1579”再补偿，即非贫困户在省内定点医疗机构就医的合规费用，个人自付部分超过1万元的，实行分段按比例再补偿：0—2万元的部分再报50%，2万—5万元的部分再报70%，5万元以上的部分再报90%，全年 20 万元封顶，同时对在省外就医的大病给予再救助。在教育保障方面，非贫困户子女上高中、大学，县里动员社会力量建立助学基金和慈善资金，给困难家庭资助。在危房改造方面，县财政拿出 400 万元，与国元保险公司合作，并从退宅还耕新增土地交易收益中拿出 2500 万元，对非贫困户每户危房改造补助 1 万—2 万元。

（四）发展政策体系中开发与保护的衔接与统筹

岳西县的发展将产业开发和环境保护有机结合起来，做到了经济发展的可持续，践行了“绿水青山就是金山银山”的发展理念。2017 年岳西县通过了《岳西县国家生态文明建设示范县规划（2017—2020 年）》；2018 年 4 月，岳西县通过了安徽省省级生态文明建设示范县的验收；2018 年 12 月，岳西县通过了国家级生态文明建设示范县的验收。岳西县已不仅是著名的革命老区县，也是全国休闲农业和乡村旅游示范县、全省旅游强县、国家全域旅游示范区以及国家级生态文明建设示范县。这充分说明在这几年的脱贫攻坚阶段，岳西县不仅将减贫与发展有效结合起来，同时也将发展与保护有效结合起来，并取得了显著成效。岳西县通过调整当地产业结构，关停各种污染企业，借助岳西县丰富的旅游资源，打造依托当地自然风光和历史文化传统的特色旅游产业，通过特色小镇建设和美丽乡村建设改善了整体环境。调整当地农业产业结构，依托山场资源丰富的优势，发展经济林果业，并且将绿色、有机作为经济林果业发展的品牌，实现产业开发与生态环境保护相结合的目标。对于乡镇和村庄发展，进行合理的规划和设计，推动美丽乡村建设，从而带动民俗旅游的发展，让农户能够直接受益于环境改善和发展。通过改造厕所、生活垃圾处理以及农户家庭环境卫生改善等行动，促进农户卫生习惯改良，实现村容整洁。通过县域经济发展、美丽乡村建设以及农户行为改善等不同层次的环境保护发展措施，实现了岳西县开发与保护的双重发展目标。

（五）扶贫项目行动的短期和长期结合

在扶贫政策上，既有长期坚持的政策设计，诸如依托商业保险机制的健康扶贫政策，针对没有劳动能力的贫困人口的兜底保障政策，依托当地资源条件的各种产业发展政策，绿色产品、有机产品以及地理标志、品牌特色产品打造政策等，也有针对当前发展困境进行脱贫攻坚一次性解决的村级基础设施建设、村级公共服务大厅建设、农户危旧房屋改造政策等。在产业扶持上，既有鼓励当前投入少见效快的扶贫车间、扶贫驿站以及光伏电站等瞄准当前精准扶贫阶段特殊需求的产业政策，也有促进农民基本能力建设的各种培训计划以及培育当地发展环境等着眼于未来经济发展的长期见效的政策，将农户眼前的短期收益和长期发展结合起来。

（六）精准扶贫与乡村振兴战略的初步衔接

基于发展引领的脱贫实践，在脱贫攻坚过程中，岳西在生态和人居环境改善、村级集体经济发育和壮大以及特色产业发展上自发地实现与乡村振兴战略的初步衔接，不但服务于脱贫攻坚的治理体系和人才队伍，也为乡村振兴奠定基础。首先，坚持发展与保护相结合的原则，绝不引进对当地生态环境有破坏作用的工业企业。结合岳西的自然资源优势，因地制宜发展具有环境包容性的农作物和产业，比如特色农业产业和旅游产业。同时，结合美丽乡村和村容村貌整治工程，实施城乡环卫一体化，推进农村污水、垃圾和厕所治理，极大地改善农村人居环境和村民的精神面貌。其次，培育和壮大贫困村和非贫困村村级集体经济。岳西县鼓励和支持所有村庄设立村集体经济公司，通过发展光伏扶贫及特色农业产业以及乡村旅游等产业，壮大村级集体经济。实施精准扶贫以前，70% 的村没有村级集体经济，到 2017 年，100% 的村都有 10 万元以上的村级集体经济收入。村级集体经济的壮大，为村庄的基础设施和基本公共服务提供必要支持，并保障村民获得分红收益，为乡村振兴战略奠定集体经济基础。最后，农业特色产业以及扶贫车间、电商经济等产业发展也是乡村振兴战略中产业兴旺的应有之义，是市场机制下脱贫攻坚与乡村振兴战略有效衔接的实践效果。

五、岳西县脱贫攻坚经验的启示和政策建议

（一）岳西县脱贫经验的启示

岳西县是安徽省以及大别山区 29 个国家级贫困县中贫困人口较多、贫困面较大、贫困程度较深的县之一，作为国家第一批 40 个摘帽贫困县和安徽省率先脱贫的县，其脱贫经验具有重要的意义和启示。

1. 对其他贫困地区脱贫的启示

（1）聚精会神、持之以恒地抓扶贫开发工作。贫困并不可怕，关键要形成和凝聚减贫发展的共识，岳西县委、县政府始终把减贫脱贫作为岳西国民经济和社会发展的重中之重，连续十年发布一号文件锁定扶贫开发工作，以脱贫攻坚摘帽任务统领全县经济社会发展，调动和集中所有力量和资源，既体现了政策的连续性、稳定性、集中性，更突出体现了全县对脱贫攻坚的深刻认识与高度共识。贫困地区应该围绕扶贫开发核心议题不断探索前进，在思想上统一共识，政策上高度重视，注重政策的统一性、连续性、稳定性，创造一整套可持续、均衡化的脱贫攻坚模式。

（2）因地制宜、以人为本，针对当地的贫困原因设计和实施扶贫开发

的具体举措。岳西县大力发展如茶叶、高山蔬菜、蚕桑等适应性特色经济作物，并依托生态优势发展乡村旅游业，实现产业融合，提升农民收益。同时，岳西县针对农村富余劳动力、留守劳动力、弱劳动力，积极开发公益性岗位、辅助性岗位、居家就业岗位，积极建设扶贫车间和扶贫驿站吸纳劳动力就近就地就业，实现工资收入、家庭经营、家人照料的有机统一。贫困地区应该充分利用自身比较优势，利用好当地的优势资源，做优、做强、做好资源开发工作。

（3）统筹处理好扶贫开发与经济社会发展的关系，培育贫困人口的发展动力和能力。岳西县的扶贫开发工作在精准瞄准贫困户、贫困乡村的基础上，统筹处理好扶贫开发与全县经济社会发展的关系，以发展引领脱贫攻坚，把扶贫嵌入全县市场经济发展进程中，以市场为导向培育市场经济条件下贫困人口减贫发展的动力和能力，这不仅能从整体上提升脱贫攻坚的质量和可持续性，也更容易实现脱贫攻坚与乡村振兴战略的衔接。贫困地区要把培育贫困人口的市场经济意识和能力放在减贫工作的重要位置，这是一项长期任务，需要下“绣花功夫”。

2. 对 2020 年后减贫发展的启示

（1）要确保脱贫的可持续性。岳西县通过调整优化产业结构，以市场需求为导向，把适应当地社会环境、资源禀赋、民众参与度较高和市场竞争力较强的产业，作为脱贫攻坚和壮大村级集体经济的主要抓手，并积极融入现代市场经济。巩固可持续的脱贫方式，才能防范返贫和新增贫困风险。但也应该认识到，市场经济始终伴随着各种各样的风险，对风险的系统性防范需要贫困地区从整体上强化。

（2）激活乡村内部活力。一方面，要激活村委会干部的内生动力，使之真正成为村民致富的带头人，这对切实巩固脱贫攻坚成果具有重要意义，同时也为后续的乡村振兴战略实施推进提供坚强的组织保障和人才队伍。另一方面，要大力发展村级集体经济，提升村级组织在提供基本公共服务方面的作用，解决好面向困难群体如老年人的“最后一公里”服务问题。

（3）要更多地关注贫困地区就业问题。产业扶贫和就业扶贫都是促进贫困户增收的重要举措。从岳西的经验来看，除了依托农业资源发展产业外，也在促进贫困户就业方面下功夫。从全国来看，脱贫人口的工资性收入大大超过家庭经营收入，未来农村产业发展受到的限制还会增加，贫困地区要分层次开展就业扶贫促进工作，开发就业扶贫的潜力。既要依托城镇化大市场鼓励年轻人走出去，也要积极开发地方的就业岗位，包括公益性就业岗位。

3. 对基层和国家治理的启示

政府主导下的精准扶贫精准脱贫战略，涉及社会的方方面面，这不仅仅是脱贫攻坚的经验，也是基层治理经验的进一步深化，对提升农村基层治理能力和乡村干部能力均具有一定的促进作用。

（1）注重乡村干部队伍建设和能力建设。在脱贫攻坚中，岳西县始终注重把村“两委”主要领导作为脱贫攻坚中主要的领导者和践行者，充分培养、调动村集体领导班子的主观能动性，同时积极发挥第一书记（驻村工作队队长）、帮扶干部对村干部的辅助作用。这在一定程度上有利于促进乡村干部的能力建设和乡村队伍建设，打造一支“本地社区化”的乡村基层治理队伍，提升基层治理水平。

（2）政府有关部门应把工作重心下移，更加贴近受众。在脱贫攻坚中，各类扶贫政策、资源、项目下达以及第一书记或驻村工作队队长、帮扶干部的下派，都承担了大量的政府职能工作，带来了政府工作中心和重心下移的态势，更加贴近受众并能够及时回应和了解农民的切实需求，在基层治理中形成良性互动。今后要考虑把脱贫攻坚治理中好的经验做法政策化、制度化，如村一级可以设立一个隶属政府的综合服务办公室，承担村一级的部分基本公共服务，特别是社会服务。

（3）促进减贫理念的主流化。虽然各政府部门为响应打赢脱贫攻坚战的号召而出台了相应的减贫政策，但没有形成关注贫困人口长远脱贫的“主流化”的氛围。要想保障贫困地区和贫困人口可持续脱贫，还需要实现各相关政府部门的扶贫主流化工作目标，这既需要各政府部门在制定政策时充分考虑政策相关条件是否会排斥贫困人口享有政策，避免政策实施中的非主观排斥，同时也需要各政府部门之间的协调互助，通过制度衔接保障贫困人口有效脱贫、长远致富。

（二）对岳西县未来扶贫工作的相关政策建议

第一，岳西县可以结合当地的实际情况，将当前扶贫工作中一些好的做法，转化成当地的常规性工作。岳西县在当前扶贫工作中有了很多创新举措，包括扶贫夜校、扶贫专班、健康扶贫以及集体经济发展等，这些扶贫做法都具有乡村综合发展的意义。岳西县可考虑如何将这些服务于当前精准扶贫工作的做法升级成制度化的行动，转化成当地常规性、机制性的工作。

第二，岳西县需要系统考虑如何做好 2020 年后的扶贫工作。岳西县已率先在安徽省脱贫摘帽，接下来应该在巩固当前扶贫工作成果的同时，考虑如何为 2020 年后安徽省扶贫工作和大别山片区扶贫工作探索未来的行动计划，进行先行先试，将岳西县建设成为安徽省和大别山片区扶贫和发展工作改革试验区。这需要岳西县进一步研究 2020 年后贫困的主要特点、致贫的主要原因，探索新的扶贫方法。

第三，岳西县应该考虑将脱贫攻坚和乡村振兴战略进行有效衔接和整合。如何将脱贫攻坚和乡村振兴发展战略进行有效融合，应该成为岳西县未来扶贫工作的一个重要考量，即在乡村振兴发展战略规划中，如何将贫困人口发展和需求融合进去；在制度设计上、组织管理上以及资源配置上，如何确保贫困人口、贫困村的优先发展。

第四，打造县域农产品的品牌，形成品牌合力。岳西县农业产业发展的特点是小而美、多而全，如果对单一农产品进行品牌建设，成本大，也难以形成规模效益，可考虑将当地的农产品进行整体性的品牌建设，借助“生态县”的优势，在有机和绿色农产品品牌建设上进行投入，提升农产品品质和知名度，从而提高农民收入。

第五，岳西县可以考虑如何推动私人部门和民间力量参与扶贫。从目前岳西县的扶贫工作人力资源和组织资源投入来看，岳西的扶贫工作仍然是政府主导型的，社会资源参与不充分。在今后的扶贫工作中，岳西县要考虑如何推动社会和民间力量的参与，尤其是针对一些公共服务供给方面的扶贫与发展领域，培育当地的社会组织，解决政府部门的人力资源不足和专业知识技能缺乏的问题。

第六，加强岳西县与扶贫研究机构的合作，将岳西县建设成为全国扶贫政策和行动研究的重地。脱贫攻坚以来，岳西县的扶贫工作做了很多，对外交流的机会也很多，但大部分是以岳西县各部门自己主导为主，和国内扶贫研究机构的合作明显不足，未能将岳西县的扶贫工作经验进行系统总结并归纳提升到一定的理论高度。岳西县应该充分利用国务院扶贫办的第三方评估和此次经验总结的机会，与参与到岳西县评估和经验总结工作的中国农业大学建立正式的合作机制，将岳西县建设成为中国农业大学扶贫研究的基地，从而提升岳西县的扶贫品牌，扩大影响。

（三）对未来国家层面扶贫工作的相关建议

第一，继续加大和创新对脱贫摘帽县的政策支持。尽管部分贫困县已经脱贫摘帽，但仍属于欠发达地区，在更大范围内比较优势不足，脆弱性较强，很容易导致返贫和新生贫困现象。因此，仍需要国家政策支持、倾斜，如金融政策、社会救助政策等，以此来巩固脱贫成果，提高农民的抗风险能力。

第二，脱贫攻坚以来，各地涌现出了许多行之有效的减贫做法，需要把这些好的经验加以提升总结，及时转化为国家的政策或制度安排，甚至实现扶贫立法，使之制度化、长效化，以此来更好地指导情况类似的未脱贫地区的工作。

第三，使减贫工作主流化并内生成一种行为自觉和重要理念。随着绝对贫困的逐渐消除，相对贫困会呈现出多种形态，今后的减贫事业也要体现在方方面面，这就需要使减贫主流化、常态化、制度化，深入各层级政府部门和各行各业，并内化成一种行为自觉和理念认同，形成对贫困人口的主动关怀。具体工作中，需要各政府部门在制定政策时充分考虑政策相关条件是否会排斥贫困人口享有政策，避免政策实施中的非主观排斥；同时也需要各政府部门之间的协调互助，通过制度衔接保障贫困人口有效脱贫、长远致富。

第四，需要持续关注农村弱势群体，农民工需要额外关注。贫困户脱贫、贫困村出列、贫困县摘帽，并不意味着农村群体一下子步入了富裕阶层，他们仍然属于社会较脆弱群体，仍需要更多关注、关怀，例如农民工群体就需要额外关注。当前，通过就业获得的工资性收入是贫困户家庭摆脱贫困的最主要手段，而农民工因工作环境差、保障不足、身体严重透支等，很可能会因工资性收入断崖式中断、疾病、伤残等而成为未来困难群体。这需要相关部门高度重视，加大对农民工权益保障的政策执行力度，防止出现未来的困难群体。

第五，做好脱贫攻坚与乡村振兴的有效衔接。在进行脱贫攻坚的政策制定、产业发展等重大安排时，应当做好长远的、均衡的政策考量，不能就扶贫而扶贫，要在完成脱贫攻坚任务的同时，为乡村振兴打好坚实的基础，做到可持续发展。

第一章 逻辑起点：区域性贫困与发展性贫困交织下的岳西县贫困及其风险

中国农村贫困人口呈现范围广且相对集中的分布特征，具有贫困户、贫困村、贫困县、贫困片区等多级并存的管理层级和空间集聚分布格局，不同层级的贫困表现和原因是有差别的，不但要在具体的贫困村、贫困户层面做好精准识别、精准管理、精准帮扶，也需要在更大范围的贫困县、贫困片区做好精准战略、精准定位和协同推进。贫困地区约束性条件叠加，贫困户、贫困人口自身发展能力弱，所以需要在做好因人因户施策的同时，做好县域经济社会发展，并积极融入片区经济发展，壮大主体带动能力。本章内容着重分析岳西县的区域性贫困和县域贫困以及贫困户、贫困人口的致贫原因及其风险防范。岳西县的贫困突出表现在区域性贫困与发展性贫困的交织，需要齐头并进，在克服区域性障碍的同时，不断激活困难群众的内生发展动力，防范各类风险，实现可持续稳固脱贫目标。

一、岳西县区域性贫困与县域贫困分析

（一）区域性贫困

1986年国家启动大规模减贫计划时，我国的贫困就突出表现了分布广泛又相对集中的态势，而区域性贫困则是我国贫困的最主要表现形式，是落后县域谋发展、农村人口谋生存的最大制约因素。到2020年我国要达成“现行标准下农村贫困人口实现脱贫，贫困县全部摘帽，解决区域性整体贫困”、全面建成小康社会的目标，难点也就在集中连片特困地区，这些地区多是革命老区、民族地区、边疆地区，社会经济发展滞后，基础设施缺乏，公共服务不均衡，加之自身的生态环境脆弱，自然灾害频发，贫困发生率高，贫困程度深，人均可支配收入低，脱贫任务重。2011年出台的《中国农村扶贫开发纲要（2011—2020年）》明确指出：“六盘山区、秦巴山区、武陵山区、乌蒙山区、滇桂黔石漠化区、滇西边境山区、大兴安岭南麓山区、燕山—太行山区、吕梁山区、大别山区、罗霄山区等区域的连片特困地区和已明确实施特殊政策的西藏、四省藏区、新疆南疆三地州是扶贫攻坚主战场。”2017年，习近平总书记在深度贫困地区脱贫攻坚座谈会上发表重要讲话，再次强调我国贫困问题的区域性特征，尤其是以“三区三州”为代表的深度贫困地区。

区域性贫困概念是相对于个体性贫困概念而言的，个体性贫困是指在相同的制度环境中，在大约均质的空间区域中，某些个体由于身体素质较差、文化程度较低等自我发展能力受限所造成的一种贫困状态。个体性贫困的发生具有绝对性，与区域无必然联系，发达国家也有大量的个体贫困人口。从地点分布角度提出的区域性贫困概念，揭示了贫困发生与区域、个体之间的关系，对反贫困的战略选择具有现实意义。区域性贫困是指在不同的区域之间由于自然条件和社会发展差异，致使某些区域生活资源的供给相对贫乏、贫困人口相对集中，从而处于贫困状态。

区域的自然属性对贫困的作用机制，尤其是对我们这样一个疆土辽阔、区域差异显著的国家来说，更具有典型性和代表性。在我国，目前有 592 个国家扶贫开发工作重点县，其中中部地区占 217 个，西部地区占 375 个，民族八省区占 231 个，它们大多集中分布在我国的 14 个连片特困地区的 680 个县和老少边特困地区的 535 个县。这些地区远离政治经济文化中心，资源贫乏，环境恶劣，自然风险叠加，区位条件差，因此，这些地区的人口比其他地区的人口更容易陷入贫困。贫困地区和贫困人口的区域性分布与当地独特的自然条件密切相关，自然灾害频发、生态脆弱区域往往与贫困地区存在空间叠加关系，致贫返贫效应长期恶性循环且消除成本较大。这种与独特地质地貌和严酷气候条件相联系的区域性贫困状况，无疑加重了贫困人口的贫困程度，加剧了开展扶贫工作的难度。

（二）岳西县区域性贫困及县域贫困的分析

岳西县地处大别山腹地，安徽省西南边陲，跨大别山南北两坡，西与湖北省接壤，地跨长江、淮河两大流域，是淮河主要支流的发源地，也是长江中下游的重要水源补给区。东距安庆市 117 千米，北距省城合肥市 197 千米。从全国的总地势来看，岳西县处于第二阶梯的中低地区，是长江和淮河许多重要支流的发源地和分水岭。县域内地貌复杂多样，以多枝尖为起点，向东北延伸，经界岭、公界尖、黄茅尖、同安寨、松毛尖形成的大别山东段分水岭把岳西分为南北两大坡向，从多枝尖向南经大冈岭、驮尖折向东南，沿名堂山、分水岭、团岭、四望山一线，在大别山南坡又形成一条分水岭，北起天河尖，西至羊角尖，构成县境西北屏障。全县总地势就是在这两条大山脊线的控制下，自西北向东南呈阶梯式倾斜下降，构成以中低山地为主体的沿北、东、南三个方向呈放射状分布的河流、谷地、山前丘陵和山间盆地等不同地貌。山套着山，山连着山，安徽省岳西县2000多平方千米的国土面积上，千米以上的山峰就有69座。层峦叠嶂的大山，阻隔着岳西与外界的交流。

岳西县是大别山区唯一一个集革命老区、国家重点贫困地区、纯山区、国家级生态示范区、国家重点生态功能区“五区”于一体的县份，作为大别山连片扶贫开发核心区，其区域性贫困的成因综合来看主要有以下几个方面：

1. 自然条件恶劣，农业生产具有严重的脆弱性。岳西县平均海拔600米，是长江中下游平均海拔最高的纯山区县。耕地面积较少，人均不足0.5亩，加之干旱、强降雨、低温冻害、山洪等自然灾害多发，破坏性强；水利等基础设施薄弱，严重制约着农作物生长，给农民的生产生活带来极大影响。

2. 岳西县山高沟深，地形地貌复杂，交通、通信条件落后，与外界沟通交流的机会少，造成信息闭塞和人口流动性低，制约着县域经济社会发展和人才交流。

3. 以农业从业人员为主，经济结构具有极大的传统性。岳西县2017年末户籍总人口41.4万，其中乡村人口32.4万，占比78.3%，城镇化水平低，农业从业人员较多。且人多地少，农业就业容量小，农村劳动力转移就业压力大，经济社会发展受土地制约明显。加之近年来对环境保护的不断重视，导致农户增收渠道单一，农业结构调整制约因素多、空间小，农户经营性收入增长难度大。

4. 农村缺乏主导产业，集体经济缺位，资源整合性不足。岳西县农村地区主要以水稻、茶叶、高山蔬菜、中药材种植为主。在精准扶贫以前，农业结构以种植水稻为主，易受自然灾害影响，属于糊口经济，而更具经济价值的经济作物种植缺乏或整合性不足，导致比较优势难以发挥。

5. 农户普遍受教育水平低，缺乏适应现代社会需求的劳动力技能。在实际调研中，50 岁以上的农户多为小学文化和文盲，加之部分农户满足于自给自足的农业生产模式，不愿走出去或者走出去后竞争力较弱，多从事劳动强度较大和劳动报酬较低的工种。

二、岳西县农村生计特点、贫困村分布及其特点与主要原因

（一）岳西县农村生计特点

生计，既是指一种生活的状态，也是指维持生活的手段和方式的统称。考察农户的生计特点，能够更加完整地描绘穷人生存和发展的复杂性及其采取的生计策略的多样性。生计涉及农户的资产、能力、权利、行动（活动）等一系列组成要素。

岳西是安徽省唯一一个集革命老区、国家重点贫困地区、纯山区、国家级生态示范区、国家重点生态功能区“五区”于一体的县，群峰林立、山峦起伏、山高谷深、沟壑纵横的地貌轮廓，各类型相互交叉分布，平均海拔 600 米左右。林地主要分布于中低山区的山脊、山坡，园地（茶叶、桑园）主要分布于低山山坡及山前丘陵，耕地主要分布于低山山麓、沿河谷底和盆地，水域主要分布于峡谷、山冲和田间、宅旁，素有“八山一水半分田，半分道路和庄园”之说。山多地少，林多耕地少，耕地面积仅有 18 万亩（占县域面积 30.7%）且海拔 600 米以上的耕地占 60% 以上，人均不足 0.5 亩，户均 2—5 亩，水田以种植水稻为主，且面积十分有限，

粮食作物主要用作口粮。茶叶是岳西县的传统产业，家家户户有茶园，户均 3 亩左右。近年来，为适应经济社会发展变化，农业结构不断调整，“水田种茭白、旱地种蔬菜、荒山种茶桑”，形成了以茶叶、高山蔬菜、蚕桑、中药材、食用菌类等为主导的特色种植业。农业的自然依赖性较强，该区域山洪、干旱、冻灾等灾害频发，农业生产脆弱性较强。海拔较高地区的农作物，由于气候寒冷，常受“青封”灾（“青封”灾是高寒山区水稻常见灾害，收获时稻株依然色泽青绿，不能正常成熟，不实粒率高，稻谷减产十分严重），种粮往往是“种一坡、收一锅”；低山区的农作物由于土层浅薄、光照不足，农作物产量低；低山河谷盆地区，多为耕地、园地、山场相间分布，水、温、光条件较好，农作物可一年两熟，是岳西县主要的农业区；茶叶种植也常常受到低温天气和霜冻影响，造成减产甚至绝收。数据显示，2017 年末，岳西县户籍人口 413592 人，其中农村人口 323902 人，占比 78.3%，农业从业人员比例较高。

笔者在岳西县调研发现，岳西县农业生产经营基本保持着传统自给自足的以种养殖模式为主的生计模式，其农村生计具有如下几个特点：

1. 经济收入以家庭农业生产经营和外出务工为主

岳西县地处大别山腹地深山区、库区，交通闭塞，村民受教育水平较低，与外界信息交流较少，以家庭自给自足的种养模式为主。以特色农产品种植为主要经营方式和收入来源，农闲时主要是靠外出务工获取收入。数据显示，岳西县 2014—2017 年农民收入结构中，生产经营性收入占比始终排在首位，其次是工资性收入，且占比一直较为稳定（见图 1–1）。体现了农户生计的稳定性和保守性及其单一性的多重属性。

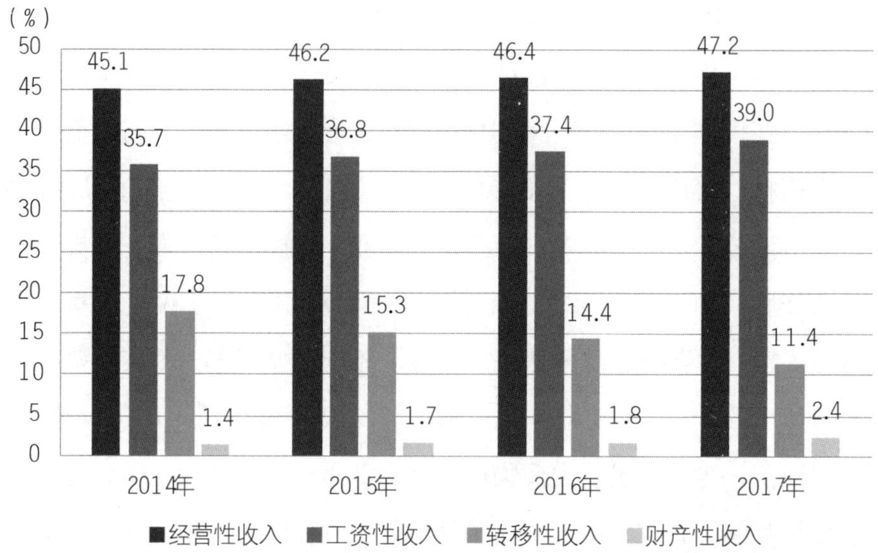

图 1-1　岳西县 2014—2017 年农村居民人均可支配收入结构变化百分比

2. 家庭农业经营呈多元化，且小而散，具备一定的风险分散效果，但竞争力有限

岳西县作为山区县，耕地面积小，农户大多从事水稻、茶叶、蚕桑、高山蔬菜、中药材等多种特色农作物种植，能够实现一定的错季生产和降低风险后果，但由于缺乏一定的组织化程度，合作社发展滞后，与大市场衔接不足，市场竞争力弱，利润分享不足。

3. 自然依赖性较强，易受自然灾害影响，脆弱性较高

岳西是长江中下游平均海拔最高的纯山区县，山区的水稻、茶叶、蚕桑、高山蔬菜、中药材等种植，自然依赖性较强，易受干旱、山洪、低温、强降雨等极端天气的影响，直接导致农户家庭经济收入下降。尽管政府为贫困户购买了政策性农业保险，但赔付金额较少，非贫困户多未参加，并不能起到防范返贫和新生贫困的作用，给农民的收入带来巨大冲击。

4. 家庭存款较少，农户的资本累积性不足

根据笔者调研发现，贫困农户普遍存在没有存款或仅有少量结余的现象，因此难以应对生命周期中的重大开支，如建房、结婚等。若遭遇家庭重大变故时，需要依靠借贷和政府政策支持。普通农户的抗逆力不足。

5. 村集体经济严重缺位，村民缺乏集体支持

在 20 世纪 80—90 年代实施土地、林地家庭承包经营后，集体性资源基本没有。在国家实施精准扶贫以前，村集体经济几乎全是“空壳”，村民无法从村集体获得收入或者分红。

6. 岳西县作为国家重点生态功能区，面临着发展与保护的双重任务

岳西县森林覆盖率高达 75.5%，是淮河主要支流的发源地和长江中下游重要的水源补给区，生态保护任务较重，农户只能依靠仅有的耕地、坡地以及依靠外出务工来获得收入，具有较强的外部依赖性，农村生计具有较大的外源性特征。

7. 近年来呈现出产业融合发展的趋势，积极引导一、二、三产业融合发展

随着经济社会发展和农业结构的不断调整，岳西县在乡村大力推广经济作物种植、结构调整、加工等方面发展的同时，注重旅游资源的开发，使农户的生计逐步多元化并具有可持续性。

（二）贫困村分布及其特点与主要原因

2014 年建档立卡时，岳西县共识别确定了 65 个贫困村。由于岳西县整个县域均属于大别山深山区，山峦相间、山大沟深，人口分布较为分散，贫困村分布在除政府所在地的天堂镇以外的 23 个乡镇，每个乡镇平均 3 个左右，分布相对均匀，绝大多数分布在相对偏远的山区和县

域边界地区。这些地区生态环境十分脆弱，自然条件恶劣，资源缺乏，交通闭塞，基础设施和基本公共服务差，缺乏一定的支柱产业，村集体经济收入几乎为零，发展较为缓慢。加之与现代市场衔接不足，尽管诸如茶叶、高山蔬菜、蚕桑等特色经济作物的销售不难，但在整个价值利润分享链条中却处于最低端，需要付出较大成本才能获得进一步的高收益。

这些贫困村的农户实际上通过传统种植经营是可以实现自给自足的，但由于缺乏基础设施（尤其是道路和水利设施）和基本公共服务以及政策制度供给不足而导致长期处在一种温饱式的低收入水平循环，无法实现家庭收入的进一步增长和累积。加之这些贫困村地处偏远山区，区位条件差，从而导致岳西县特色经济作物的比较优势发挥不足，农民增收受限。总体来看，这些贫困村并非传统意义上的生存性贫困，而是发展性贫困、制度性贫困、结构性贫困。因为户籍、教育和社保制度的差异化等因素形成的制度性贫困有两层含义。第一层含义是指劳动者具有正常的学习和劳动能力，但由于后天教育不足、身份限制、政策缺陷和风俗陋习等制度缺陷而出现贫困。这种制度性贫困具有代际转移特征，但可通过制度设计和公共政策来消除。第二层含义是指受有关制度影响，资源在不同区域、不同阶层、不同人群、不同个人之间的不平等、不公平分配，造成某些区域、阶层、人群和个人的贫困。制度性贫困的一个明显后果是使个体自生能力减弱，如发展权利不足、教育水平低下和贫困代际转移等。结构性贫困，指的是因在机会、资本、利润的场域中存在凭借资源、资本、技术、关系、信息和权力优势而优先获益的群体，机会不再平等，起始条件也不再平等。类同群体利用市场规则凭借其特有的资源相互竞争，看起来公平，而在“强—弱”的结构关系中，强者垄断了机会和利益。

以岳西县青天乡老鸭村为例，该村处于大别山腹地，距县城 44 千米，是岳西县最贫困的行政村。精准扶贫以前，基础设施条件较差，自然条件恶劣，农户生计单一，存在普遍贫困现象。2014 年，老鸭村建档立卡贫困户有 181 户 593 人，贫困发生率为 39%。“路”和“水”一直是制约当地经济发展的两大短板。1998 年，时任安徽省委书记卢荣景考察岳西时，该村不通路、不通电、不通水，土坯房、漏风屋、稻草铺等比比皆是，1999 年才有一条 4.3 千米长的三级公路通到了老鸭村，2014 年老鸭村仅有一条通自然村的硬化道路。精准扶贫以来，老鸭村坚持基础先行，着力推进以交通、水利为重点的基础设施建设，投资 1321.86 万元，分批实施村道拓宽及通组道路硬化工程。如今的老鸭村，六潜高速穿境而过，水泥路通组入户。老鸭村地势落差大，遇到雨季山洪频发，堰渠、河坝损毁严重，影响农业生产。该村依托“八小水利”“中彩公益金水利项目”“饮水工程”等项目，全面整修河坝、山塘、堰渠，完善农田水利体系，修建石庙、牛岭、新屋等 6 处饮水站点，彻底解决人饮安全问题。基础设施建设的不断完善，极大地改善了群众生产生活条件。

2014 年以来，老鸭村共实施危房改造 76 户，建设高枧、嫩园两个易地扶贫集中安置搬迁点，对 25 户居住分散的贫困户实施易地扶贫搬迁，彻底消灭了土坯房，全村楼房率 97%。2016 年新建集党群服务中心、文化活动中心、为民服务中心和扶贫驿站等功能于一体的新村部；2017 年建成“综治中心”和“农家书屋”；新建 2 座通信基站，实现全村移动通信网络全覆盖；建成 2 个文体广场、7 座公厕，改造提标村卫生室及小学；在贯穿老鸭村的青姚线上全部安装照明路灯等。同时，该村结合省级美丽乡村建设，着力打造集旅游、文化、产业于一体的高枧中心村，门楼、大院古文化村，大松树扶贫展示村，嫩园旅游休闲度假村。全面推进退宅还耕、农村环境“三大革命”。在壮大村集体经济方面，老鸭村成立了岳西老鸭兴岳生态农业有限公司，兴建茶园、茶厂、油茶基地，并以带资入股方式，流转贫困户田地，种植中药材，建设100千瓦村集体光伏发电站。2017年，村集体经济收入达15.7万元，发放劳务工资10万元。2017年，老鸭村全村特色产业基地3522亩，人均可支配收入达9815元，并于2017年顺利出列贫困村，贫困发生率降至0.38%。老鸭村基础设施和基本公共服务的改善为其脱贫摘帽做出巨大贡献。

表1–1 岳西县贫困村名单及其出列时序

	岳西县贫困村（65个）	
乡（镇）	2016年出列村（56个）	2017年出列村（9个）
白帽镇（4个）	江河村、深村村、双畈村	南庄村
包家乡（2个）	包家村、石佛村	
菖蒲镇（4个）	毛畈村、菖蒲村、西畈村	岩河村
店前镇（4个）	店前村、银河村、天台村	司空村
和平乡（3个）	和平村、九河村、太阳村	
黄尾镇（2个）	黄龙村、平等村	
来榜镇（4个）	枫树村、马元村、清潭村、羊河村	
毛尖山乡（2个）	红旗村、林河村	
青天乡（4个）	河口村、三槐村	老鸭村、道义村
石关乡（2个）	东冲村、蛇形村	
田头乡（4个）	方边村、田头村	上畈村、泥潭村
头陀镇（2个）	石盆村、梓树村	
巍岭乡（2个）	巍岭村、杨河村	

续表

	岳西县贫困村（65 个）	
乡（镇）	2016 年出列村（56 个）	2017 年出列村（9 个）
温泉镇（3 个）	莲花村、斯桥村、西营村	
响肠镇（2 个）	独山村、新浒村	
冶溪镇（4 个）	白沙村、大山村、桃阳村	罗铺村
姚河乡（2 个）	沈桥村、龙王村	
中关乡（2 个）	京竹村、中关村	
主簿镇（2 个）	南田村、主簿村	
五河镇（5 个）	百步村、横排村、思河村、响山村、叶河村	
古坊乡（3 个）	古坊村、前进村	上坊村
河图镇（2 个）	岚川村、金杨村	
莲云乡（1 个）	莲塘村	

三、岳西县贫困户致贫原因分析及其主要表现

根据国务院扶贫办全国扶贫开发信息系统数据库和笔者所在团队在岳西县的实地调研，对岳西县 2014—2018 年建档立卡贫困户、剩余贫困人口、返贫户和新增贫困户致贫原因及其表现形式分析如下（注：2018 年的数据截至 2018 年 12 月 9 日）。

（一）岳西县 2014—2018 年建档立卡贫困户贫困致因变化趋势分析

岳西县 2014 年建档立卡时，共识别出 65 个贫困村，36367 户贫困户

共110473人，贫困发生率30.5%；2014年、2015年分别脱贫27415人、33069人；2016年脱贫31018人，出列56个贫困村；2017年脱贫14040人，出列9个贫困村，至此所有贫困村实现出列。从2014—2018年建档立卡贫困户贫困致因变化趋势分析可得出以下结论：“因病、因学、因残，缺技术、缺劳力、缺资金”一直是岳西县农村致贫的主要原因。随着扶贫力度的不断加大，贫困户在医疗、教育、社会保障等基本公共服务方面得到极大的改善，随着农村鼓励产业发展对资金和技术的需求不断加大，大部分贫困农户缺乏生产启动及对生产继续投入的资金和对新的种养殖业、加工业的技术等一系列在新形势下衍生的发展需求。

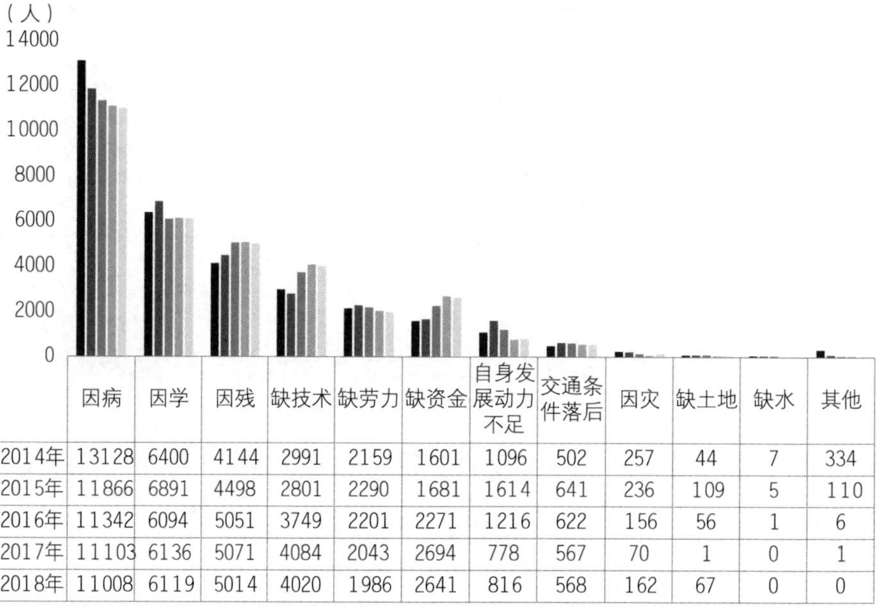

	因病	因学	因残	缺技术	缺劳力	缺资金	自身发展动力不足	交通条件落后	因灾	缺土地	缺水	其他
2014年	13128	6400	4144	2991	2159	1601	1096	502	257	44	7	334
2015年	11866	6891	4498	2801	2290	1681	1614	641	236	109	5	110
2016年	11342	6094	5051	3749	2201	2271	1216	622	156	56	1	6
2017年	11103	6136	5071	4084	2043	2694	778	567	70	1	0	1
2018年	11008	6119	5014	4020	1986	2641	816	568	162	67	0	0

■2014年 ■2015年 ■2016年 ■2017年 ■2018年

图1-2　2014—2018年岳西县建档立卡贫困户贫困致因变化趋势

（截至2018年12月9日）

（二）岳西县剩余贫困人口致贫原因分析

国务院扶贫开发信息系统数据库显示，截至 2018 年 12 月 9 日，岳西县尚有未脱贫 772 户 2097 人，贫困发生率为 0.5%。剩余贫困人口致贫原因主要为因病致贫（410 户，占比 53.1%）和因残致贫（198 户，占比 25.6%），主要表现为患有一种或多种慢性病、精神疾病和残疾，无劳动能力，不能通过常规性的扶贫措施实现脱贫，而需要通过创新帮扶方式和社会保障政策兜底实现脱贫（见图 1–3）。

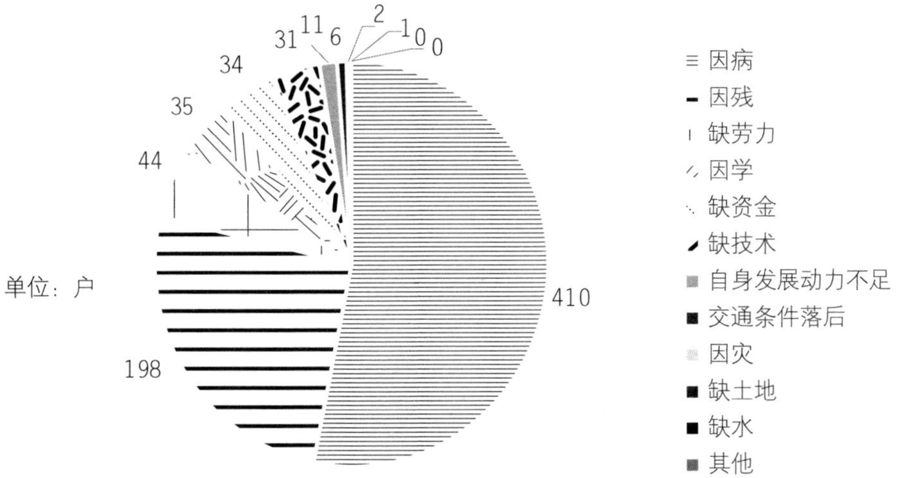

图 1–3　岳西县剩余贫困人口致贫原因分析（截至 2018 年 12 月 9 日）

（三）岳西县返贫原因分析

国务院扶贫开发信息系统数据库显示，岳西县的返贫户主要集中在 2014—2015 年，导致返贫的主要原因表现在因病、因残、因学，缺技术、缺资金。一方面突如其来的、阶段性的巨大开支不能承受，另一方面收入微薄和增收困难，从而使本就脆弱的脱贫户再次陷入贫困。这也启示我们，扶贫不是一次性的，而是需要持续性帮扶，正所谓“脱贫不脱政策”，同时要做好配套的服务及风险防控。

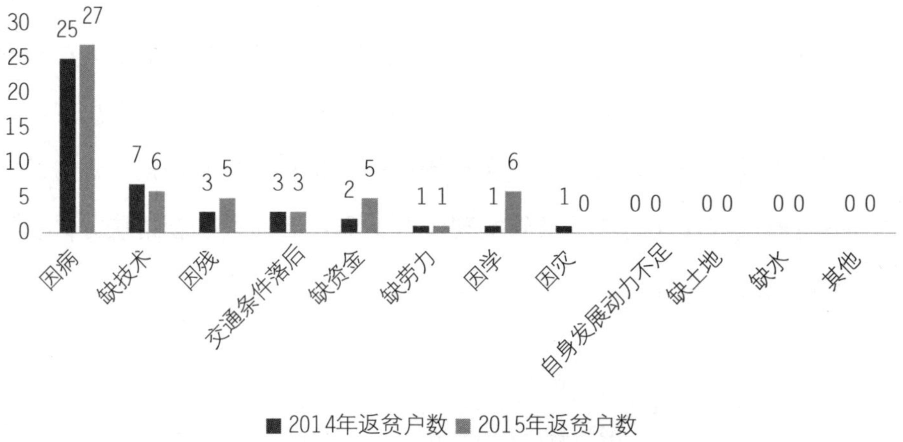

图 1–4　岳西县 2014—2015 年返贫原因分析

（四）岳西县 2014—2018 年新增贫困人口致贫原因

图 1–5 显示，因病新增贫困人口是最主要的原因，其次为因缺资金和因残导致新增贫困。生病具有较强的突发性、阶段性特征。通常，在农村普遍存在着“看不起病”“看病难”等现象，以致小病酿成大病，造成大额支出，最终使家庭陷入贫困。这种现象看似具有突发性，其实也是一个长期的、由多种因素共同累积导致的后果。在健康保障方面，应当着手于预防措施前移和相关政策供给，使风险降至最小。

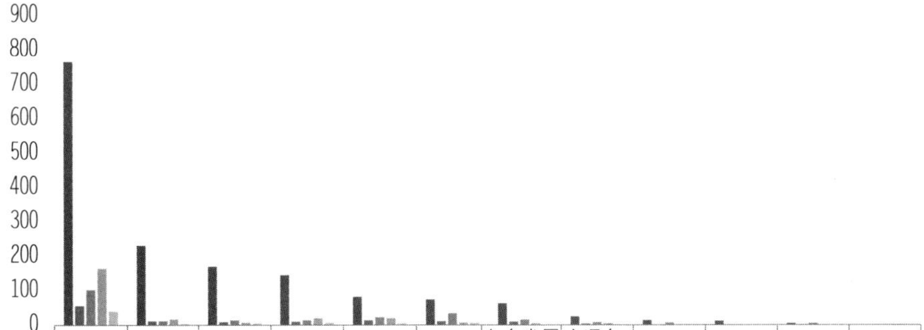

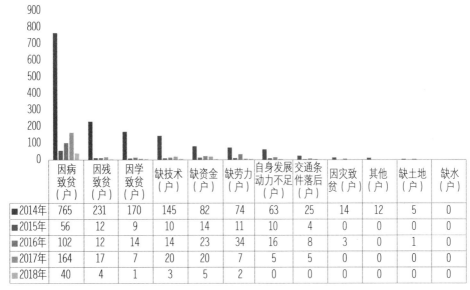

	因病致贫（户）	因残致贫（户）	因学致贫（户）	缺技术（户）	缺资金（户）	缺劳力（户）	自身发展动力不足（户）	交通条件落后（户）	因灾致贫（户）	其他（户）	缺土地（户）	缺水（户）
■2014年	765	231	170	145	82	74	63	25	14	12	5	0
■2015年	56	12	9	10	14	11	10	4	0	0	0	0
■2016年	102	12	14	14	23	34	16	8	3	0	1	0
■2017年	164	17	7	20	20	7	5	5	0	0	0	0
■2018年	40	4	1	3	5	2	0	0	0	0	0	0

■2014年　■2015年　■2016年　■2017年　■2018年

图 1-5　岳西县 2014—2018 年新增贫困人口致贫原因分析

（截至 2018 年 12 月 9 日）

综上所述，岳西县贫困户具体的致贫、返贫主要有六大原因：

1. 自然灾害是造成贫困和返贫的重要原因

山区农户本身家庭收入水平极为有限，以农业生产经营收入为主，自然依赖性较强，受自然灾害影响较大、影响程度较深。岳西县自然灾害主要包括干旱、洪涝灾害，低温冷冻、雪等气象灾害，地震灾害，山体崩塌、滑坡、泥石流等地质灾害，森林火灾和生物灾害、“青封”灾等。自然灾害对农作物冲击较大，尤其是对粮食作物。

2. 长期患病或突发疾病和重病

由于各种原因，农村医疗服务的可及性和可获得性严重不足，农村居民健康状况普遍不佳。农户家庭中若有长期生病或重大疾病患者，不仅不能通过劳动获得收入，而且医疗开支大且需要专人照护，有的甚至因此债台高筑而陷入贫困泥潭。

3. 缺乏劳动力，家庭成员年老或残疾、缺乏劳动力的贫困人口较多

目前，农村的社会保障尽管已经实现基本覆盖，但保障水平较低。一方面导致生活类支出较大，另一方面导致家庭收入来源极为有限，容易导致贫困和返贫。

4. 缺乏资金和项目

农户发展种养殖业缺乏启动资金和后续资金支持，由于处在深山区，加之交通闭塞，各类项目带动效果不足、成本较大。没有项目和资金，产业发展比较缓慢，制约着内生动力的激活和可持续脱贫的实现。

5. 劳动力文化素质低，导致技能缺乏

由于种种原因，山区贫困户劳动力文化水平多为小学文化，劳动力文化素质低既是贫困的原因又是贫困的结果，导致发展家庭经营缺乏一定的计划、管理和技术能力，很难进行新的产业发展，即使外出务工也缺乏市场适应性和竞争力，增收致富能力较弱。

6. 因学致贫

主要是因为家庭子女上学开支占比较大，家庭中进入市场的劳动力有限，收入来源少而导致贫困。

四、未来贫困发生的特点、可能性与启示

岳西县于2018年8月8日正式实现脱贫摘帽，但这并不意味着岳西县的贫困完全消除。截至2018年12月9日，岳西县仍有贫困户772户2097人，贫困发生率为0.5%，仍然存在着返贫或新生贫困的风险。因此，需要在巩固现有脱贫攻坚成果的同时做好返贫或新生贫困风险的管控，实

现高质量、可持续性脱贫，着力强化“双基建设”和生态保护与经济社会发展的齐头并进，同时也为接下来推进乡村振兴战略夯实基础。

（一）巩固现有脱贫攻坚成果，实现高质量、可持续性脱贫

1. 巩固脱贫经验和做法

要使在脱贫攻坚过程中形成的一些创新做法和体制机制等制度化、常规化，为巩固脱贫攻坚成果提供持续有效的组织保障、政策支持和稳定预期。

2. 持续加大“两业”帮扶力度

首先产业发展是脱贫致富的主要手段。在精准扶贫当中，各个贫困村均进行了农业结构调整，找到了适合本村发展的一种或者多种产业，并鼓励成立村集体公司和合作社等，但这只是第一步，更重要的是做好与贫困户的利益联结机制和与现代市场经济相衔接、相适应的产业发展模式创新，没有有效的市场对接，农户的产业发展将会面临更大的不确定性和风险。其次是贫困户的就业。就业是贫困家庭摆脱贫困最为立竿见影的做法，但在实际中，仍然存在着技能培训与贫困户的主观需求以及劳动力市场的不匹配问题，因此，需要政府部门进一步精准施策，通过提供就业信息、落实技能培训、劳务对接促转移就业、设置公益性岗位、兴办扶贫车间、发放务工交通补助等方式和政策，引导和激励贫困家庭劳动力外出务工、就地就近就业和居家就业等，真正实现“就业一人，全家脱贫”的目标。

（二）不断创新，加大对返贫或新生贫困风险的管控

1. 健全返贫防范机制

现代社会风险无处不在，农户普遍存在风险意识淡薄、易遭遇风险和

风险损害程度大的基本情况。因此，岳西县需要继续健全农业保险、新农合大病保险及大病医疗救助，补充商业医疗保险、农房保险、扶贫小额意外伤害保险、光伏扶贫电站财产保险、治安保险等“一揽子”保险制度，来防范各类风险和降低损害程度。

2. 提高社会保障水平，创新社会保障制度供给，提升社会保障减贫效益

社会保障的制度供给和保障水平关系到每一个人，能够极大降低本就收入水平有限的农户的脆弱性，起到缓冲和平缓风险的作用。以健康保障为例，疾病支出对于一个家庭来说是较大开支，也是致贫的最主要原因。岳西县在落实国家“三个一批”和安徽省“351”“180”政策之外，积极探索创新了“1579”“小 351”“1567”等一系列健康扶贫相关政策。针对贫困人口、已脱贫人口、非贫困人口三类人群，进行健康脱贫政策系统设计，对不同人群实行分类施策，综合医保政策人群全覆盖，走出了一条既“解决存量”又“控制增量”的健康扶贫新路径。既防止了因病致贫，阻断了因病返贫，促进了健康脱贫，又缓解了因政策不公平引起的农村社会矛盾，健康脱贫成效显著。类似这种兼顾贫困人口和非贫困人口的做法可有效预防和降低贫困风险。

3. 通过加大农业生产性服务和社会化服务供给来降低经营风险、市场风险等

作为山区的岳西县，农业生产小而散，具有较强的同质性，可以通过提供组织化的农业生产性服务和社会化服务来降低农业生产经营成本，同时能够为农业生产提供一定的技术、信息等支持，来降低农业经营的生产风险、市场风险，更好地实现小农业与现代市场经济的有效衔接，实现农户的稳健收益。

（三）加深对未来贫困的理解

未来的贫困形式，是随着经济社会发展和人民需求的变化而变化的，在一定意义上，应当以个体性贫困、相对贫困为表征。2020 年全面建成小康社会后，在精准扶贫精准脱贫过程中形成的对贫困的认知、理解、做法等，应当内化成一种常态化的、制度化的、主流化的共识和理念，持续保持对弱势群体的主动关怀。在具体工作中，需要各政府部门在制定政策时充分考虑政策相关条件是否会排斥贫困人口享有政策，避免政策实施中的非主观排斥。

（四）贫困治理与生态保护、经济社会发展协同推进

岳西县自精准扶贫以来，在守住生态保护红线的前提下，做到了贫困人口增收和生活水平、生活状况的极大改善，走出了一条贫困治理与生态保护、经济社会发展协同推进的绿色减贫之路。通过不断调整农业结构，找到了适宜当地经济社会环境发展的产业，尤其是以茶叶、蚕桑、高山蔬菜、中药材和乡村旅游为主的支柱产业，既保护了当地生态环境，又实现了农户的增收、脱贫、致富，促进了当地经济社会发展。这种以可持续性、包容性的发展引领脱贫攻坚和经济、社会、文化、环境等协同推进的经验做法值得借鉴和推广。

同时，从较大区域和层级来看，应当将贫困的进一步防范放在更大的范围去稀释、化解。从微观层面来看，贫困户、贫困人口的自身发展能力有限，需要更多的机会和条件去激活和因势利导，才能实现可持续的、长效化的脱贫致富。因此，要处理好个体与区域的协同发展，将岳西县壮大经济社会发展的视野和定位放在更大的范围，为农村人口的脱贫致富提供更多的支撑和多元化选择。

（五）大力推进乡村振兴战略，不断壮大村级集体经济，夯实富民基础

自实施精准扶贫精准脱贫战略以来，岳西县积极探索村级集体经济的组织化形式，每个村均成立了村集体所有的公司，负责村集体资产管理运营等工作，不断壮大村级集体经济收益。岳西县农村的集体经济收入从无到有，不断壮大。2017 年岳西县完成脱贫攻坚主攻任务，65 个贫困村全部出列，182 个村级集体经济年收入全部达 10 万元以上，为村集体的基础设施和基本公共服务改善提供支撑以及为村民分红。在实现减贫的基础上也实现了村庄管理有序和组织化程度提升，对巩固脱贫攻坚成果、实现共同致富、推进乡村振兴战略具有重要意义。同时，随着大力推进乡村振兴战略，农村扶贫工作将进一步得到加强。

第二章 组织领导、机制建设与人才保障：岳西县脱贫攻坚的治理实践

组织机制建设和人才保障是实现稳定脱贫的关键，所以良好的机制建设和人才队伍建设意义重大。将脱贫攻坚基层实践中形成的减贫方案和治理经验制度化，从而建立起脱贫的长效机制，才能够确保脱贫攻坚的连续性与稳定性。本章的内容主要是对岳西县在地方贫困治理实践中形成的组织领导、机制建设和人才队伍保障等方面的经验进行分析，提炼总结出岳西经验。岳西县在进行组织机制建设和人才队伍建设时，能够因时因地作出调整，实现脱贫攻坚领导机构的一体化。同时，围绕扶贫开发，不断深化发展目标，健全“四大治理机制”，即脱贫攻坚引领机制、脱贫攻坚整合机制、脱贫攻坚激励机制和脱贫攻坚考核机制，引导干部队伍下沉，从而为全县打赢脱贫攻坚战提供强有力的支撑。

2013 年 11 月，习近平总书记在湖南湘西花垣县十八洞村考察时首次提出了“精准扶贫”的思想。2015 年 6 月，习近平总书记在贵州召开部分省区市党委主要负责同志座谈会，深刻论述了精准扶贫精准脱贫总体思路和基本要求。2015 年 11 月，中央召开扶贫开发工作会议，同年 12 月，《中共中央、国务院关于打赢脱贫攻坚战的决定》出台，对脱贫攻坚进行了全面部署。2018 年 6 月，根据党的十九大关于打赢脱贫攻坚战的总体

部署和各地区、各部门贯彻落实打赢脱贫攻坚战的进展及实践中存在的突出问题，中共中央、国务院出台了《中共中央、国务院关于打赢脱贫攻坚战三年行动的指导意见》，进一步完善顶层设计、强化政策措施、加强统筹协调，推动脱贫攻坚工作更加有效开展，也为各地开展精准扶贫、精准脱贫提供了总的政策遵循。岳西县作为安徽省唯一一个集革命老区、国家重点贫困地区、纯山区、国家级生态示范区、国家重点生态功能区“五区”于一体的县份，是安徽省以及大别山区 29 个国家级贫困县中贫困人口较多、贫困面较大、贫困程度较深的县份之一。20 世纪 80 年代中期，作为老边穷地区，得到上级政府的多方面倾斜、扶持。1985 年被列为首批国家重点贫困县，当时绝对贫困人口 24.7 万，占总人口的 72.3%。2001 年被正式批准为国家扶贫开发工作重点县，扶贫开发、社会经济发展逐步走上快车道。2014 年精准识别贫困人口 11.05 万。2016 年实现 31018 人脱贫，56 个贫困村出列，贫困人口减少至 6928 户 16664 人，贫困发生率降至 4.48%。2017 年实现 9 个贫困村顺利出列，6026 户 14040 人如期脱贫，贫困发生率降至 1% 以内。

坚持精准扶贫精准脱贫基本方略，结合县情实际，岳西县委、县政府积极贯彻习近平总书记关于扶贫工作的重要论述和视察安徽重要讲话精神，全面贯彻落实中央、省、市决策部署，在各方面均取得了显著成绩。2017 年，岳西县实现地区生产总值 92.6 亿元，是 1989 年的 63 倍以上；农村居民可支配收入 10553 元，是 1989 年的 43 倍。2018 年 6 月 20 日至 26 日，接受国务院扶贫办委托第三方国家贫困县退出评估检查组评估，第三方评估验收显示，岳西县综合贫困发生率已降至 0.98%。2018 年 8 月 10 日，省政府正式宣布批准岳西县退出贫困县行列。岳西县成为安徽省首个摘帽的国家级贫困县。岳西县财政资金整合使用、产业扶贫、旅游扶贫、光伏扶贫、社会扶贫等工作经验在全国交流并推广；易地扶贫搬迁、财政资金管理获省政府表彰，荣获全国财政管理先进典型县；县扶贫办荣获“全国扶贫系统先进集体”“安徽省先进集体”等荣誉称号。人民日报、新华社、央视、凤凰卫视、安徽卫视、安徽日报等国家、省主流媒体多次报道岳西脱贫攻坚主要经验和成效；岳西县也成为全国休闲农业和乡村旅游示范县、全国科技进步先进县、国家生态县、国家电子商务进农村综合示范县和全省美好乡村建设先进县、全省循环经济示范县。

回首岳西扶贫脱贫攻坚历程，历届县委、县政府高度重视扶贫开发工作，一以贯之谋发展，一张蓝图绘到底，尤其是在精准扶贫脱贫攻坚阶段，县委、县政府扶贫开发领导小组、脱贫攻坚指挥部的组织架构更加坚强有力、科学清晰优化，组织保障深入到位，人才干部精干能干，资金拨付到位高效，创新组织经验扎实有效。扶贫开发工作责任重大，打赢脱贫攻坚战，全面建成小康社会意义深远。岳西县脱贫攻坚主要经验和成效来之不易，离不开国家各项政策的支持，离不开县委、县政府的坚强领导，更离不开全县干部群众同心同力同德同向的努力。本章侧重介绍岳西县脱贫攻坚治理框架实践，总结其脱贫攻坚以来组织架构、组织保障、政策支持、正负向激励机制等经验做法，以期为其他地区减贫工作及实施乡村振兴战略带来启示，也希望为2020年后减贫战略贡献可复制的经验做法。

一、岳西县脱贫攻坚的坚强组织领导

扶贫开发谋发展，脱贫攻坚奔小康，组织引领定航标，领导掌舵把方向。回溯历史，岳西县委1985年成立扶贫扶优工作领导小组，1986年成立岳西县革命老区、贫困山区工作领导小组，1988年成立岳西县革命老区、贫困山区工作领导小组办公室，1989年成立岳西县扶贫开发领导小组，1991年3月成立县扶贫开发培训领导小组。进入21世纪以来，为确保精准扶贫精准脱贫各项政策有效落实，岳西县委、县政府成立由县委书记任第一组长、县长任组长的县级扶贫开发领导小组。2015 年 1 月 5 日，因工作需要调整了岳西县扶贫开发领导小组成员；2016 年 1 月 5 日，为切实加强对全县脱贫攻坚工作的领导，岳西县成立脱贫攻坚指挥部；2017 年 5 月 16 日，因工作需要和人事变动调整了岳西县脱贫攻坚指挥部及工作组。各乡镇、村“两委”结合实际相继成立扶贫开发领导小组或脱贫攻坚指挥部及办公室，从制度上进一步确保各层级组织架构的建立。考察县域扶贫开发及脱贫攻坚工作，以领导机构演变为抓手，可窥见其组织架构的历史性逻辑发展。

（一）总体组织架构统筹：领导小组或指挥部

1. 从“扶贫开发领导小组”到“脱贫攻坚指挥部”

从扶贫开发领导小组成立，至 2016 年 1 月 5 日岳西县脱贫攻坚指挥部正式成立，指挥长由县委书记、县长担任，并统筹全县脱贫攻坚工作。常务副指挥长分别由县委副书记、政府副县长担任，负责脱贫攻坚工作全面落实；副指挥长由县政协主席与副主席、人大常委会主任与副主任、县委常委、政府副职等 20 名县处级领导干部担任，负责牵头各项具体工作并推进落实；成员单位涵盖县直各单位共计 41 家，指挥部下设办公室和 8 个工作组，由常务副指挥长的政府副县长兼任办公室主任，扶贫办主任兼任办公室常务副主任，各个工作组牵头单位的一把手或常务副职担任组长；2017 年 5 月 16 日，岳西县脱贫攻坚指挥部调整指挥部成员及工作组，指挥长、常务副指挥长、副指挥长均延续原有组织架构体系，成员单位在原有基础上略有变动，指挥部下设办公室不变，下设工作组数量有变。

表 2-1　脱贫攻坚指挥部下设工作组前后对比

八个工作组（调整前）	十一个工作组（调整后）
宣传报道工作组	宣传报道工作组
贫困监测工作组	危房改造工作组
资金政策决策组	资金政策工作组
金融扶贫工作组	金融扶贫工作组
易地扶贫搬迁工作组	易地扶贫搬迁工作组
光伏扶贫工作组	光伏扶贫工作组
产业扶贫工作组	产业扶贫工作组
督查考核工作组	督查考核工作组
	教育扶贫工作组
	健康脱贫工作组
	农村环境整治组

具体细微变化有：一是领导干部人员调整。指挥部领导整体组织架构不变，只是个别领导职务有所调整，如担任常务副指挥长的政府副县长晋升县委常委，一方面是对其工作能力认可肯定，另一方面也是通过提高分管扶贫工作领导职级，进一步加大扶贫工作领导力度，确保协调高效工作。副指挥长由之前的 20 名县处级领导增加至 24 名县处级领导干部，具体是县委常委、县政府常务副县长，县委常委、县经济开发区党工委书记，县委、县政府督查工作协调领导小组组长，县委、县政府督查工作协调领导小组副组长 4 名领导。二是指挥部下设办公室和工作组的增减调整。办公室领导架构不变，工作组由 8 个增加至 11 个，具体是减少了贫困监测工作组，增加了危房改造、教育扶贫、健康脱贫、农村环境整治 4 个工作组，注重围绕“两不愁三保障”中的危房改造、健康保障及农村人

居环境整治等方面，强化了脱贫攻坚实施力度，丰富了指挥部具体工作组内容，使工作小组设置更加科学全面细化。三是成员单位略微增加。由之前41家单位增至44家，具体增加了县监察局、县规划局、县农机局3家单位，涵盖全县党委、群团、政府组成部门及银行企业等。

2. 脱贫攻坚指挥部办公室人员特点分析

县脱贫攻坚指挥部办公室作为指挥部的中枢起着至关重要的作用。指挥部命令下达及具体工作运转均离不开办公室的综合协调与落实，因此，对于指挥部办公室人员抽调是经过审慎思考、精挑细选的。具体是围绕全县脱贫攻坚工作，县扶贫办从全县各职能部门及乡镇机关事业单位中物色合适人选并确定抽调名单，县委组织部门负责抽调名单的具体落实，所属抽调单位必须无条件支持单位抽调人员的安排，从而组成一支专业过硬、技术精湛、年轻能干的脱贫攻坚办公室队伍。下面从结构性视角出发，更深刻认识组织架构办公人员的不同特点（见表2–2）。

表2–2 脱贫攻坚指挥部办公室人员基本情况分析

性别	数量	百分比	学历	数量	百分比
男	20	69.0%	本科	27	93.1%
女	9	31.0%	专科	2	6.9%
身份	**数量**	**百分比**	**原工作单位**	**数量**	**百分比**
公务员	13	44.8%	扶贫办	14	48.3%
事业编	10	34.5%	乡镇政府	10	34.5%
劳务派遣	5	17.2%	县直部门	4	13.6%
基层特岗	1	3.4%	乡镇事业单位	1	3.4%

从表2–2中可以看出：脱贫攻坚指挥部办公室人员有29名，有效确保脱贫工作的扎实推进。从性别上看，男性20人，占比69.0%，从侧面

反映出脱贫工作力度、强度之大，需要更多男性的工作人员加入。从学历层次分析，本科学历占比达93.1%，具有高学历明显优势，有效保证脱贫攻坚工作的深入开展。从工作人员身份属性看，公务员身份有13人，占比44.8%；事业编有10人，占比34.5%；劳务派遣5人，占比17.2%；基层特岗1人，占比3.4%，总体看公务员身份占明显优势，其次是事业编身份，较为特殊的是吸纳劳务派遣工作人员5人，表明脱贫攻坚工作人员队伍的稳定可持续，保证加入队伍成员的传统意义上事业单位公务员身份十分重要，也反映出人员队伍身份多元化，可以结合工作实际有效调整人员结构。从原工作单位来看，办公室工作人员扶贫办人员为14人，占比48.3%，接近一半；乡镇政府10人，占比34.5%；县直部门4人，占比13.6%；乡镇事业单位1人，占比3.4%，这表明了当前脱贫攻坚工作的扎实开展。抽调相关人员充实脱贫攻坚指挥部办公室实属不易，被抽调的人员也是经过各单位精心挑选的业务骨干、技术骨干，充分强化了脱贫攻坚办公室人员的投入力度。

3. 脱贫攻坚组织架构一体化

从20世纪80年代岳西县扶贫扶优领导小组成立，到21世纪成立的岳西县扶贫开发领导小组，再到2016年1月5日岳西县脱贫攻坚指挥部的成立，从历史脉络来看，岳西县扶贫脱贫工作的组织架构总体呈一体化特征，具体表现在：一是组织架构因时因势名称不同，但架构形式一体犹存；二是组织架构主题工作侧重略有不同，但工作内容一脉相承；三是组织架构目标略有微调，但终极目标导向却根本一致。岳西县紧紧围绕扶贫开发到脱贫攻坚的主线脉络，积极响应《中共中央、国务院关于打赢脱贫攻坚战三年行动的指导意见》，从架构一体化视角着眼，积极整合多方资源，统筹多部门融入参与、各层级响应落实。横向上，全面涵盖县级党委、群团、政府组成部门及企事业等单位作为县脱贫攻坚指挥部的成员单位，从组织架构上强化了各成员单位的参与度；纵向上，要求各乡镇、村级结合实际迅速成立相应脱贫攻坚领导机构，通过各级组织架构的搭建，形成完备的组织层级上下链，确保组织领导机构设置在基层无障碍，进一步发挥岳西县脱贫攻坚总体组织架构的统筹作用，有效整合了多方资源。

（二）具体分类分级落实：工作专班与专职书记

在岳西县县级脱贫攻坚指挥部总体组织架构统筹下，脱贫攻坚工作内容具体分类落实，乡镇、村级实际分级推进，形成了具有岳西特色的不同类别的工作专班和不同层级的专职书记。工作专班即指为了脱贫攻坚工作而特意组建的领导班子，岳西县组建的8个不同工作专班，也是立足脱贫攻坚特殊时期的压力而采取的超常规的专班运作模式。

1. 不同类别的工作专班

（1）县级层面8个工作专班（见表2–3）

表2–3　8个工作专班内容分析

专班分类	专班名称	专班组长	专班内容	专班目标
组织建设类	干部包保专班	县委组织部部长任组长	组建全县干部包保专班	全力推进脱贫攻坚工作
迎检指标类	“三率一水平”工作专班	分管扶贫副县长任组长	围绕错退率、漏评率、贫困发生率	两零一达标
	“两解一处理”工作专班	县委副书记任组长	解问题、做解释、处理管理	提升群众满意度

续表

专班分类	专班名称	专班组长	专班内容	专班目标
工作任务类	县产业扶贫工作专班	县农委主任任组长，分管产业扶贫负责人为副组长	产业扶贫发展	推进产业扶贫
	“三大革命”暨“四净两规范”春季战役工作专班	县长任指挥长，分管副县长及县纪委（监察委）、县委宣传部等分管负责同志分别担任副指挥长	拆除违建、危旧房重建和修缮，室外净、室内净、厕所净、个人卫生净，生活家具配套规范，生产生活资料摆放规范	改善农村人居环境
环境塑造类	信访维稳工作专班	政法委书记任组长	扫黑除恶治乱、打击“三堵六闹”	杜绝重大群体性事件、重大负面新闻
	宣传氛围工作专班	县委宣传部部长任组长	岳西高腔、鼓书、黄梅戏、广场舞、三句半、相声、书画摄影作品等	宣传扶贫开发政策、全县脱贫攻坚成效
督导评价类	“两治理一评价”工作专班	县纪委书记任组长	对扶贫领域腐败和作风问题专项治理、财政扶贫资金使用管理绩效评价	整理典型案例并通报，形成警示震慑效应

根据脱贫攻坚总体部署，岳西县按照专班主要内容与主要目标可划分为组织建设、迎检指标、工作任务、环境塑造、督导评价五大类专班，从县级层面组建了8个具体专班。一是县级“三率一水平”工作专班。由县委常委、副县长、县脱贫攻坚指挥部常务副指挥长担任组长，县教育局、民政局等11家单位负责人为成员，办公室设在县扶贫办。通过建立会商、报告、问题答复、调度、督查等制度，形成事不过夜、上情下达、统筹协调、督查倒逼的工作作风。二是县级“两解一处理”工作专班。由县委副书记任组长，相关单位为成员单位，专班办公室设在扶贫办。做到能够解决的问题及时给予解决，一时不能解决的做好解释工作，对违法行

为和不良现象进行打击处理、教育管理，进一步提升群众认可度。三是县级“三大革命”暨“四净两规范”春季战役工作专班。县长任指挥长，分管副县长及县纪委（监察委）、县委宣传部等分管负责同志分别担任副指挥长，县纪委、县政府办、县委组织部等12家部门为成员单位，负责活动的协调调度，指挥部在住建局下设办公室。四是县产业扶贫工作专班。围绕“户脱贫、村出列、县摘帽”，规划产业扶贫。主要职责是迎接国家摘帽验收、拟订产业发展计划、全力推进产业扶贫。成立由县农委主任为组长、分管产业扶贫负责人为副组长、其他党组成员为成员的县农委产业扶贫工作专班，下设6个业务专班，即综合业务专班、产业专班、主体带动专班、蚕桑专班、蔬菜专班、养殖专班，由农委党组成员任组长，并抽调产业发展相关业务科室人员具体负责相关推进工作。五是干部包保工作专班。根据联系县干和乡镇党政主要负责人统筹安排，县直单位主要负责人驻村工作，单位包保人员和乡镇网格干部组建包保专班，进村入户开展“三大三同三送”活动（大走访大排查大整改，同吃同住同劳动，送温暖送精神送动力）。六是信访维稳工作专班。结合扫黑除恶治乱、打击“三堵六闹”，坚决杜绝弄虚作假、重大群体性事件、重大负面新闻。牵头领导是县委常委、政法委书记，县政府副县长，责任领导为县公安局局长等，专班成员单位由县委办、政府办、扶贫办等29家单位及24个乡镇组成，工作专班办公室下设综合协调组、信访接待组、情报信息组、应急处置工作组、现场秩序维护组、后勤保障组、舆情管控组、监督执纪组8个工作小组。七是宣传氛围工作专班。通过岳西高腔、鼓书、黄梅戏、广场舞、三句半、相声、书画摄影作品等形式，大力宣传习近平总书记关于扶贫工作的重要论述、各级脱贫攻坚决策部署、全县脱贫攻坚成效。具体分为新闻宣传专班，由县委宣传部牵头；社会宣传专班，由县委宣传部、文明办、扶贫办牵头；文艺宣传专班，由县文委、县文联牵头。八是“两治理一评价”工作专班。制定了《岳西县扶贫领域腐败和作风问题专项治理工作方案》，加强对扶贫领域腐败和作风问题专项治理、财政扶贫资金使用管理绩效评价。要分门别类对典型案例进行整理并通报，形成警示震慑效应，同时成立由县纪委书记任组长的工作专班，深入开展“两治理一评价”工作，为打赢脱贫攻坚战提供坚强保障。

（2）乡镇层面工作专班

根据岳西县县级层面组建的不同工作专班，全县 24 个乡镇也相继配套成立乡镇层面的工作专班，如在“三大革命”暨“四净两规范”春季战役工作专班中，县级层面成立了突击月指挥部，乡镇成立以书记为队长的攻坚队，落实包保措施和包保责任。其他几项专班也是由乡镇主要负责人担任组长，班子成员担任副组长，乡镇下属事业单位为成员，办公室一般设在乡镇扶贫办。

（3）县直单位包村工作专班

2018 年上半年以来，脱贫攻坚进入关键时期，为了确保脱贫攻坚干部人员力量强、时间保障够、精力干劲足，岳西县在所有单位实行“三个三分之二”工作法，即三分之二的人员、三分之二的时间、三分之二的精力，聚焦聚力脱贫攻坚工作。明确要求各单位根据包保村个数，合理安排人员组建县直单位包村工作专班。即实行以村为单位组建工作专班，班长由县直单位一名负责同志担任（单位主要负责人要担任贫困村工作专班班长）。岳西县抽调县直单位 1474 名干部职工，组建 186 个工作专班，实现村（社区）全覆盖，全部驻村开展脱贫攻坚工作。

（4）不同类别工作专班比较

岳西县在脱贫攻坚治理中，通过组建不同类别工作专班，对脱贫攻坚整体内容进行分类管理，围绕脱贫攻坚摘帽及奔小康，主要从专班内容和专班层级上展开。一是按照专班内容性质岳西县工作专班可分为几大类，具体为“三率一水平”、“两解一处理”、“三大革命”暨“四净两规范”、产业扶贫、干部包保、信访维稳，营造宣传氛围，“两治理一评价”，具体内容涵盖贫困县退出核心指标（错退率、漏评率、贫困发生率及群众满意度），脱贫攻坚重要抓手的产业发展及农村人居环境建设，扶贫领域腐败及作风等问题。二是按照组建专班层级可分为组建岳西县县级层面专班、乡镇层面专班、县直单位包村工作专班即村级层面组建专班，建立县乡村三级工作专班体系。综上，对不同类别工作专班做一简要对比：

工作专班相似性。一是均对整体脱贫攻坚任务作了再分解，均有相应领导牵头负责，具体责任到人，强化责任意识。二是遵循因地制宜原则，乡镇层级工作专班是县级工作专班在乡镇层级的实践呈现。

工作专班差异性。一是县、乡级工作专班围绕具体脱贫攻坚任务展开，乡镇级是对县级整体工作部署的再落实，村级工作专班是具体基层实践的“百宝箱”，因村级干部人员所限，通过县直单位包村建立工作专班，强化外部力量注入，增强基层落实政策和推进攻坚任务的能力，因此，村级工作专班并没有再细致划分几大类，而是做好上级部署的各类任务，凸显专班工作的全面性。二是县级专班领导一般由县级领导负责牵头协调，乡镇专班由乡镇主要领导负责，村级专班由县直单位负责人牵头负责。专班负责人职级差异性和县直单位部门强弱差异性，能够反映出不同专班的协调力度大小。

工作专班持续性。脱贫攻坚专班组织的搭建，围绕脱贫攻坚注重解决特定时期内的突出问题，在一定时期内会发挥特有功效，在积极肯定工作专班治理高效的同时，需要反思专班的可持续性，即如何更好发挥工作专班制带来的治理效果，在组织架构上延续这种具体导向目标的专班，发挥领导协调机制作用，注重督导落实发现问题。

基于此，岳西县在工作专班治理制度设计中，在县级层面根据具体内容划分五大类具体8个专班，乡镇层级积极贯彻，组建该级别工作专班，但考虑到政策落实从县级到乡镇再到村级执行力存在逐步弱化情况，建立县直单位包村工作专班，强化村级专班的影响力，有效避免村级专班执行力弱化，同时也在专班制工作中提炼出一种治理经验，即充分发挥领导协调机制作用、围绕专项问题督导有效落实，各层级专班架构搭建融合了县级、乡镇级资源，为有效加强治理，县级治理资源直接注入村级治理场域中。资源下沉基层，不失为基层治理制度层面一大创新。

2. 不同层级的专职书记

打赢脱贫攻坚战要实行中央统筹、省负总责、市县抓落实的工作机制，这一工作机制的核心领导是各级党组织书记，上到总书记，下至村党支部书记，透过层级传导体系，组织核心领导力量得到有效发挥。岳西县探索乡镇和村级层面专职书记的选派，率先选派县干到村任职，全面加强选派帮扶力量。具体包括以下两个层级专职书记：

一是到乡镇挂任脱贫攻坚专职副书记。2016年6月，岳西县从县直单位选派21名科级优秀年轻干部到乡镇挂任脱贫攻坚专职副书记，挂职时间为两年，挂职期间专职从事脱贫攻坚工作。

二是到村任脱贫攻坚专职书记（主任）。2017年2月，选派94名干部到村任脱贫攻坚专职书记（主任），其中县干49名，乡镇党政主要负责人41名，乡镇人大主席4名，实现贫困村全覆盖。到村任职后，原选派干部、驻村扶贫工作队任职地、工作职责、目标任务不变。2017年4月再次向当年未出列的9个贫困村选派由县处级干部任第一书记、扶贫工作队长的驻村扶贫工作队，每个工作队至少由3名帮扶干部组成，其中县本级选派在职党员县干7名。

两个层级专职书记，就是从县直优秀年轻科级干部中选派挂任乡镇脱贫攻坚专职副书记，增加了乡镇脱贫攻坚领导力量，从副县级以上领导干部及乡镇党政主要负责人、部分人大主席到村任脱贫攻坚专职书记（主任），实现贫困村全覆盖，任期自选派日起至“县摘帽”止，这一组织领导力量下沉到村级，在脱贫攻坚摘帽期起到关键作用。各个选派专职书记（主任）充分发挥单位和个人优势资源，做到帮群众致富，促实现精准脱贫；帮村级发展，促壮大集体经济；帮协调落实，促基础设施落实的“三帮三促”。可以说，两级专职书记的下派，代表外来资源力量的下沉，从组织领导力量上保障了乡镇村级脱贫攻坚的领导力，有效应对资源不足引起的滞后发展，也是脱贫攻坚特殊时期因地制宜探索的基层组织领导力的再提升。

二、岳西县脱贫攻坚四重机制护航

组织领导掌舵明确方向，政策机制护航扎实推进。岳西县扶贫开发领导小组、脱贫攻坚指挥部、县委县政府办公室、脱贫攻坚指挥部办公室、扶贫开发办公室等机构先后出台多项文件，形成各类各项工作方案，逐步形成多种政策机制。2015 年，岳西县实施精准扶贫六大政策机制，即产业发展政策奖补机制、基础设施建设政策奖补机制、公共服务政策奖补机制、金融服务政策奖补机制、调度考核机制、政策激励机制。2016 年，岳西县实施巩固扶贫成果七大政策机制，即产业发展政策奖补机制、基础设施建设奖补机制、贫困户产业发展奖补机制、扶贫小额信贷机制、劳动力素质保障机制、脱贫政策激励机制、社会保障兜底机制。不论是实施精准扶贫的六大机制，还是巩固成果的七大机制，均是围绕着脱贫攻坚的具体事项和内容展开的，并且七大机制就是对六大机制的具体细化。以下将立足岳西县治理总体框架，从治理的整体性着眼，抽象概括出岳西县脱贫攻坚“引领、整合、激励、考核”四重治理运行机制。

（一）脱贫攻坚引领机制

1. 十个一号文件引领发展方向

围绕一个中心，决战决胜脱贫攻坚，岳西县连续10年以县委、县政府一号文件高规格锁定扶贫开发工作，在宏观政策上确立了县域发展的主题，定下扶贫开发总基调，从政策制度层面引领县域各项事业发展（见表2-4）。连续十年以一号文件锁定扶贫开发工作，反映出岳西县域治理理念的务实，从治理的前瞻性、可持续性出发，达到县域发展的稳健有力，也暗含了县域治理推进过程中，总基调、方向盘等涉及未来发展方向的大事要事。通过公共政策的高规格颁布，把政策工具与政策内容有效结合，发挥了统筹引领之功能。

表2-4　岳西县委、县政府2009—2018年一号文件

时间（年）	文件名	发文号
2009	关于实施“大扶贫”战略促进我县农村改革发展实现新突破的决定	岳发〔2009〕1号
2010	贯彻《中共安徽省委 安徽省人民政府关于进一步加强扶贫开发工作的意见》的实施意见	岳发〔2010〕1号
2011	关于进一步动员社会力量参与扶贫工作的意见	岳发〔2011〕1号
2012	关于深入推进扶贫开发 促进农民增收的意见	岳发〔2012〕1号
2013	关于强化新一轮农业产业化扶贫的决定	岳发〔2013〕1号
2014	关于创新机制扎实推进农村扶贫开发工作的实施意见	岳发〔2014〕1号
2015	关于全面推进精准扶贫的决定	岳发〔2015〕1号
2016	关于推进脱贫攻坚 打造全省示范县的决定	岳发〔2016〕1号
2017	关于决战决胜精准脱贫 勇当脱贫攻坚先锋的实施意见	岳发〔2017〕1号
2018	关于决战决胜率先脱贫推进乡村振兴战略的实施方案	岳发〔2018〕1号

2. 十个一号文件多维分析

岳西县委、县政府高规格指引脱贫攻坚大方向，从政策导向上给全县各级领导干部及群众明晰工作定位，其十个一号文件主题脉络一致，内在衔接深入，逻辑演进清晰。表 2–5 从 6 个维度加以分析说明。

表 2–5 岳西县一号文件不同维度对比分析

类别 时间	指导思想	主题词	文本字数	重点任务	目标导向	成效预期
2009年	党的十七大和十七届三中全会	大扶贫战略、农村改革	3312	实施改善生产生活条件、提升劳动者素质、创造发展机会工程	坚持以扶贫开发作为农村工作中心，扶贫开发与新农村建设有机结合，保障式扶贫与开发式扶贫有机结合	实现农村改革新突破，促进全县经济社会又好又快发展
2010年	安徽省委、省政府意见	加强扶贫开发	2460	创新扶贫开发工作机制、加大扶贫资金投入和监管	树立持久战思想，持之以恒抓好扶贫开发工作	着力推进新阶段扶贫开发工作
2011年	“十二五”规划精神	社会力量、参与扶贫	3397	实施“百千万工程”，社会帮扶与其他扶贫措施相结合	扩大社会帮扶力量，建立动员社会力量参与扶贫工作机制	提升新时期扶贫工作整体水平
2012年	科学发展为主题，生态优先、富民强县为主线，扶贫开发为中心任务	农民增收	6678	推进产业化扶贫，扩大就业创业，激活农村生产要素，推进基本公共服务	“十二五”期间农民人均纯收入年均增幅18%以上，力争2015年农民收入比2011年翻一番，基本公共服务指标接近或达到全省平均水平	“十二五”期间深入推进扶贫开发，促进农民增收

续表

类别 时间	指导思想	主题词	文本字数	重点任务	目标导向	成效预期
2013年	党的十八大精神，邓小平理论、“三个代表”重要思想、科学发展观，四化同步	农村产业化扶贫	4733	明确产业重点、主要措施，强化组织保障	按照“一心两圈四带”的总体布局，力争到2015年实现“五个百”	人均纯收入四年翻番，建成全省扶贫开发示范县
2014年	贯彻中央、省创新机制推进农村扶贫开发要求	创新机制、农村扶贫开发	6141	创新六大机制、推进十大工程	推进扶贫开发示范县	2020年与全国全省同步建成小康社会
2015年	贯彻中办、国办及省委办文件精神	精准扶贫	4211	精准化识别、扶持、管理	增强扶贫开发针对性、实效性	提升全县扶贫开发实效
2016年	党的十八大与十八届二中、三中、四中、五中全会及中央省市县扶贫开发会议精神	攻坚、示范	8229	“双十”扶贫（十大工程、十大产业）	打造全省精准扶贫、精准脱贫示范县	确保2017年实现脱贫，2020年奔小康
2017年	中央省市脱贫攻坚部署，精准扶贫精准脱贫基本方略	脱贫、先锋	4628	健全机制、强化产业就业健康教育易地搬迁危房改造脱贫、强化资金保障、脱贫攻坚力量等18个方面	决战决胜精准脱贫	勇当脱贫攻坚先锋
2018年	习近平总书记关于扶贫工作的重要论述和中央、省委、市委脱贫攻坚及乡村振兴决策部署	率先脱贫、乡村振兴	13889	决战决胜脱贫攻坚，推进乡村振兴战略	2018年全省率先脱贫，2020年乡村振兴取得重要进展，2035年乡村振兴取得决定性进展，2050年乡村全面振兴	全省率先脱贫，推进乡村振兴战略

梳理岳西县委、县政府十年的一号文件可以看出，岳西县的扶贫工作整体上呈现出围绕主线政策方向的连贯性，从 2009 年的大扶贫战略到现阶段脱贫攻坚后的乡村振兴战略，形成发展战略的逐步推进，符合县域发展一般规律。

具体从 6 个维度来看，一是从指导思想上看，延续中央和省市文件精神并结合县情实际，做到思想上领会贯彻，行动上落实践行。二是从主题词上看，扶贫、脱贫、振兴是关键，近十年主题略有差异，但都围绕扶贫脱贫展开，主题保持高度契合，保障政策的连续性、稳定性、可持续性。三是从文本字数上看，文本字数基本呈现增加态势，2012 年、2014 年、2016 年、2018 年字数逐步增加，尤其在 2018 年文本字数达到最多。这些从侧面反映出地方贯彻上级精神的同时，结合县域实际制定宏观政策的重视与严谨程度。四是从重点任务上看，2009 年推进改善生产生活条件、提升劳动者素质、创造发展机会工程建设；2010 年加强创新扶贫开发工作机制；2011 年实施“百千万工程”；2012 年推进产业化扶贫，扩大就业创业，激活农村生产要素，推进基本公共服务；2013 年明确产业重点、主要措施，强化组织保障；2014 年重在创新机制；2015 年强化精准扶贫；2016 年明晰“双十”扶贫；2017 年健全机制强化脱贫等 18 个方面；2018 年脱贫攻坚推进乡村振兴，任务更加细化，确保政策落地生根，注重年度衔接。五是从目标导向上看，数年来坚持把扶贫开发作为农村工作中心，持之以恒抓好扶贫开发工作，建立动员社会力量参与扶贫工作机制，力争 2015 年农民收入比 2011 年翻一番等，主要围绕扶贫脱贫展开，争先进，当先锋，更加强调目标具体化，兼顾目标前瞻性。六是从成效预期上看，结合县情实际，从农村经济改革新突破开始，到推进新阶段扶贫开发工作、进一步提升扶贫工作水平，促进农民增收，争当全省扶贫开发示范县，勇当脱贫攻坚先锋，全省率先脱贫，推进乡村振兴战略，步子有条不紊，不冒进不守旧，一步一个脚印，扎实开展工作，预期目标均如期完成。

（二）脱贫攻坚整合机制

1. 资金整合多元高效

脱贫攻坚战，资金是“子弹”。发挥政府投入在扶贫开发中的主导作用，积极开辟扶贫开发新的资金渠道，确保政府扶贫投入力度与脱贫攻坚任务相适应，岳西县综合施策，推动广开门路多争、落实政策多列、强化统筹多整、突出重点多投、创新方式多融的五措并举。

表2-6 岳西县支持脱贫攻坚资金投入和主要投向统计（2014—2018年）

年度	资金投入（万元）						
	专项扶贫资金	财政存量资金	整合财政涉农资金	财政民生资金	金融扶贫资金	社会帮扶资金	合计
2014	7708			51573		537	59818
2015	8851			73851		816	83518
2016	13632	1555	35224	71883	10314	2116	134724
2017	20707	2411	33683	88770	133729	12567	291867
2018	18620	600	18575	22000	47561	4800	112156
合计	69518	4566	87482	308077	191604	20836	682083

年度	资金主要投向（万元）							
	特色产业	光伏扶贫	基础设施	危房改造	易地搬迁	美丽乡村	社会保障	智力扶贫
2014	1711		9445	10862		4196	27647	5651
2015	1511	4400	10476	17436		8863	32849	6933
2016	4482	11620	45569	9169	1814	16650	37065	8109
2017	60672	22407	73014	17270	29142	35389	41082	12055
2018	13590	962	35222	5500	6593	6140	31245	12326
合计	82006	39389	173726	60237	37549	71238	169888	45074

表2-6统计表明，2014—2018年，全县累计投入各类资金682083万元。其中，财政投入469643万元，占总投入的68.9%；金融扶贫资金投入191604万元，占28.1%；社会帮扶资金投入20836万元，占3%。资金主要投向为：特色产业82006万元，光伏扶贫39389万元，基础设施建设173726万元，危房改造和易地扶贫搬迁97786万元，美丽乡村建设71238万元，智力扶贫45074万元，社会保障兜底169888万元。具体情况如下：

一是资金渠道类型多元化。专项扶贫资金投入69518万元，财政存量资金投入4566万元，整合财政涉农资金投入87482万元，财政民生资金投入308077万元，金融扶贫资金投入191604万元，社会帮扶资金投入20836万元。

二是涉农资金整合力度加大。通过加强政策指引，出台《岳西县统筹整合使用财政涉农资金实施方法》《岳西县统筹整合使用涉农资金实施方案》《岳西县涉农整合资金管理办法》等文件，为开展涉农资金整合工作提供了政策遵循；明确整合范围，按照县负总责，强化监管，统筹整合，突出重点，把财政、发改、交通、水利、农业等16个部门39项资金纳入整合范围，坚持"因需而整、应整尽整"的原则，能统筹整合集中的项目资金由县指挥部办公室发出《岳西县财政涉农资金整合通知》到项目资金主管部门、县财政局预算办，资金集中后由指挥部统一安排使用；其余资金在符合规定的前提下，县相关部门要优先投向贫困村和贫困人口，确保80%以上比例用于脱贫攻坚。

三是实行清单管理。县脱贫攻坚指挥部办公室依据全县脱贫攻坚计划，建立《脱贫攻坚实施项目清单》，确定重点扶贫项目和年度建设任务，组织乡镇和部门落实；县财政局依据《脱贫攻坚实施项目任务清单》，建立《资金整合清单》，制定统筹整合资金台账；指挥部办公室、财政局建立《资金整合绩效清单》，对涉农资金整合率、资金到位率、资金支出率、项目完成率及项目整体效果进行评价，评价结果列入对县直部门的年度绩效考核，与部门预算挂钩。

2. 搭建平台稳固持久

（1）多渠道帮扶平台构建

第一，定点帮扶。1990年，安庆石化拉开了中国石化对口帮扶岳西县的序幕，中国石化总部从2002年开始定点帮扶岳西，并连续每年派出干部驻点帮扶，前后共派出16名干部，在岳西县脱贫攻坚的关键时期做了卓有成效的工作。2016年4月15日，中国石化集团公司董事长、党组书记王玉普深入岳西县响肠镇新浒村，走村入户，看望慰问贫困户，与基层干群共商精准扶贫精准脱贫大计。2017年8月，集团党委副书记、副总经理李云鹏深入岳西开展扶贫助学等活动。29年来，中石化帮扶岳西不间断、力度不减弱。截至2017年底，中国石化总部和驻皖企业累计投入资金9145万元，在基础设施、产业发展、培训教育、救急难、危房改造、助学济困等方面倾力支持帮扶岳西，惠及全县188个村40万人。

第二，社会帮扶。省、市、县三级办公系统统筹协调，精准发力，有效对接，争取各方资源具体帮扶贫困村和贫困户，帮扶效果明显。其中，省委办公厅牵头协调资金投入最多，帮扶项目重点支持基础设施建设和特色产业发展。

表2-7　岳西县2016年各级社会帮扶一览

牵头单位	帮扶单位	考察走访次数/参与干部	资金直接投入（万元）	实施项目（个）	帮助脱贫人数
省委办公厅	11家省直单位	112次	211579.19	69	20553
市委办公室	112家市直机关企事业单位	3425次	795.48	253	4863

续表

牵头单位	帮扶单位	考察走访次数 / 参与干部	资金直接投入（万元）	实施项目（个）	帮助脱贫人数
县委办公室	222 个县直（乡镇）机关单位	3699 名干部	7782.995	55	

注：根据岳西县 2016 年脱贫攻坚实践材料整理。

2017 年，中金公司、安粮期货、浙商证券、国元信托、广东省安徽商会、异地安庆商会、深圳玉禾田集团、天鹅集团、天馨集团等社会各界向岳西县捐资捐物 3920 万元，社会帮扶资金总计 1.2563 亿元，组建了 3 家研究院所，聘请了 33 位专家助力脱贫攻坚。

第三，县域结对帮扶。岳西县委、县政府高度重视县域结对工作，多次召开会议研究，成立县域结对专项工作小组，配合郎溪县制定了《郎溪县 2017 年度与岳西县结对推进脱贫攻坚帮扶计划》，每月定期向郎溪县汇报脱贫攻坚工作开展情况，全年党政主要领导对接调研达 10 人次，专题研究县域结对工作 8 次。主要从以下几个方面展开：一是推进产业合作，出台《岳西县支持县域结对帮扶促进精准扶贫若干政策》，设立支持县域结对帮扶促进精准扶贫奖励专项资金。二是加强人才交流。两地主要负责人先后互相考察，互派优秀年轻干部挂职。三是加大资金支持。郎溪县安排帮扶资金 1000 万元，2017 年 8 月一次性拨付到位，用于岳西县危房改造工作，两县共同制定了《郎溪县—岳西县财政帮扶资金使用计划及管理办法》。四是强化社会扶贫。两县签订了《就业脱贫结对帮扶协议书》《郎溪县、岳西县劳务对接意向性协议书》，积极推进“订单式校企合作培育”模式。五是加大两地领导互访频率。2017 年 7 月 25 日至 26 日，岳西县委书记率党政代表团赴郎溪县对接县域结对帮扶工作；2017 年 8 月 19 日，郎溪县县长率代表团来岳西对接县域结对帮扶工作；2017 年 12 月 25 日，宣城市委副书记到岳西开展县域结对帮扶调研，同时举办宣城市（郎溪县）安庆市（岳西县）结对帮扶座谈会；2018 年 3 月 6 日，岳西县委副书记到安庆经济开发区对接县域结对帮扶工作。

（2）基层微治理平台：扶贫夜校实践

治贫先治愚，扶贫先扶志。打赢脱贫攻坚战，智志双扶是关键。2017 年以来，岳西县在乡村普遍开办扶贫夜校，提升了贫困户脱贫致富的意愿和能力，激发内生动力，助推物质、精神双脱贫。其工作模式主要分为三个层次：针对贫困户，以增强感恩教育、激发内生动力、讲解扶贫政策为主；针对非贫困户，主要介绍共性政策，顺心释疑为主；针对党员、村民代表、乡贤，以提高政治站位、大局意识、大局观念为主。

在具体做法上，一是注重组织领导，各村扶贫工作队队长具体抓夜校落实工作，协调安排人员参与授课，活动记录规范存档，确保扶贫夜校常态化；二是精心策划，合理安排时间，利用傍晚或不能劳作的雨雪天，就近安排在村部、村小学或农家堂屋，把握好适宜规模，一般每村分 3—5 个片区，原则上每月开展一次，每次时间控制在 2 个小时以内；三是创新形式，围绕需求优化内容，开展有奖竞答、现场双向交流、典型现身说法等，增强扶贫夜校的吸引力。

在实施成效上，整体上有效解决了政策宣传效果不佳和贫困户发展能力不强、内生动力不足等问题，还在村务公开、锻炼干部等方面发挥了重要作用。具体来说，一是提升了扶贫政策知晓率。岳西县脱贫攻坚评估和督查结果显示，起初开办“扶贫夜校”的黄尾镇贫困群众对扶贫政策的知晓率明显高于其他乡镇。非贫困户了解扶贫政策后，不少人成为扶贫工作的参与者、支持者和监督者。二是提高群众的工作能力。产业发展技能培训是扶贫夜校的重要内容之一，通过技能培训，群众的技能水平显著提高。三是增强了贫困户内生发展动力。在脱贫典型现身说法氛围中，不少贫困户产生了“宁愿苦干，不愿苦熬”的想法，增强了脱贫信心。四是规范了村务公开。扶贫夜校作为载体，实施村务公开，群众“面对面”“零距离”了解干部在做什么、做了什么、想做什么，提出自己的意见、建议。如毛尖山乡红旗村通过“扶贫夜校”课堂，把修建村组道路的事情向群众做了宣传和讲解，赢得了群众的理解、信任和支持，第一次实现了修路“零上访、零纠纷”。五是干群关系更加融洽。“扶贫夜校”成为党员干部与群众沟通联系的桥梁，打通了政府提供公共服务的“最后一公里”。一方面，群众通过“扶贫夜校”及时了解党和政府的各项惠民强农政策，成为乡村发展的参与者、受益者。另一方面，乡村干部通过“扶贫夜校”了解群众诉求，回应关切，有利于转变干部工作作风，促进村务公开公正，密切党群干群关系。六是干部素质得到锻炼。黄尾镇把“扶贫夜校”作为锻炼基层干部、提高乡村干部素质的重要平台，安排乡村干部在“扶贫夜校”课堂上轮流讲课，要求他们讲课时围绕政策讲、直面问题讲、带着感情讲，只要群众问到的就必须现场解答，自己不懂的现场通过电话等方式咨询请教，每场“扶贫夜校”都让群众有所获、干部有所得。这样倒逼干部熟悉政策、办事公正，提高基层工作能力。

在基层微治理上，“扶贫夜校”充当了县乡村三级治理的连接点，作为一个重要载体，其名称可以随不同时期不同工作重点而调整。在脱贫攻坚期间，“扶贫夜校”增强了贫困户的“造血”能力、坚定了贫困户脱贫致富的信心，是锻炼基层干部的重要平台；“扶贫夜校”探索出基层矛盾的微处理机制，即发现问题立即从问题源头宣讲政策，大多数能通过政策解释对农村基层矛盾进行有效化解；“扶贫夜校”能使干部群众换位思考，培养了干群关系的亲密度，以更加务实的方式，发挥了新时代群众路线的作用。在脱贫攻坚摘帽之后，“扶贫夜校”也以新时代传习所、乡村振兴大讲堂的形式出现，但其背后载体形式与运行机制是不变的，也是基层微治理探索实践的重要平台载体。

3. 聚焦主题整合人力资源

一是整合各单位力量，实行“三个三分之二”工作法。2018 年上半年以来，岳西县脱贫攻坚进入关键时期，为了确保脱贫攻坚干部人员力量强、时间保障够、精力干劲足，岳西县在所有单位开始实施“三个三分之二”工作法，即三分之二的人员、三分之二的时间、三分之二的精力，聚焦聚力脱贫攻坚工作。该工作法核心在于围绕脱贫主题，集中人员、时间、精力聚焦攻坚目标。

二是整合县直干部，实行干部包保制。党的十九大后，结合脱贫攻坚，岳西县集中四个月时间，从县直单位抽调三分之二人员约 1500 名干部，组成 186 个包保干部工作专班，实现包保干部工作专班全覆盖。

三是整合党员联系服务，推行网格化服务管理机制。网格化服务，即在每村因地制宜划分若干个网格，每个网格由乡村干部联合包保，每个网格设一个党小组，推选出一名党小组组长，设立一个党小组活动中心，规范党小组会议召开和党员承诺践诺、志愿者服务等活动开展，落实“1+5”党员帮扶机制，即 1 名农村党员就近联系 5 个左右贫困户。

全县各单位推进“三个三分之二”工作法，实施包保干部专班制，推行党员网格化管理制，都是在人力方面的全面整合，即通过具体工作方法、制度机制加以常态化。这些人力资源整合在脱贫攻坚中发挥了强大功效，也是岳西县在整合人力资源方面的重要特点。

（三）脱贫攻坚激励机制

激励，即激发、鼓励之意，就是调动人的热情和积极性。从公共管理视角出发，激励就是管理主体通过运用某种手段和方式让管理客体在心理上处于紧张状态并积极行动起来，付出更多的智慧和精力，奋发努力，以实现激励主体所期望的目标。岳西县脱贫攻坚激励机制是为了最大限度地发挥广大党员和干部的积极性、主动性、创造性和激发干事创业活力，促进脱贫攻坚任务目标的顺利实现。据此，激励机制主要分为两大制度系统：一是正向激励系统，二是负向激励系统，二者是不可分割、相互联系、相互影响、相互促进的有机统一体。

1. 正向激励机制鼓舞人心

实施脱贫攻坚干部正向关怀激励八项措施，旨在激发各级干部勤勉干事、担当干事、激励干事，营造上下齐心协力推进脱贫攻坚的浓厚氛围。八项措施可操作性强，从荣誉、生活、政治、心理、风险五个方面保障了脱贫攻坚干部的身心愉悦，具体做法为：一是荣誉上对脱贫攻坚工作中做出显著贡献的集体和个人予以嘉奖与物质奖励，二是生活上提高对干部补助待遇，三是政治上对干部的提拔重用，四是心理上关心关怀干部，五是风险上设专项基金帮扶有困难的一线干部。

建立健全新时代脱贫攻坚正向激励体系。2018 年 11 月，岳西县委办公室印发《关于加强和改进新时代优秀年轻干部培养选拔工作的实施意见》《关于新时代干部容错纠错机制实施办法》《关于推进新时代领导干部能上能下实施办法（试行）》《关于进一步加强新时代干部谈心谈话的规定》《关于新时代进一步关心关爱干部的实施意见》5 个干部工作文件的通知，从培养年轻干部、能上能下、容错纠错、谈心谈话、关心关爱等方面激励干部。一是选拔新时代优秀年轻干部。深化“优苗选育计划”，加强优秀年轻干部的储备，实施“培养锻炼计划”，提高年轻干部的能力素养，健全“择优选用计划”，加大年轻干部的选拔使用力度，实施“从严管理计划”，保障年轻干部健康成长。二是领导干部能上能下常态化。细化干部“下”的标准、情形和程序，加大“下”的执行力度。适时制定干部不担当不作为的负面清单，使“能下”成为常态。既能切实发挥问责处理惩前毖后的警示教育作用，又能治病救人，促使干部改进作风、敢于负责、勇于担当。三是容错纠错护航脱贫攻坚。脱贫攻坚工作中出现失误，造成一定损失和不良影响，本应追究责任，但因其主观上为公为民，出于改革创新、干事创业的目的，客观上达到尽职尽责要求，并未谋取私利即可以申请容错免责处理，并严格按照有关政策和党政纪规定予以核实认定，按申请、核实、认定、暂缓、报备五个程序实施办理。四是完善谈心谈话制度，温暖关心关爱干部。政治上激励，让实干者、担当者脱颖而出；工作上支持，完善落实谈心谈话制度；待遇上保障，落实机关事业单位基本工资标准调整机制，推动实施地区附加津贴制度，提高基层干部在各类评比表彰中的名额比例；生活上关怀，落实干部职工体检制度。五是兑现村干部政策激励。将带领群众脱贫致富成效作为评选贫困村党组织书记和主任“双十佳”等的重要依据。按县委相关规定，对连续两年被评选为“双十佳”的党组织书记，挂任乡镇党委委员，享受副科级待遇，解决事业编制。对扶贫工作成效突出的驻村扶贫工作队给予表彰和奖励，成绩突出干部优先提拔任用。

实施干部关怀措施，细化具体措施，从物质和精神两个方面双重保障，有效推动干部干事创业激情；构建正向激励体系，旨在引导各级脱贫攻坚干部能够扎实践行新时代党的组织路线，营造崇尚实干、带动担当、加油鼓劲的工作氛围，形成明确、清晰、透明、公开的立体式用人导向，调动了全县各级扶贫干部工作积极性，使干部人尽其才，各司其职，发挥整体干部劲往一处使的合力功效。

2. 负向倒逼机制鞭策前行

正向激励的功能在于强化某种行为，而负向激励的功能在于抑制或制止某种行为，它具有教育、警示、矫正作用和压力效应，也能切实解决“不作为、慢作为、不担当”问题，进一步激发广大党员干部干事创业的激情，推进工作落实，提高效能，倒逼各项工作高质高效、快速推进。

一是设立“蜗牛奖”，有力抑制“不作为、慢作为、不担当”现象。成立岳西县效能建设“蜗牛奖”认定小组，具体工作由认定办公室负责；明晰认定6种情形的范围界定，细化认定程序与办法，并强化结果运用，被认定该奖的单位，由认定办对其整改落实情况及执行全程跟踪督查。对于整改达到序时进度的，次月常委会议上取消其“蜗牛奖”；对其整改不力或没有明显成效，继续保留此奖。单位被认定此奖，但年终工作达到序时进度完成任务，不予处罚；年终工作任务未完成的，根据被认定次数予以处罚，被认定一次，扣除该单位年度考核总分0.05分，两次扣除0.1分，扣除单位主要负责人、分管领导、责任科室负责人年度绩效考核奖励的10%；被认定三次的，扣除该乡镇、部门当年度考核总分0.2分，扣除该单位职工年度绩效考核奖励的20%，组织调整单位主要负责人和相关责任人，并由县纪委、监察局启动问责程序，涉及违纪违规的予以调查处理。垂直管理部门被认定此奖，比照前款标准扣除单位年度考核总分，并向上级主管部门书面通报。

二是实行“一票否决”实施办法，大力度制止组织目标的禁止行为。岳西县脱贫攻坚“一票否决”内容主要分为四类：因脱贫攻坚工作不实而发生恶劣的上访事件或媒体负面报道，造成严重不良社会影响的；上级对县党政领导班子和主要负责同志脱贫攻坚工作成效考核未达到A级的；没完成脱贫攻坚任务或在全县连续两次排名都是末位的；帮扶单位整年未开展帮扶活动的。直接影响是取消当年参加各类先进集体评选资格，其脱贫攻坚责任人不得提拔使用和调动，当年不得评为各级各类先进个人、劳动模范，年度考核不得评为优秀等次。

岳西县健全目标管理制度，围绕脱贫攻坚一号任务，构建正向、负向双重干部激励系统，通过激励主体、客体、目标、途径四个关键要素，打造了岳西县正负向双重激励体系。具体做法：一是从干部关怀八条措施着手，建立新时代优秀干部选拔、容错纠错、领导干部能上能下、谈心谈话、兑现奖励的正向激励体系；二是从设立“蜗牛奖”拉起警戒线开始，紧盯“不作为、慢作为、不担当”现象，实施“一票否决”办法，通过问题导向的负向清单梳理，强化脱贫攻坚工作中领导干部责任意识，从而起到倒逼作用，鞭策各级领导干部和帮扶单位砥砺前行，完善了负向激励系统。

（四）脱贫攻坚考核机制

政府是脱贫攻坚的主导者，也是主要内部监督者。构建完备的脱贫攻坚考核机制，目的是能够有效监督政府及部门的脱贫攻坚工作，对其失范行为进行矫正。岳西县通过完善调度机制和督导督查考核机制，发挥政府的主导作用，保障脱贫效益。

1. 定期调度机制

根据脱贫攻坚总体部署，从 2015 年至 2017 年，岳西县先后出台《岳西县决战贫困定期调度制度》《岳西县决战决胜脱贫攻坚定期调度实施方案》，先后对调度类别进行了再细化，调动领导进行再明晰，调动方式更多元，具体如表 2–8 所示。

表 2-8 岳西县决战决胜脱贫攻坚定期调度一览

调度类别	调度领导	调度方式
对县干调度	书记、县长	召开调度会 现场提问 实地督查 明察暗访 访谈群众
对乡镇党政主要负责人调度	书记、县长	
对县直单位各单位主要负责人调度	副书记、分管扶贫副县长	
对乡镇脱贫攻坚专职副书记调度	副书记、分管扶贫副县长	
对乡镇帮扶干部、驻村扶贫工作队、村干部调度	乡镇党政主要负责人	
对村党组第一书记（驻村工作队队长）调度	县委组织部、县扶贫办	
对县直单位帮扶干部调度	县直单位主要负责人	

注：根据《岳西县决战决胜脱贫攻坚定期调度实施方案》整理所得。

根据表 2-8 梳理：一是从调度类别上看，对各类干部按层级划分，包括县乡村三级干部，较之前类别分类更加细化丰富。二是从调度领导上看，对于县干、乡镇党政主要负责人由县委书记、县长亲自调度，县直单位负责人、乡镇脱贫攻坚专职副书记由县委副书记和分管扶贫副县长调度，第一书记（驻村工作队队长）由县委组织部、县扶贫办牵头协调，县直单位帮扶干部由县直单位主要负责人调度，乡镇帮扶干部、驻村扶贫工作队、村干部由乡镇党政主要负责人调度。三是从调度方式上看，通过召开调度会、现场提问、实地督查、明察暗访、访谈群众等方式展开，呈现更加多元化态势。

2. 督导考核机制

岳西县以县委、县政府、县纪委、扶贫开发办公室、脱贫攻坚指挥部办公室等名义，先后制定扶贫开发工作考核办法、脱贫攻坚责任目标考核办法等多项文件，部署落实全县脱贫攻坚督导考核工作。

表 2-9　岳西县督导考核方案一览

文件名	发文号	发文主体
岳西县扶贫开发工作考核办法	岳扶办〔2015〕2 号	岳西扶贫办
岳西县 2016 年脱贫攻坚责任目标考核暂行办法	岳〔2016〕56 号	岳西县委、县政府
关于进一步加强扶贫领域监督执纪问责的通知	岳纪〔2016〕42 号	岳西县纪委
岳西县健康脱贫工作考核方案	岳政办〔2017〕5 号	县政府办公室
岳西县决战决胜脱贫攻坚定期调度实施方案	岳攻指〔2017〕6 号	岳西县脱贫攻坚指挥部
岳西县脱贫攻坚问责暂行办法	岳政办〔2017〕45 号	岳西县委办、政府办
岳西县 2018 年至 2020 年开展扶贫领域腐败和作风问题专项治理工作方案	岳攻指〔2018〕7 号	岳西县脱贫攻坚指挥部
岳西县 2017 年重点项目建设目标责任制督查考核办法	岳办发〔2017〕2 号	岳西县委办公室
岳西县乡镇卫生院健康脱贫工程考核方案	岳卫计〔2017〕37 号	岳西县卫计委
岳西县教育扶贫工程督查考核办法	岳政办秘〔2017〕80 号	岳西县政府办

通过表 2-9 中选取岳西县考核方案分析：一是督导考核主要通过县级层面制定考核督导办法，考核对象覆盖全县各级单位，考核内容围绕脱贫攻坚，考核途径采取实地走访、深度访谈、发放问卷具体量化指标。二是各级考核主要牵头单位是岳西县委、县政府、县纪委，通过党委领导、政府主导、纪委问责的机制，加大扶贫领域执纪问责力度，查处腐败问题，整理典型案例通报，发挥警示效应。三是引入第三方评估考核机制，在自我监督的基础上，强化第三方外在监督考核，更加科学多角度完善监督考核机制，保障全县脱贫攻坚工作扎实有效。四是发挥督导考核结果的实际运用。根据督导考核结果，严格奖惩分明，用结果进一步倒逼脱贫攻坚工作的优化改进。

三、岳西县脱贫攻坚人才队伍保障

脱贫攻坚战离不开各级扶贫干部的辛苦付出。在脱贫攻坚人才队伍建设上，岳西县从干部包保队伍、选派帮扶干部队伍、村干部队伍三个方面加强队伍建设，为全县脱贫攻坚提供强有力的人才保障。

（一）岳西县脱贫攻坚干部包保队伍建设

2014 年 10 月，岳西县扶贫开发领导小组出台《关于建立“单位包村、干部包户”定点帮扶制度的实施意见》，对全县每个建档立卡贫困村都确定一个定点帮扶单位，每个建档立卡贫困户都确定一名帮扶责任人，通过“双包”定点帮扶，进一步强化包村帮扶单位和包户责任人的扶贫责任，更加广泛动员调动各方面的力量参与精准扶贫。岳西县脱贫攻坚指挥部也出台了《岳西县脱贫攻坚干部包保工作方案》，决定向全县 186 个村（社区）派驻脱贫攻坚包保干部。干部包保工作从领导到位、干部到位、专班到位、时间到位、责任到位、纪律到位六个方面对脱贫攻坚中派驻包保干部进行精细化管理，有利于高质量完成脱贫攻坚任务。如包保干部到位，按照“硬抽人、抽硬人”的原则，县直单位抽调单位三分之二力量（含工勤人员、劳务派遣人员）进驻包保村从事脱贫攻坚工作；包保专班到位，根据联系县干和乡镇党政主要负责人统筹安排，县直单位包保人员、乡镇网格包保干部组建包保专班；包保时间到位，包保人员每月驻村时间不少于三分之二，每月三分之一时间统筹抓好其他工作；包保责任到位，包保县干主要会同乡镇党政主要负责人整合县直单位包保干部、乡镇网格包保干部力量，统筹推进 8 个专班各项工作，指导督导县直单位包保干部培训工作，牵头对排查出的问题进行整改，确保“三率一度一水平”。

包保单位主要组织单位包保干部按时到岗，组织开展包保干部业务培训，按照 8 个专班工作要求全面落实各项政策。包保干部主要深入包保村与群众同吃同住同劳动，实现走访全覆盖、排查全覆盖等。

党的十九大后，结合脱贫攻坚任务，岳西县集中四个月时间，从县直单位抽调三分之二人员约 1500 名干部，组成 186 个包保干部工作专班，落实了县干包乡镇、县直单位和企业包村、干部包户要求，全覆盖、无死角地发挥了包保干部人才队伍力量。

（二）岳西县脱贫攻坚选派帮扶干部队伍建设

根据安徽省扶贫开发领导小组、省委组织部的“双包”定点帮扶制度的实施以及选派优秀年轻干部到村任职工作的通知，岳西县委县政府、县委组织部相继出台了《关于选派副县级以上领导干部及乡镇党政主要负责人、部分人大主席到村任脱贫攻坚专职书记（主任）的通知》《关于派出驻村扶贫工作队暨第六批选派干部到村任职的通知》等文件，实施“大学生回乡工程”，加大对村级脱贫攻坚专职书记（主任）、驻村扶贫工作队或第一书记、大学生回乡人员的队伍整体建设，强力打造一批想干事、能干事、干成事的帮扶干部队伍。

一是村村都有扶贫工作队。2014 年 10 月，向全县 65 个贫困村分别派出驻村扶贫工作队，由选派到村任职干部、联系贫困村的乡镇干部以及在村大学生村官组成。选派 65 名同志到全县 65 个贫困村任职，担任村党组织第一书记，同时兼任驻村扶贫工作队队长；对选派干部到村任职的帮扶单位要确定一名事业心强、熟悉农村工作的干部，负责牵头联络本单位履行“单位包村、干部包户”职责，任驻村扶贫工作队联络员。2015 年 7 月，再次增派 6 名干部到 6 个非贫困的软弱涣散村任第一书记兼任驻村扶贫工作队队长；2016 年 9 月，向其余 111 个非重点贫困村选派驻村扶贫工作队队长，实现扶贫工作队长 182 个村全覆盖；2018 年 4 月，选派第七批干部共 84 名到贫困村任职。

二是脱贫攻坚专职书记（主任）村级全覆盖。2017 年 2 月，选派 94 名干部到村任“脱贫攻坚专职书记（主任）”，实现贫困村全覆盖；2017 年 4 月，再次向当年未出列的 9 个贫困村选派由县处级干部任第一书记、扶贫工作队长的驻村扶贫工作队。

三是脱贫攻坚专职副书记乡镇基本覆盖。2016 年 6 月，从县直单位选派 21 名科级优秀年轻干部到 21 个乡镇挂任脱贫攻坚专职副书记，挂任时间为两年，专职从事脱贫攻坚专项工作。

四是实施“大学生回乡工程”。为做好新一轮村和村“两委”换届工作，破解优秀人才难选难留问题，岳西县坚持“备、育、选、用”多措并举。多方精心挑选，“备”好大学生：一是立足本土选拔，二是落实保障待遇，三是严格考核管理；提升农村工作能力，“育”好大学生：一是开展实践培训，二是择优派到企业挂职，三是兑现创业扶持政策；提出选配硬性指标，“选”好大学生：一是压实乡镇党委责任，二是为大学生当选创造条件，三是鼓励选拔优秀大学生任村正职；强化培养激励措施，“用”好大学生：一是进一步强化培育，二是进一步激励干事创业，三是进一步畅通上升渠道。“大学生回乡工程”实施以来，共回引 166 名全日制大学生进村班子，其中大专 103 名、本科 62 名、硕士研究生 1 名，目前已当选村党组织书记 5 名、村委会主任 20 名，为乡村振兴充实了一批年轻的优秀人才。回乡工程每村选拔 1 名 35 岁以下、全日制大专学历以上的本土大学生，担任村扶贫专干、后备干部，带头创业创新。由县财政提供每人每年 2.4 万元工作补贴，有效解决基层难留人才困境，加强基层村“两委”干部工作能力，为脱贫攻坚和乡村振兴储备年轻优秀人才。

（三）岳西县脱贫攻坚村干部队伍建设

村级治理作为国家治理现代化一个微观层级，是国家治理体系的基石。村干部作为执行国家政策、传递农村信息的桥梁与纽带，是农村经济发展不可替代的力量，也是村级治理的领导核心，更是脱贫攻坚任务基层实践的推进者。然而，在我国现行行政管理体制中，村干部并非国家公务员，仅发放相应的误工补助等基本报酬。加大对村干部队伍激励及后备干部储备力度，具有前瞻性战略意义，既有利于当下推进脱贫攻坚，也为乡村振兴战略实施奠定了基层组织基础。

1. 打通村干部上升渠道

激发村干部干事创业积极性，多渠道提升村干部待遇，拓展村干部发展空间，打造一批务实能干的村干部队伍。主要从以下四个通道拓展村干部上升空间：一是定期面向优秀村党组织书记公开招聘事业单位工作人员，并挂任乡镇副科级领导职务。继续按照岳西县《关于在全县开展“十佳村党组织书记”和“十佳村委会主任”活动的通知》的精神，每年开展“双十佳”评选，每两年面向优秀村党组织书记公开招聘事业单位工作人员，并挂任乡镇副科级领导职务。二是选拔优秀村党组织书记挂任乡镇副科级领导职务，比照事业单位人员享受报酬待遇。三是面向优秀村干部公开招聘乡镇事业单位工作人员、公开考录乡镇机关公务员、公开选拔乡镇副乡级领导干部。四是在乡镇党委、人大、政府换届中，将符合条件的优秀村党组织书记、选派干部和大学生村官推荐为领导班子提名人选。

2. 建强村级后备干部

优化村级干部队伍结构，提高村干部队伍的整体素质，储备造就一批数量充足、结构合理、素质优良、相对稳定的村级后备干部队伍，为村级脱贫攻坚提供坚强的人才保证。由县委组织部负责组织指导，乡镇党委具体实施，村级党组织协调配合，建立全县村级后备干部人才资源库，选拔渠道从以下五个方面着手：一是从本村致富带头人、特色产业发展大户、专业合作组织负责人、非公企业负责人等经济能人中选拔；二是从本村团支部书记、妇女主任、民兵连长等群团组织负责人和优秀村民组长中选拔；三是从回乡毕业大学生和退伍军人中选拔，从热心家乡事业，返乡创业等优秀外出务工经商人员中选拔；四是从热心农村工作、乐于为农民服务的本村年轻党员、团员中选拔；五是从换届选举中得票比较多，群众基础比较好，但暂时没有进村级班子的人员中选拔。

四、岳西县脱贫攻坚治理经验与启示

（一）岳西县贫困治理经验总结

1. 因时适势调整，岳西县组织领导机构构建一体化

从扶贫扶优工作领导小组，到革命老区、贫困山区工作领导小组及办公室，扶贫开发培训领导小组，扶贫开发领导小组，再到脱贫攻坚指挥部的成立，整个组织领导架构演变呈现一体化推进，既反映时代主题特征，也彰显了组织领导力量的有效发挥。

2. 围绕扶贫开发，岳西县发展目标持续深化

2009—2018 年，岳西县十年的县委、县政府一号文件均锁定扶贫开发工作，重点围绕中心工作，发展的主题及目标循序渐进并持续深化。县域经济发展，宏观引领方向一旦确定，步步推进，就可保持定力，久久为功。岳西县以扶贫开发为主线，保持县域发展的主线脉络不动摇。

3. 率先脱贫摘帽，健全四大治理机制

岳西县实施精准扶贫，巩固脱贫成果，建立健全政策机制。从治理整体架构出发，岳西县形成了引领机制、整合机制、激励机制、考核机制四大治理机制，并创新创造新的工作方法。如三分之二工作法、“扶贫夜校”基层平台的微实践等。

4. 下沉干部，人才队伍保障得力

脱贫攻坚工作任务重时间紧，岳西县选派干部驻村帮扶，实施干部包保专班制，发挥县干、乡干下沉基层，激励新时代村干干事创业，创新党员分类管理，建立网格化党员管理制度，发挥党员干部作用，回引大学生返乡，建立村级后备干部储备库，主要导向在于激发人才干部队伍干事创业积极性，打造一批强有力的干部队伍，保障脱贫攻坚工作高效运转。

（二）岳西县脱贫攻坚治理实践的启示

梳理归纳总结岳西经验，对其他贫困县减贫与实施乡村振兴战略提供有益借鉴，为国家制定 2020 年后减贫战略转移提供更翔实的实践经验材料，更为中国在国际减贫发展中讲好中国故事、呈现中国案例做出贡献。下面从四个方面总结启示：

1. 发挥组织架构的制度优势

岳西扶贫开发脱贫攻坚组织架构，主体框架制度不变，具体设置因势优化，其架构生命力、影响力充分体现其制度优势。其他县域实施脱贫减贫工作，应保有架构制度优势，结合具体县情，回溯历史架构脉络，前瞻性搭建自身组织架构，作为重要制度载体，发挥一体化优势。

2. 把握政策脉络主线，政策设计需可持续化

岳西县从扶贫开发到精准扶贫再到打赢脱贫攻坚战，进而实施乡村振兴战略，虽然在不同时期扶贫政策制定均有时代背景考虑，但政策的脉络主线是清晰的、明朗的，并在现阶段更加聚焦于解决现行标准下农村贫困人口全部脱贫，消除绝对贫困，实现2020年全面建成小康社会目标，进一步为实现下个目标打下扎实基础。岳西县委、县政府连续十年一号文件锁定扶贫开发，更是说明政策延续性的重要。围绕核心议题，该县的扶贫开发工作厚积薄发，从而形成可持续性的均衡发展态势，启示其他贫困县在减贫过程中也要从宏观上把握政策的整体延续性。在实施乡村振兴战略中，应更加注意政策制定的前瞻性、持久性，把握政策衔接的无缝隙及创新点。

3. 因地制宜构建脱贫攻坚治理机制，探索各地特色治理模式

全国各地县域特点不一，不可整齐划一地复制经验模式。岳西县健全脱贫攻坚引领、整合、激励、考核四重治理机制，就是在宏观政策引领下，整合推进资金、平台、人员，最后落脚在干部队伍建设上。概括其内在治理逻辑就是：统筹方向，搭建平台，发挥“才”“财”功效。其他贫困地区也应结合地方特色，理顺治理运行机制，探索适宜地方治理机制，打赢脱贫攻坚战并实施乡村振兴的发展战略。

4. 锤炼人才，抓实党建，统筹脱贫攻坚与乡村振兴衔接

脱贫攻坚需要人才队伍有力保障，乡村振兴同样需要人的推进，需要发挥各级干部的作用。贫困地区在减贫脱贫中，应继续加大对各级扶贫干部的使用，锻炼打造一支优秀人才队伍，为2020年后实施乡村振兴战略提供人才保障。抓实党建核心，压实各级主体责任，坚持群众路线不动摇，其他贫困地区脱贫攻坚期间，应立足县情实际，把研究新时代“抓党建工作，促乡村振兴”提到议事日程上，努力探索“抓党建+促振兴”的新格局。

第三章　平衡与协调：贫困村与非贫困村、贫困户与非贫困户的有效统筹

实现县域协调发展非常重要，因为从可持续脱贫和区域协调发展的视角来看，在实现贫困村和贫困户脱贫的同时，也需要对非贫困村和非贫困户进行相应的支持，这对缩小发展差距、实现地区平衡发展有着重要作用。本章主要对岳西县是如何做到县域协调发展，做到贫困户与非贫困户、贫困村与非贫困村平衡发展的经验展开分析。从岳西县的扶贫实践来看，在脱贫攻坚实践中当地政府早已意识到，要想实现区域协调发展，提高人民群众满意度，就必须认识到诸如基础设施建设和公共服务等是针对整个区域的，而并非只针对贫困村和贫困户。在这种发展意识主导下，与其他地方政府不同的是，岳西县在脱贫攻坚中探索的是一条贫困村与非贫困村、贫困户与非贫困户统筹协调发展的扶贫道路，这样不仅能够帮助贫困户脱贫，也实现了非贫困户和非贫困村福利的提升，从而推动了整个地区的统筹与协调发展。

一、岳西县的扶贫探索

作为革命老区、贫困地区和国家主体功能区的岳西县是安徽省第一个脱贫摘帽的县，因此，总结其在脱贫攻坚中探索的先进经验及其创新做法，对其他地区的脱贫、地方治理和经济发展均具有一定的指导作用。

从当前各个地区的扶贫措施来看，其主要目标是针对贫困村和贫困户，但是从可持续脱贫和区域协调发展的视角来看，在实现贫困村和贫困户脱贫的同时，也需要对非贫困村和非贫困户进行相应的支持，这对缩小发展的差距和实现地区的平衡发展具有重要作用。从岳西县的扶贫实践来看，在脱贫攻坚中当地政府意识到，诸如基础设施建设和公共服务等，是针对整个区域发展而言的，并非局限于贫困村和贫困户的建设。与其他地区不同的是，岳西县在脱贫攻坚中探索的是一条贫困村与非贫困村、贫困户与非贫困户统筹协调的发展道路。这样一来，就实现了整个区域的统筹与协调发展，从而推动了整个地区的可持续发展。从当前脱贫攻坚的实际情况看，很多地区把资源和精力全部放在了贫困村，而忽略了非贫困村的发展；将大量的帮扶力量放在了扶持贫困户身上，而忽视了非贫困户的发展。因此，不但引起了非贫困村和非贫困户的不满，而且造成了地区内部发展的失衡与不协调。

从岳西脱贫攻坚的具体布局来看，是在区域协调发展的基础上有效地统筹贫困村与非贫困村、贫困户与非贫困户，从而实现整体发展跃升。而这一扶贫创新是将脱贫攻坚有效地嵌入经济发展的过程中来，从而实现贫困地区的包容性发展。这种包容性主要是指对于非贫困村和非贫困户的包容。在岳西的脱贫攻坚中，这种包容性的扶贫模式既促进了地区经济的发展，也实现了贫困县区的脱贫，对其他地区的扶贫具有重要的借鉴意义。而在此过程中，探索这种扶贫模式所具备的合理性以及具体的做法，对于总结脱贫攻坚经验，促进小康社会的建设乃至今后的乡村振兴均具有很好的借鉴意义。

二、平衡与协调：岳西县以发展为主导的扶贫模式

作为安徽省率先脱贫摘帽的县，岳西县在脱贫攻坚中所探索的是将脱贫攻坚嵌入经济发展中，有效地避免了“头痛医头，脚痛医脚”的条块化扶贫模式，而将精准扶贫作为推动地方经济发展的有效手段，实现了经济发展与精准扶贫的互嵌。这种互嵌最终在地区经济和社会发展的基础上实现了地区内部各个群体、各个村镇的平衡协调发展，使脱贫攻坚与地方发展形成了有效的衔接和统筹。而这种平衡与协调具体体现在产业发展、易地搬迁、健康医疗、教育培训等涉及贫困地区发展和贫困人口脱贫的多个方面。笔者在调研中发现，岳西县在脱贫攻坚中所探索的以发展为主导的扶贫模式，对实现县一级的脱贫摘帽发挥了巨大的作用，这种发展模式无论是从实践还是从理论上看，均具备相应的推广价值，对其他地区的脱贫攻坚也具有积极的借鉴意义。以下分别从不同方面对其做法进行介绍和总结，以指导其他地区的脱贫和发展。

（一）农业产业的平衡发展与产业结构的调整

历史上，岳西县一直是一个传统的农业大县，依靠较好的水热条件，水稻成为这里传统的粮食作物，成为农民主要的收入来源。20世纪八九十年代，这里的农民除了留足一定数量的口粮之外，通过销售还可以获得少量的收入。从农业产业结构来看，传统农业仍然较为单一，而且农民的收入也非常微薄。面对这种情况，为了促进农民增收和实现地区农业的多样化发展，岳西县在全县开展了农业产业结构的调整。由于地处国家

生态主体功能区，所以农业产业的发展必须以保护环境为基础。面对这种态势，县委、县政府审时度势，在全县调整农业产业结构，开始发展茶叶、蚕桑、蔬菜和林业等。从笔者调研的基本情况来看，目前岳西县已经形成了以茶叶、蚕桑、高山蔬菜、桑枝木耳等为主导的农业产业格局，而这种格局所具备的小而散的产业发展模式，有效地契合了岳西县产业扶贫的基本特征。

2014 年以来，岳西县依靠丰富的特色农业资源，以“茶叶、蚕桑、蔬菜、养殖”等特色产业扶贫为抓手，坚持精准扶贫与产业发展深度融合，创新扶贫机制，变“输血式”扶贫为“造血式”扶贫，着力增强扶贫对象自身发展动力，实现了“村村有产业、户户有基地、人人有增收”的目标。五年来，全县贫困户减少 25925 户，贫困人口减少 90391 人。2017 年农村居民人均可支配收入 10533 元，特色产业收入占农民人均可支配收入的 50% 以上，成为农民脱贫致富的主要渠道。“岳西茭白”事例在全国产业扶贫（湖北罗田）现场观摩会上广泛交流，成为全国产业扶贫十大事例之一，产业扶贫做法和经验在全国、全省交流，新华社、央视“新闻联播”、《人民日报》、安徽卫视等国家和省主流媒体多次报道岳西县产业扶贫工作经验。

从岳西县产业扶贫的基本情况来看，目前主要以茶叶、蚕桑、高山蔬菜、桑枝木耳等为依托，而在此过程中，产业发展中的均衡与协调正是岳西县在脱贫攻坚中探索出的有效做法。岳西县既是一个贫困县，也是一个山区县，地处大别山深处，全县森林覆盖率接近 80%，耕地小而分散，细碎化成为这里耕地的基本特征。所以，在现有的耕地基础上同时实现贫困人口口粮的富足和经济收入的提升，是岳西县需要破解的重要难题。为了实现贫困人口的经济增收，岳西县开始有效地平衡和调整农业产业结构。近年来，尤其是从实施精准扶贫开始，在以发展为主导的经济运行中，岳西县在全县开始调整农业产业结构，在保证贫困人口粮食安全的前提下发展茶叶、蚕桑、高山蔬菜和桑枝木耳等生态产品来实现贫困户的经济增收。

案例 3–1　茶业产业扶贫

距岳西县城 50 多千米的包家乡石佛村，既是国家级的自然保护区，也是该县优良茶叶的种植基地。据村民讲："原来村里大都种植水稻，主要满足吃饭，卖不了几个钱，但是从前几年开始，村里发展起了茶叶，我们卖茶叶生活好了些。"在石佛村，除了留足一定的口粮之外，几乎每家都把土地用来种植茶叶，按照近两年的市场价格，一亩茶园可以获得 3500 元左右的纯收入，依靠种茶，很多贫困户实现了脱贫。

农业产业结构的调整和平衡使岳西县在现有农业基础上有效实现了产业的转型升级。茶叶、蚕桑、高山蔬菜以及桑枝木耳、药材等产业使这里形成了多样化的产业发展格局，而这种产业格局的背后是以发展为引领的区域经济发展模式。随着茶叶等经济作物在岳西县的发展，岳西县进一步调整产业结构，以求通过产业多元化来带动贫困户增收。县委、县政府在全县实施"四带一自"模式，即通过园区带动、龙头企业带动、合作社带动、能人大户带动和有劳动能力、有意愿发展产业的贫困户的自主发展模式，促进茶叶产业的发展。如今的岳西县已经形成了小而美的农业产业格局。从总体发展态势来看，大多数贫困户家庭既种有茶叶、蚕桑，还有药材、茭白、林果等农作物，形成了多样化的产业格局，从而有效地避免了市场需求变化带来的各种风险，有力地保证了农户增收的可持续性。在岳西县，高品质的茶叶、茭白和桑枝木耳等已经成为主打产业，由于具备良好的生态环境和水热条件，当地生产的茶叶、茭白、桑枝木耳、林果等产品受到了市场的青睐，有效地助推了当地的产业发展。在岳西县，坚持“造血”扶贫，大力发展产业扶贫。以茶叶、蚕桑、蔬菜、林药、养殖、构树、旅游、劳务、电商、光伏“十大产业扶贫”为抓手，确保“村村有基地、户户有产业、人人有增收”，每个贫困户有2项以上“长短结合”的稳定增收项目，每个贫困村有2个以上特色产业基地。对已发展相关产业的贫困户，每年给予2000元以内的资金奖补，2018年累计发放产业奖补资金5005万元。多样化的产业布局实现了贫困户的有效增收。据岳西县包家乡的储乡长介绍，原来岳西县的农村基本属于单一性农业，90%的农户家里都是种水稻，20世纪90年代大概是人均0.6亩，当时的收入主要是伐木收入，大多农户都是兼种水稻，但是亩产量也不是很高，比较好的年成也只有300—400千克/亩。现在种的水稻很少，基本是发展茶叶、蚕桑和其他经济作物。

从岳西县产业扶贫的基本经验来看，实现产业结构的调整和产业的有效平衡，是其产业扶贫能够顺利推进的基础条件。与其他地区不同的是，岳西县通过产业内部结构的调整和平衡来实现产业的发展，从而使贫困户收益，而这一举措主要是在县一级来完成的。县一级对于产业发展的思考和具体做法，对地方经济的发展和贫困户的脱贫具有非常重要的意义，这也突出了在脱贫攻坚过程中县一级的制度优势，以及以县为单位所实施的精准扶贫所具备的优越性。从岳西的现实经验来看，多样化的产业格局和产业发展的有效平衡，避免了“把鸡蛋放在一个篮子里”所造成的市场风险，从而迎合了贫困户脱贫的基本要求。笔者在岳西县的调研中发现，发展产业的贫困户通常都发展好几种产业，但是数量都不多，如种植茶叶的贫困户同时也发展蚕桑和种植茭白、木耳等，这种多样化的产业发展模式有效地保证了贫困户收入的提升和产业发展的多样化及可持续性，具有一定的科学性。

（二）贫困村和非贫困村的均衡性发展

在岳西的脱贫攻坚中，一个亮点就是实现贫困村与非贫困村的均衡发展，从而促进整个区域内农村社会的整体发展。在岳西县这样的革命老区和山区县，从整个农村发展的基本情况来看，基础设施和公共服务建设整体较为落后，所以贫困村和非贫困村在发展方面的差异并不明显。面对这种情况，岳西县在对贫困村进行帮扶的同时也兼顾了非贫困村的发展，这种兼顾实现了贫困村与非贫困村的共同发展，属于一个很好的创新范例。笔者在调研过程中也发现了很多这样的案例。易地扶贫搬迁是其中的一个典型代表。

案例 3–2　易地扶贫搬迁

钟形安置点是岳西县级易地扶贫搬迁示范点，由来榜镇政府投资 1300 万元，征用建设用地 21 亩，流转产业用地 132 亩，建房 54 套，共安置来自各村的贫困群众 54 户 193 人。该镇选择毗邻镇区、依山傍水的钟形山麓兴建集中安置点，高标准规划设计，统一建设住房、产业基地、服务中心、文化广场、卫生室，并配套水、电、路、通信、绿化设施，让贫困户“稳得住”。创新“2+2+2”产业发展模式，由镇政府统一在安置点周边流转土地 132 亩，建设易地搬迁产业基地，为每个搬迁户定制“2 亩果 +2 亩茶 +2 万棒食用菌”，每户年均可增收 2.8 万元；建设光伏电站，实现搬迁户光伏发电全覆盖，每户年增收 3000 元；实施就业扶贫，联系相关部门对搬迁户进行就业培训，帮助每户至少掌握一门实用技术，联系安排他们到扶贫车间、企业务工，参与茶叶采摘、中药材加工等工作，实现每户年均增收 1 万元，让贫困户“能致富”。

在上面的案例中，迁入地的钟形安置点属于一个非贫困村，搬迁来的贫困户也被纳入该非贫困村的管理中，为了促进搬迁来的贫困户的产业发展，在当地建设了易地搬迁产业基地，通过流转土地，非贫困村的村集体和农户也获得了相应的收入。另外，在搬迁点，迁入的贫困户与当地的非贫困户形成了新的社区，为了促进新社区的发展，上级政府投入大量资金来完善当地的基础设施建设和公共服务设施建设。新建设的村社区正在完善村中文化广场和村委会大楼的装修工作。正如村支书所言："移民搬迁也促进了我们村子的发展，现在村里的人多了，政府在村里的投资也增加了。"

为了有效解决搬迁群众"稳得住"的问题，岳西县主要采取了四项措施：一是预留住房续建空间。采取预留人口面积、地基"打二建一""打三建一"等办法，为搬迁户预留今后房屋扩建的空间和条件，待贫困户稳定脱贫后自主决定是否扩建。二是满足基本生活需要。在有条件的安置点尽可能为搬迁群众提供菜地、光伏发电等生产生活设施。冶溪镇石咀安置点为每户都专门安排了菜园；来榜镇钟形集中安置点采用"2+2+2"产业发展模式，在安置点周边流转土地 132 亩，为搬迁户每户发展 2 亩果 +2 亩茶 +2 万棒食用菌，解决其后续发展问题。三是提升配套设施功能。按照"五通"标准和"四净两规范"工作要求，统筹推进安置点道路、水电、教育、卫生、文化广场、环卫等公共配套设施建设，让每个安置点环境美起来、路灯亮起来、垃圾装起来、公共服务优起来。四是创造就近就业机会。通过在安置点设立"扶贫车间"、开发公益性岗位、加强技能培训、吸纳搬迁户到附近企业上班等方式，尽可能满足搬迁户就近就业的需求。

以上这些做法涉及迁入地的发展、搬迁后的产业发展、土地流转、就业等，势必要和非贫困村建立相应的关系，如流转非贫困村的土地，改善非贫困户的基础设施建设。在岳西县的来榜镇，钟形安置点是实现贫困村与非贫困村均衡发展和共同小康的一个成功的典型案例，而这个均衡发展是通过易地移民搬迁来实现的。这也为我们在脱贫攻坚过程中提供了一个良好的思路，即通过区域内资源的有效配置和合理布局来实现贫困村与非贫困村的共同发展。在目前的脱贫攻坚中，国家将大量的人力、物力和财力都投入了贫困村，对非贫困村的发展却缺乏相应的关注，这种做法在一些地区造成了非贫困村的极度不满和村庄发展的不平衡。通过易地扶贫搬迁实现贫困村与非贫困村的共同发展将是一个非常值得借鉴的做法，即在资源有限的情况下，通过相应的结构优化和重组，实现不同主体的发展。

在岳西县的易地扶贫移民搬迁中，除了贫困户之外，也给予非贫困户相应的政策支持，对非贫困户也起到了一定的帮扶作用。岳西县规定，政府为有搬迁意愿的非贫困户免费提供地块，而建房子的费用由非贫困户自己解决。虽然给予非贫困户的政策没有贫困户优惠，但是这也在一定程度上有效平衡了贫困户与非贫困户的发展，给予有意愿搬迁的非贫困户一定的政策支持，从而促进了政策的公平性。

整体性的发展是岳西县在脱贫攻坚中的重要理念，同时也是在现有的资源和国家帮扶之下，实现区域内部结构调整和资源整合的有效方式。移民搬迁所实现的贫困村和非贫困村的统筹发展只是其中一个典型案例，最为重要的是其中所体现出来的思路。从现实做法来看，岳西县探索的这种模式，依靠脱贫攻坚过程中的移民搬迁，不但实现了贫困户的脱贫，而且促进了区域内部的协调发展和资源的公平分配，对缩小村庄之间的差距和实现地区的协调发展发挥着较为重要的作用。

除了贫困村与非贫困村的协调发展之外，贫困户与非贫困户的均衡发展也是岳西县探索的一项重要扶贫模式。在脱贫攻坚中，大部分地区将精力放在了贫困户身上，而对非贫困户的发展则缺乏相应的帮扶。为了克服这一弊端，岳西县借助贫困户的帮扶措施，也使一些非贫困户获得了极大的帮助。在具体实施过程中，扶贫车间就是一个很好的例子。这种扶贫车间的设立不但实现了贫困户在家门口就业，而且使一些非贫困户的收入也获得了相应的提高。

（三）贫困户与非贫困户的同步发展

为贯彻落实省扶贫开发工作会议精神，根据《安庆市“百企帮百村”脱贫攻坚行动实施方案》的要求，2017 年岳西县委、县政府创新产业扶贫工作机制，全面推进村级扶贫车间建设工作，因地制宜引导、鼓励劳动密集型企业在贫困村建设村级扶贫车间，为创业者搭建创业平台，开创贫困户就地就近就业模式，拓宽贫困户增收渠道，健全“长短结合”产业扶贫机制，形成了“企业增效益、农村得发展”的双赢效果，助推岳西县顺利按期脱贫。现就岳西县村级扶贫车间建设工作有关情况介绍如下：

为高效推进村级扶贫车间建设，县委、县政府研究出台了《岳西县“百企帮百村”精准扶贫行动工作方案》（办〔2017〕13 号）、《岳西县贫困户“带资入股”扶贫小额贷款实施方案》（岳政办秘〔2017〕66 号）及《关于进一步加快推进村级扶贫车间建设的通知》（岳政办秘〔2017〕88 号）三个文件，明确目标、深化标准、细化措施，在统筹协调、责任分工、督促检查等方面谋划引领，在车间生产厂房、设备投资、配套设施、人员就业等方面给予政策扶持，当好“火车头”，把好“方向盘”，为建设工作注动力、增活力、聚合力。

以围绕 65 个贫困村、实现有条件的村全覆盖、没有条件的村和有条件的村合作覆盖为总体目标，按照“看关联程度、看带动能力、看企业责任、看群众意愿”的“四看标准”，发挥优势，量力而行，积极作为，引导全县建成扶贫车间 100 个左右。鼓励一批县内劳动密集型手工加工企业在贫困村利用闲置房屋新建就业扶贫车间（提供就业岗位 10 个以上，就近吸纳贫困劳动者就业 5 人以上）或就业扶贫驿站（提供就业岗位 20 个以上，吸纳贫困劳动者就业 12 人以上）。村委会提供厂房（利用闲置的学校、村部等），推荐就业人员；企业提供机器设备，免费开展技术培训，从事来料加工，重点解决一批劳动密集型企业招工难、用工贵的问题，建档立卡贫困户通过务工就业获得工资，实现稳定增收。

除此之外，按照"围绕产业、一地一品、因地制宜、总量控制"的原则，在支持企业建设扶贫工厂、扶贫车间的基础上，采取政府投资新建、帮扶企业（单位）捐建、旧房屋改建扩建、企业新建等措施，到 2017 年年底，在全县建设就业扶贫驿站 40 个，实现送项目到村、送就业到户、送技能到人、送政策到家，达到村村有项目、户户有良策、人人有岗位、兜底有政策的"四有"目标。通过整合资源、叠加政策、优化服务，让就业扶贫驿站成为就业服务的新阵地、居家就业的服务区、技能培训的加油站、扶持创业的催化器，实现贫困户、村集体、企业、产业"四赢"。对已验收且正常运营 3 个月以上的就业扶贫驿站，由县人社局根据评定等级从就业补助资金中以购买服务的方式给予一次性补助，每个就业扶贫驿站补助标准最高不超过 10 万元，补助资金主要用于场地建设、租金、装潢、设备购置及招工宣传组织等费用。

已建成的就业扶贫驿站向县人社局提交《岳西县 ××× 乡（镇）××× 村就业扶贫驿站申请认定报告》，并提供以下材料：驿站地理位置图，各功能区分布图，扶贫车间、电商服务中心、就业信息发布屏、培训教室等场所设备照片；扶贫车间入驻企业营业执照、项目、运营模式、用工方式介绍及证明材料；驿站吸纳劳动力人员花名册（贫困劳动力单独注明），贫困劳动者身份证复印件，银行打卡发放工资清单等材料。

县人社局、财政局适时组织验收。对验收达标且正常运营3个月的，由就业扶贫驿站所在村提出书面补助申请，填写《岳西县就业扶贫驿站补助申请表》(以下简称《申请表》)，并提供验收到申请补助期间稳定就业劳动者人员花名册及银行打卡发放工资清单，交所在乡镇政府初审。乡镇政府对驿站吸纳就业的劳动者及工资发放情况予以核实，对情况属实的在《申请表》上签字盖章，由县人社局、财政局及时发放补助。

对入驻就业扶贫驿站企业与贫困劳动者签订1年劳动合同且缴纳社会保险费的，给予企业公益性岗位补贴，补贴标准为每人每月100元；对企业缴纳的单位部分的社会保险费给予全额补贴；给予贫困劳动者公益性岗位补贴，补贴标准为每人每月300元，补贴期限不超过36个月。对2016年1月1日后与扶贫驿站签订劳务协议，实现劳务收入银行打卡发放的贫困劳动者，给予每人每月200元的岗位补贴（补贴期限不超过36个月）；吸纳就业的贫困户通过国家第三方脱贫评估验收后，给予入驻驿站企业每人1000元的一次性奖励（分两次，满6个月给予600元，满24个月再给予400元）。对于与扶贫驿站签订居家就业协议，实现收入银行打卡发放的贫困劳动者给予每人每月100元的就业补助（补助期限不超过36个月）；吸纳就业的贫困户通过国家第三方脱贫评估验收后，给予入驻驿站企业每人800元的一次性奖励（分两次，满6个月给予400元，满24个月再给予400元）。上述奖补的具体要求和办理流程按《岳西县就业脱贫奖补办法》及《岳西县就业扶贫基地和居家就业基地认定及补贴补充办法》的规定执行。

对入驻就业扶贫驿站企业组织开展岗前培训的，给予其培训成本补助；对培训期间为参训的贫困劳动者提供免费伙食、住宿的，给予伙食、住宿成本补助。

岗前培训补助的具体要求和办理流程按《安徽省技能脱贫资金使用管

理暂行办法》执行。

笔者在调研过程中发现，岳西的扶贫车间与扶贫驿站基本是以劳动密集型产业为主，如电子小零件的加工、服装以及饰品加工等，而这些基本以女工为主。在这些扶贫车间刚建立起来时，其主要是吸纳贫困户，但是随着这些扶贫车间的壮大，用工越来越多，仅仅吸纳贫困人口完全满足不了扶贫车间的用人需求，所以在满足贫困户岗位需求的情况下，也开始吸纳一定数量的非贫困人口在家门口就业，从而为解决当地剩余劳动力发挥了作用。

在岳西县来榜镇的一家生产电子零部件的扶贫车间，既有贫困户也有非贫困户，而且全部为附近几个村庄的留守妇女。这个扶贫车间，刚刚建起来的时候大部分为贫困户，但是现在随着生产规模的扩大，有 60% 的用工是贫困户，还有 40% 的用工来自非贫困户。从扶贫车间发展的基本情况来看，借助这一劳动密集型产业，在实现贫困户收入增加的基础上，也实现了留守妇女和其他非贫困户收入的增加，解决了农村大量的富余劳动力。据扶贫车间的主任反映，扶贫车间在当地发展起来之后，很多当地的劳动力都不外出打工了，因为在家门口就可以实现就业。

案例 3–3　扶贫车间扶贫

王某是来榜镇一家电子扶贫车间的员工，属于村里的非贫困户，扶贫车间办起来之后，他每个月在这里工作能有 1800 元到 2200 元的收入。正如王某所言："现在家门口就有了就业的机会，在这里打工，可以照料到家里的孩子和老人，即使每月挣得少点也值得。"

像王某这样的案例在岳西县比比皆是。在脱贫攻坚中，依靠扶贫车间这样的产业发展模式，有效带动了贫困人口的经济增收，同时也为非贫困人口提供了一个就业的机会，促使贫困人口与非贫困人口收入的同步提升。

岳西县委、县政府研究出台《岳西县“百企帮百村”精准扶贫行动工作方案》(办〔2017〕13号)，市委常委、县委书记周东明亲自主持召开岳西县“百企帮百村”精准扶贫现场调度会，动员县内外诚信规模企业，踊跃投身“百企帮百村”精准扶贫行动中，为全县脱贫攻坚贡献力量。大力宣传“百企帮百村”工作决策部署、政策举措，及时报道企业参与行动的先进典型和各地的先进经验。对贡献突出的企业颁发“脱贫攻坚贡献奖”，宣传企业致富不忘国家、积极回报社会的义举，充分激发民营企业家参与脱贫攻坚的积极性。

在实施过程中，重点鼓励一批县内外劳动密集型手工加工企业在贫困村利用闲置房屋新建就业扶贫车间，村委会提供厂房（利用闲置的学校、村部等），推荐就业人员；企业提供机器设备，免费开展技术培训，从事来料加工，重点解决一批劳动密集型企业招工难、用工贵的问题。建档立卡贫困户通过务工就业获得工资，实现稳定增收。

一是在帮扶企业建设的扶贫车间中，择优认定40个为就业扶贫驿站，每个给予最高不超过10万元的补助，用于场地建设、租金、装潢、设备购置及招工宣传组织等费用。二是对签订劳务协议，实现劳务收入银行打卡发放的贫困劳动者，给予每人每月200元标准的岗位补贴；吸纳就业的贫困户通过国务院扶贫办第三方评估验收后，给予扶贫工厂或车间每人1000元的一次性奖励。三是参与“百企帮百村”扶贫行动企业，自2017年起每新增一个贫困人口就业的，给予10万元信贷支持；新增吸纳5人以上贫困劳动者就业、年终为村集体经济增收的，按村集体增收部分由县财政奖励10%。四是乡镇、村负责协调供电部门增容所需电力到扶贫车间、厂房等建设费用由乡镇政府承担，生产用电按农用电计价由企业负担。发挥政策引领作用，当好“火车头”，把好“方向盘”，为工作推进注动力、增活力、聚合力。

按照《岳西县人民政府办公室关于验收认定村级扶贫工厂（车间）的通知》(岳政办秘〔2017〕132号）要求，扶贫车间应同时具备下列条件：一是提供就业岗位10个以上（含10个），其中吸纳贫困户劳动者就业5人以上（含5人），原已建工厂（车间）以办〔2017〕13号文件发布后新增贫困户就业5人以上（含5人）计算。二是签订劳务合同，为就业劳动者购买工伤保险，实现劳务收入银行打卡发放。三是实行“五上墙”公示：管理机构上墙、管理制度上墙、就业人员信息上墙、职工签到卡上墙、工资发放情况上墙。四是车间布局合理合规，清洁卫生。

扶贫车间建设竣工后由创办车间法人申请，村委会审核，乡镇政府审查后，县联合验收组实地察看认定，验收合格后由县“百企帮百村”精准扶贫行动领导小组授予“岳西县扶贫车间”牌匾。把建设扶贫车间工作纳入各级各部门责任目标考评体系，每月在县委常委扩大会上通报调度，及时掌握企业帮扶投入和帮扶对象脱贫进度，认真做好月度报表、季度报告和督查考核工作，把考评结果纳入乡镇年终目标考核，将企业帮扶行动成效作为县政府支持企业政策来安排。截至2017年12月，全县共建成村级扶贫车间103个，认定时共吸纳贫困户就业人员1225人。截至2018年底，共吸收就业人员2865人，其中贫困户就业人员1732人，人均年增收达万元以上。第一、第二批共批准51个企业接受2456户贫困户“带资入股”1.2亿元，每户年可获得固定收益3000元；以中石化290万元扶贫资金为主体，16个贫困村联合入股创办了岳西县思远生态农业有限公司、岳西县思民生态农业有限公司2家扶贫龙头企业，生产桑枝木耳、桑枝香菇、桑枝茶菇、桑枝天麻等桑枝系列食（药）用菌产品，年底可获得股份分红。

在脱贫攻坚中，岳西县的扶贫车间、扶贫驿站等不仅实现了贫困人口的脱贫，而且对当地非贫困人口的就业起到了很大的带动作用，实现了村民在家门口就业。无论是从脱贫攻坚还是乡村振兴的角度来看，这都属于一种创新，这种创新不但提升了贫困户和部分非贫困户的收入，而且让乡村留住了人，避免了农村人口大量外流，对实现今后的乡村振兴也发挥了一定的作用。

（四）在确保贫困人口享受健康医疗政策基础上探索非贫困人口的帮扶措施

健康医疗方面的帮扶和政策扶持也是确保贫困户有效脱贫的一项重要措施。岳西县在健康医疗和社会救助等方面积极探索对不在建档立卡范围内的农村低保家庭的脱贫帮扶政策以及救助或帮扶办法。建立低保和扶贫建档边缘家庭、困难留守人员以及遭遇突发事件导致家庭困难人员台账，这一做法有效地巩固了脱贫的成效，实现了贫困人口与非贫困人口的有效平衡。

在脱贫攻坚中大量的医疗和健康方面的政策扶持都偏向了贫困户，而对于非贫困户则缺乏相应的帮扶，在很多地区非贫困户由于缺乏相应的帮扶而因病致贫的现象时有发生。为了照顾到全县的非贫困人口，岳西县出台了《关于印发〈岳西县健康脱贫工程综合医疗保障补充办法（暂行）〉的通知》，目标人群为全县非参合贫困对象（总计约 30 万人）。2017 年，县政府从财政资金中切块列支专项基金 453 万元，对非贫困参合对象，按每人 15 元的标准，购买大病医疗补充商业保险。非贫困大病住院患者在省内定点医疗机构就医的合规医药费用，经新农合及新农合大病保险补偿后，个人自付部分超过 1 万元的，实行分段按比例再补偿。2017 年全年，全县享受“1579”补偿对象共 2455 人，医疗总费用 5348.4 万元，新农合基本补偿2834.8万元，新农合大病保险补偿807万元，民政救助8.7万元，“1579”补偿569.1万元，综合实际补偿比为78.4%，“1579”补偿比例为10.6%。截至2018年8月，非贫困人口“1579”住院再补偿1727人次3418.9万元。岳西县探索并完善的这种综合医保模式，实现了贫困人口大病保障全兜底和边缘人口重特大疾病医疗保障全覆盖，同步解决了因病致贫、因病返贫存量和增量问题。到2017年，岳西县贫困人口已减少至6928户16664人。贫困人口县域内就诊率由2015年的78%提升到2017年的91%。

实施重特大疾病政府再救助制度。“351”“180”“1579”等制度均是针对省内定点医疗机构的合规费用进行兜底保障，除此之外，重特大疾病患者需个人承担的非合规医疗支出和其他支出造成难以脱贫或致贫返贫的现象依然广泛存在。为此，岳西县委、县政府研究出台了重特大疾病医疗再救助制度。2017年，县政府为参加新农合对象设立重特大疾病医疗再救助基金500万元，年终资金不足时由县财政兜底。全县所有参合农民无论是否贫困，一旦患重特大疾病在省内定点医疗机构就诊，在综合医疗保障后，实事求是地计算其家庭实际收支现状，当家庭实际支出仍然过高导致入不敷出可能会致贫返贫或者造成难以脱贫的，均可以按规定程序申请重特大疾病医疗再救助，经乡村评议张榜公示，上报县民政等部门审核再公示后，按一定标准给予医疗再救助。在省外医疗机构就诊的特殊重大疾病患者，年终视情况给予民政救助，最大限度地控制因病致贫现象。县政府还出台规定，对2015年底农村建档立卡贫困人口中购买城镇居民医疗保险的，比照享受“351”、“180”、重特大疾病医疗再救助等综合医保政策。要求采取乡镇政府扶持、结对单位支持、包保干部帮助等方式，引导鼓励支持贫困人口自主购买意外伤害保险，作为综合医保制度的补充，目前已有7238人购买了意外伤害保险。实施“小351”政策，兑现脱贫不脱政策的承诺。为确保2014—2015年已脱贫贫困人口继续享受综合医保政策、不因病返贫，县政府制定出台了《岳西县贫困人口大病医疗再救助补充方案》(岳政办秘〔2017〕198号)，规定2014—2015年脱贫的贫困人口在县内医疗机构住院一律实行先诊疗、后付费，免住院预付金。在省内定点医疗机构住院，其住院合规医疗费用按普通人群在享受新农合基本补偿、新农合大病保险补偿后，在县域内、市级、省级医疗机构就诊的，个人年度自付款封顶额分别为3000元、5000元、10000元（简称“小351”)。年度内个人自付合规医疗费用超过个人自付款封顶额时，超过的合规费用实行政府医疗再救助，切实减轻了已脱贫贫困人口的医疗负担，大大减少了因病返贫现象的发生。以上措施与安徽省“三保障一兜底一补充”医保政策实行有效衔接，同步解决了岳西县因病致贫返贫的存量和增量问题。

2016年10月1日以来，2015年底建档立卡贫困户66749人，其中323730人次享受了“三保障一兜底”住院补偿，共计医疗费用18430.72万元，获综合医保补偿16094万元，总补偿比达87.32%。享受“180”补偿11112人56486人次，共计医疗费用1757.01万元，获综合医保及“180”补偿1632.99万元，慢性病门诊总补偿比达92.94%。“1579”政策实施以来，岳西县非贫困人口获“1579”再补偿6915人次，补偿1013.77万元，综合补偿比达80.80%。例如，岳西县菖蒲镇港河村大屋组居民何方，因慢性心力衰竭于2018年5月3日至14日在安徽省立医院住院治疗，共计花费149456.46元。其中新农合报销104620元，占总费用的70%；新农合大病保险补偿30405元，占总费用的20.3%；“1579”补偿10102元，占总费用的6.8%，合计报销145127元，报销比例达97.10%。个人自付费用4329.46元，仅占2.9%。这个案例显示，“1579”政策有效解决了边缘人口大病就医因病致贫问题。

岳西县探索的“1579”政策主要针对未享受扶贫政策的非贫困户，这种探索具有以下几个方面的优势：首先，大大减轻了非贫困人口的医疗压力，降低了其因病致贫的风险；其次，有效降低了非贫困人口降为贫困人口的概率，实现了全民都有医疗保障的目标；最后，这也在一定程度上化解了社会矛盾，实现了公共服务的均等化。

（五）公共服务的下沉实现贫困村与非贫困村村一级公共服务质量的提升

完善公共服务建设是提升村民幸福感和促进村庄社会发展的有效措施，岳西县作为国家级贫困县和山区县，由于人口居住分散、村庄辐射范围广、镇村距离远等特殊原因，村民办事非常不便。自实施精准扶贫以来，全县针对贫困村公共服务落后、基础设施薄弱等发展障碍，新建村一级的办事服务中心，全面实现公共服务的下沉。在对公共服务的投入方面，针对贫困村和非贫困村都完善了村一级的公共服务平台，从而从村庄一级实现了公共服务的均等化，并且提升了村一级的治理能力。

自从精准扶贫实施以来，县里强化了对村一级公共服务中心的建设，将很多部门的公共服务职能下沉到了村一级，村民再也不用跑到乡镇政府去办事了。这也是岳西在脱贫攻坚过程中实施的一项重要举措。笔者在所调研的红旗村看到，村一级的办公大楼一层是为民服务中心，民政社保、党员服务、便民服务、计生服务等都可以在一层大厅办理，大大方便了村民办事。在红旗村，近几年随着村庄公共服务功能的不断完善，村干部的职业素质也得到了极大的提升，村庄公共服务中心和县乡一级职能部门一样实行 8 小时工作制。无论是在岳西的贫困村还是非贫困村，公共服务的不断完善和下沉解决了国家扶贫资源对农村投入的“最后一公里”问题，从治理角度来看大大提升了村级治理的能力，而且减轻了乡镇一级的工作压力，对其他地区尤其是贫困山区村庄一级的治理具有很好的借鉴意义。

案例 3-4 基础公共服务助力提升改善居民生活

刘大叔是村里的五保户，在村级公共服务中心没有建成之前，他每次领取五保户补助都要到离家 10 千米之外的乡镇民政所。村上的为民服务中心建成之后，他在村里就可以领取五保户补助。正如刘大叔所言："现在再也不用跑了，在家门口就可以办理一切事情，政府给我们老百姓想得太周到了。"

公共服务的下沉也是岳西县在脱贫攻坚过程中探索出来的新做法，对于岳西这样的山区县来说，这种公共服务的下沉将有效地提升国家对于基层公共服务的供给能力，从而解决公共服务在村庄一级的"最后一公里"问题。在实践探索中，这一有效做法实现了贫困村与非贫困村公共服务供给的常态化，这种模式是在贫困村精准扶贫过程中探索出来的，当前已经拓展到了非贫困村。无论从基层治理还是农村公共服务的供给方面看，这种做法都具备一定的科学性和前瞻性，对其他地区的公共服务供给也具有很好的借鉴意义。

（六）生态环境保护与扶贫开发的有效平衡

岳西县包家乡位于北亚热带向暖温带的过渡地带，地处高寒山区，全境属于鹞落坪国家级自然保护区。包家乡位于两省三县交界处，西与湖北英山县草盘镇、安徽霍山县太平畈乡交界，北与霍山县太阳乡相连，曾经是鄂豫皖三年游击战争时期中国工农红军第二十八军和皖西特委机关驻地。红二十八军军政旧址入选了全国红色旅游景点景区名录，是安徽省爱国主义教育基地、领导干部党史教育基地、廉政教育基地。全乡下辖4个行政村，81个村民小组，总面积123平方千米，现有户籍人口1566户5556人，在册建档立卡贫困户604户1965人，山场面积17.01万亩，耕地面积3711.7亩（其中水田3041.2亩，旱地670.5亩）。包家乡2017年农村居民人均可支配收入9606元。

作为国家自然保护区，包家乡在近年来的发展中探索出了一条生态保护与扶贫开发相互协调和有机衔接的路子。由于此地属于国家自然保护区，所以很多产业和项目都难以开展。20世纪90年代，在实施国家天然林保护工程之前，这里的农民主要收入来源是伐木，而且每年的收入都比较高。但是自从国家设立自然保护区以来，伐木被禁止，这里农民的收入也受到了一定的影响。面对这种情况，当地政府积极寻求产业的转型。近年来，此地大力发展生态有机农业，全乡镇开展有机茶叶和高山蔬菜种植，因为这些产业对当地的环境不会产生有害的影响。这种做法成为当地近年来主打的经济发展模式。实施精准扶贫以来，有机茶叶和高山蔬菜成为这里贫困户脱贫的主要产业，在当地已经形成相应的规模，并且带动了一定数量的贫困户脱贫。

自2014年以来，包家乡共发放产业奖补资金403.9万元，积极引导群众发展高标准有机茶园、高山蔬菜和生态养殖，基本实现了户均“3亩茶园、1亩高山蔬菜”的产业支撑。2014年以来，全乡发展高标准无公害有机茶园2338亩（贫困户发展1031亩），多为“石佛翠”良种茶，年均产干茶60吨；新建高标准大型茶厂5座，全乡大小茶厂达28家，为贫困户茶产业增收致富提供了基础保障；成立了石佛村茶叶协会，规范品牌保护、茶园管理，打造自主高端茶叶品牌。全乡每年种植红灯笼辣椒、四季豆等高山蔬菜1500余亩（贫困户发展650亩），红灯笼辣椒产业已通过QS认证，年销售辣椒酱1万余瓶，品牌效应初步显现。全乡发展养猪规模户12户、养牛规模户9户、养羊规模户15户、瓜蒌种植户154户、药百合种植户97户。在发展特色种植业的同时，发展特色旅游经济。2014年以来，包家乡按照“在保护中发展，在发展中保护”的原则，依托“红色”“绿色”两大资源，积极推动乡村旅游，带动贫困户增收致富。现有农家乐33家，其中五星级1家、四星级4家、三星级6家，从业人员210余人，床位800余张，年接待游客近10万人次，户均年纯收入15万元以上。

包家乡坚持“绿水青山就是金山银山”的理念，根据国家级自然保护区的实际，积极争取上级支持，逐年提高生态补偿标准，让农民从生态保护中真正持续受益。着手实施生态移民工程，让核心区、缓冲区居民向试验区乃至县城迁移，并确保移得出、稳得住、能致富。把鹞落坪绿色资源和红色资源融合规划，完成鹞落坪环境整治建设，完善鹞落坪旅游接待中心、停车场、公厕等基础设施建设，完成易地扶贫搬迁创新示范点项目。

岳西县包家乡的脱贫案例呈现出了生态保护与扶贫开发的有效衔接和平衡。在目前的脱贫攻坚中，处理好保护和发展的关系仍然是很多贫困县区所要考虑的重要议题。既要绿水青山也要金山银山，在地方县域经济的发展过程中，需要从各个方面来有效地衔接这二者之间的关系，从而实现在发展中保护和在保护中发展。

三、岳西县脱贫攻坚经验的启示

岳西在精准扶贫中所探索出的以发展为主导的包容性扶贫开发模式，有效地实现了贫困人口和贫困村庄的如期脱贫，对当前整个国家的脱贫攻坚具有一定的启示意义。有效探索学习岳西的经验和做法，并且将其上升到战略层面和政策层面，对其他地区的脱贫攻坚具有一定的借鉴意义。从岳西的经验来看，基本具有以下几个方面的启示：

（一）将脱贫攻坚有效地嵌入经济发展中

将脱贫攻坚有效地嵌入经济发展中，是岳西探索出来的有效做法。在脱贫攻坚中必须具备整体和系统性思维，即必须将脱贫攻坚和经济发展作为一个有机衔接的整体来考虑，切忌将二者隔离和孤立起来。将脱贫攻坚有效地嵌入经济发展中，从而形成脱贫攻坚促进经济发展、经济发展推动脱贫攻坚二者有机衔接和相互促进的格局，最终实现整个区域经济和社会的全面发展。

（二）全面实施包容性的扶贫开发模式

脱贫攻坚是一项系统性的工程。从区域发展的目标来看，既要实现贫困村、贫困户的脱贫，也要实现非贫困村和非贫困户的发展。在脱贫攻坚中，岳西经验给我们展示出了贫困村与非贫困村、贫困户与非贫困户相互兼容和有效发展的模式，对实现区域内整体发展具有一定的借鉴意义。这种模式在脱贫攻坚中有效巩固了脱贫的成果，对实现地区的包容性发展发挥了较大的作用。

（三）以脱贫攻坚引领其他各项事务的发展

在岳西，脱贫攻坚的不断推进也促进了其他事务的发展，在脱贫攻坚中所探索出来的新生事物有效地促进了村一级公共事务的发展和基层治理能力的提升。如公共服务的下沉，依靠脱贫攻坚探索出来的扶贫专班、扶贫夜校等有效地加强了干部和群众之间的关系，提升了广大基层干部的能力，促进了基层治理能力的提升。

（四）脱贫攻坚与生态保护、乡村振兴的有机衔接

在当前的脱贫攻坚中，必须处理好与生态环境保护、乡村振兴的有效衔接。岳西县在脱贫攻坚中的一系列做法，实现了扶贫开发与当地生态环境保护的有效衔接，在实践中探索的一系列先进做法也为乡村振兴提供了一定的借鉴和基础性保障。

第四章 从“输血”到“造血”：村级发展能力培育与贫困村脱贫

贫困村无疑是贫困治理的基本单元，实现所有贫困村高质量脱贫出列是打赢打好脱贫攻坚战的题中之意，所以提升村庄的内生发展能力对于促进村庄集体经济发展和贫困户可持续脱贫至关重要。贫困村脱贫摘帽，关键在于村级“造血”能力的培育，只有壮大村级集体经济、改善村级基础设施，方能给贫困村带来可持续发展，让贫困村丰富的资源转化成发展优势，激发贫困村发展的内生动力。本章的主要内容在于探讨岳西县在促进贫困村发展时所采取的主要举措与取得的基本经验，以期为其他贫困村的发展提供经验参考和借鉴。岳西县在实践中主要采取的措施有：加强基础设施建设，提高村级公共服务水平；推进美丽乡村建设，改善村级人居环境；盘活资产增加收入，壮大村级集体经济；强化基层党建，推动村级治理能力提升。岳西县的实践表明集体经济兴旺是贫困村可持续发展的前提，人力资本积累是村级集体经济转型升级的支撑，努力增强农村社区内生可持续发展能力是关键。

一、从提升村级发展能力到贫困村脱贫

（一）提升贫困村发展能力与减贫

打赢脱贫攻坚战，是全面建成小康社会的标志性指标和底线目标。贫困村无疑是贫困治理的基本单元，实现所有贫困村高质量脱贫出列是打赢打好脱贫攻坚战的应有之义。新时代，围绕践行精准扶贫、精准脱贫基本方略，国家贫困治理的政策体系做出相应调整，其中对贫困村的精准扶贫精准脱贫建立了更为细致的操作化指标。贫困村退出以贫困发生率为主要衡量标准，统筹考虑村内基础设施、基本公共服务、产业发展、集体经济收入等综合因素。原则上贫困村贫困发生率降至2%以下，在乡镇内公示无异议后，公告退出。中共安徽省委办公厅、安徽省人民政府办公厅也于2016年印发了《关于建立扶贫对象退出机制的实施意见》，对贫困村出列标准做了规定，即贫困发生率降至2%以下；有1项以上特色产业；村集体有稳定经济收入来源，年收入在5万元以上；村内基础设施和基本公共服务明显改善。同时也对贫困村出列程序做了如下规定：村级申请、乡镇审核、县级审定、备案标注。

新时期贫困村退出标准的变化，不仅体现了对贫困村补齐基础设施、基本公共服务、基本产业短板的要求，更着眼于基层治理体系和治理能力的改善和提升，从而真正做到内生动力成长，实现稳定脱贫的目标。贫困村脱贫摘帽，关键在于村级“造血”能力的培育，只有壮大村级集体经济、改善村级基础设施，方能给贫困村带来可持续发展，让贫困村丰富的资源转化成发展优势，以激发贫困村发展的内生动力。

1. 发展壮大贫困村集体经济与减贫

农村集体经济是农村经济的重要组成部分，是社会主义公有制经济在农村的重要体现。扶持村级集体经济发展，壮大村级集体经济实力，是新时期新阶段对农村“统分结合、双层经营”基本经济制度的完善，是推进农业适度规模经营、优化配置农业生产要素、实现农民共同富裕、提高农村公共服务能力、完善农村社会治理的重要举措，也是挖掘农村市场消费需求潜力、培育农村经济新增长点的重要手段，对于统筹城乡发展、促进社会和谐、巩固执政基础和全面建成小康社会具有重大意义。值得注意的是，对于贫困村而言，发展集体经济除了具备上述意义之外，还具有以下特殊的重要性：

（1）壮大贫困村集体经济是保证贫困村脱贫质量的关键因素之一

打赢脱贫攻坚战，实现稳定脱贫是执政党对全国人民的庄严承诺。从贫困村稳定脱贫来讲，发展好集体经济是重要的方式和保障。第一，贫困村集体经济能够对建档立卡贫困人口起到直接的带动作用，如一些村通过发展村办集体经济组织，吸纳建档立卡贫困户就业，或带动其发展产业项目，助力贫困户稳定脱贫。第二，贫困村集体经济的再分配功能，能够为村里一些易返贫群体提供支撑，如通过“二次兜底”等方式，加强脆弱群体的支持网络和保障体系。第三，在政策下乡和资本下乡构成乡村发展主要推力背景下，贫困村集体经济的发展有利于增强村级组织的凝聚力和战斗力，促使其更好地团结村民争取外在发展机遇，维护良好发展势头，实现内生动力不断提升，稳定实现脱贫，为乡村振兴打下基础。

（2）壮大贫困村集体经济是改善贫困村治理体系提升治理能力的关键

在市场经济的浪潮中，在城乡构造急剧变动的时代背景下，乡村出现了“多重问题”并存的衰败景象，表现为乡村社会的涣散无序、道德滑坡，乡村社区的分裂、冲突，以及乡村党基层组织战斗力、凝聚力的下降。出现问题的最根本原因在于整个村级治理体系难以提供一套稳定的秩序，规范村民的行为，实现社区的凝聚与和谐。社区是公共生活的基本单元，社区的公共资源决定了公共物品供给的能力和社区的福利水平，公共资源的经营、管理、使用和分配也是扩大社区参与的过程，围绕着公共资源的经营、管理、使用和分配，需要建立各类社区社会组织，形成相对完善的治理架构。就此而言，加强贫困村集体经济发展，不仅有助于直接改善社区的公共品供给能力，同时能够推动社区治理体系的优化。此外，在社区中，集体资源的分配和使用，往往与社区秩序、社区和谐、社区文化等议题直接相关，合理分配和使用农村集体经济收入，能够在涵养乡风民风、弘扬积极文化、引导村民合作、促进社区和谐方面发挥作用。

（3）壮大贫困村集体经济为夯实党在农村执政基础提供有力支撑

党的领导是办好农村事务的关键，但不少贫困村村级组织薄弱涣散、凝聚力不强，甚至干群之间矛盾冲突较为突出，直接影响到村里各项工作的运行，在分裂与内耗中，错失各种发展机遇，由此亦影响群众对党的领导和国家政策的认同，不利于巩固执政基础。农村基层党组织建设固然是一项需常抓不懈的重大任务，是涉及阵地建设、制度建设、干部队伍建设等多项工作内容的系统工程，但建好农村集体经济则无疑是基层党建的重要抓手。有了集体经济，就能够做到群众身边事有人管、有人问，能够团结和带领群众发展生产、改善生活，为老百姓办事就有了财力上的保障。

2. 完善贫困村基础设施建设、保障基本公共服务供给

基础设施建设是贫困地区脱贫攻坚的基础，基础设施建设既是贫困村发展的原因，又是发展的结果，两者相互促进。首先，基础设施是基本民生保障。近年来，我国不断加强贫困地区基础设施建设，贫困地区全面实

现了村村通电、村村通路、村村通电视；医院、学校等硬件也实现升级换代，一些行政村有了幼儿园，群众生活面貌有了较大改善。但从城乡统筹发展和全面小康标准来看，很多贫困乡村的基础设施建设还不够完善，标准较低，需要进一步加强、提高。其次，基础设施是发展产业的先决条件。产业是脱贫致富的基石，基础设施是产业发展的重要基础。当前，村村通电、村村通路已基本实现，但与此同时，能够带动贫困地区工业、农业、旅游、物流等现代产业发展的高等级公路、铁路甚至航线还很欠缺，很多地方通信设施还比较落后，信息化水平低，不具备发展电子商务等新兴产业的条件。部分地区更是因为严重缺水，影响了更多工商资本参与产业扶贫，制约着贫困地区的产业发展。最后，基础设施是提高公共服务水平的重要平台。近年来，随着新农村建设不断深入开展，文化、商业服务、通信、园林绿化等为发展农村生产和保证农民生活而提供的公共服务越发受到重视，农民幸福指数大为提高，提升人口素质、助力扶贫开发的“软实力”更是因此而增强。但也应看到，目前一些贫困地区的文化、商业服务等基础设施不够完善，条件还比较简陋，导致一些公共服务难以有效开展。

《中共中央　国务院关于坚持农业农村优先发展　做好“三农”工作的若干意见》也提到，要补齐农村基础设施和公共服务短板。农村基础设施和公共服务落后，是城乡差距最直观的表现，也是农民反映强烈的一个民生痛点。所以，要加快补齐短板，改善农村民生。要实施村庄基础设施建设工程，加强农村饮水、道路、用电、住房、物流、信息网络等基础设施建设，提升农村教育、医疗、卫生、社会保障、文化体育等公共服务水平，加强农村污染治理和生态环境保护，推动农业农村绿色发展，主要通过水利、交通、电力、通信、住房、改厕、村容改造、教育、医疗、公共文化服务等方面的改善，推动贫困村村级发展能力的不断提升，建设山清水秀、天蓝地绿的生态宜居乡村。

（二）脱贫攻坚之前贫困村发展情况

岳西县是大别山区唯一一个集革命老区、国家重点贫困地区、纯山区、国家级生态示范区、国家重点生态功能区“五区”于一体的县份，作为大别山连片扶贫开发核心区，贫困村自然条件恶劣，农业生产的脆弱性严重。作为长江中下游平均海拔最高的纯山区县，平均海拔600米，加之耕地面积较少，人均不足0.5亩且土壤贫瘠，干旱、强降雨、低温冻害、山洪等自然灾害多发，破坏性强，水利等基础设施薄弱，严重制约着贫困村的发展。

1978年，按照国家确定的贫困标准，岳西县有贫困人口31.3万，占全县农业总人口的95%，农民人均纯收入63元，为全国平均水平的47.2%。1978年5月，安庆地区扶贫试点工作在岳西县石关公社（石关乡）展开，经调查评定出扶贫对象258户，全县扶贫工作正式开始。1985年，岳西县被列为首批国家重点贫困县，安徽省将岳西县列为全省重点扶贫县，当时全县未解决温饱的人口（绝对贫困人口）24.7万，贫困发生率为72.3%，农民人均纯收入188.5元，分别为全省、全国平均水平的58.5%和47.4%。长期以来，“松当灯，椒当盐，养猪为过年，鸡蛋换油盐”是贫困村百姓陷于深度贫困的真实写照。

据农业部经管司2015年的一项统计数据显示，2014年全部统计的58.4万个村庄中，无经营收益的村达32.3万个，比2013年增长1.1%，占总村数的比重为55.3%，比2013年提高0.8个百分点；经营收益在5万元以下的村（不含无经营收益的村）12.7万个，比2013年降低7.3%，占总村数比重为21.7%，比2013年降低1.6个百分点；经营收益5万元以上的村13.4万个，比2013年增长3.0%，占总村数的23.0%，比2013年提高0.7个百分点。这就意味着有接近77%的村集体无经济收入或集体经济收入小于5万元。据相关调查，有接近八成的贫困村属于集体经济“空壳村”，而有集体经济收入的村里面，又有接近半数年集体经济收入不足5万元。此外，一些村由于前期盲目上马发展项目或盲目发展村级基础设施和公共服务，导致村级集体经济负债较高。

实施精准扶贫以前，岳西县在村集体经济发展方面缺乏明确的实施细则，村级集体经济的发展实践仍在不断探索当中。2012年之前，岳西县村集体收入空白村比例达80%以上。2014年以前，有集体经济收入的村庄占比仍不足70%，有集体经济收入的村庄多为非贫困村，地域也集中在交通等基础设施较为发达的地区。其中年收入达到5万元以上的村庄占比不足50%，美好乡村建设中“缺钱办事”等现实困难较为突出。原有的村集体经济，如村级茶叶加工厂也大多随着市场经济的发展遭到淘汰，各种类型的老旧村集体经济实体倒闭的现象也屡见不鲜。村级集体经济发展能力不足，村级集体资产收入水平低下，进而导致贫困村基础设施建设和村级公共服务资金短缺。向上要钱的做法不可持续，向下要钱的做法政策不允许，村级自身发展又无力，直接制约着贫困村的脱贫和村级发展能力的有效提升。

2014年建档立卡时，岳西县识别确立的65个贫困村分布在除政府所在地的天堂镇以外的其他23个乡镇，每个乡镇平均3个左右，绝大多数贫困村分布在相对偏远的山区和县域边界地区，生态环境十分脆弱，自然条件恶劣，资源缺乏，交通闭塞，基础设施和基本公共服务差，缺乏一定的支柱产业，村集体经济收入几乎为零，发展较为缓慢。加之与现代市场衔接不足，尽管诸如茶叶、高山蔬菜、蚕桑等特色经济作物的销售不难，但在整个产业链中却处于最低端，收益普遍不高。这些贫困村的农户实际上通过传统种植经营是可以实现自给自足的，但由于缺乏基础设施（尤其是道路和水利设施）和基本公共服务以及政策制度供给不足，导致长期处在一种温饱式的低收入水平循环中，无法实现家庭收入的进一步增长和累积；与此同时，这些贫困村地处偏远山区，区位条件差，从而导致岳西县特色经济作物的比较优势发挥不足，农民增收受限。总体来看，这些贫困村并非传统意义上的生存性贫困，而是发展性贫困、制度性贫困、结构性贫困。

以青天乡老鸭村为例，青天乡是一个边远山区乡镇，由于社会历史原因和自然条件的限制，全乡的贫困面大、程度深。在2014年贫困户建档立卡时，全乡8个村177个村民组10306个农村人口中，贫困村4个，占全乡行政村的二分之一；贫困户1389户，占全乡总户数的42.6%；贫困人口4209人，占全乡农村人口的38.2%。老鸭村位于青天乡北部，距乡政府10千米，距县城36千米。全村辖25个村民组，428户1604人。实施精准扶贫以前，村内无龙头企业，无合作组织，无集体经济来源。“路”和“水”的问题，一直是制约老鸭村发展的两块短板。2014年以前，全村虽通简易公路，但仅有一条4.1千米长的硬化道路，大多数道路还急需硬化。此外，老鸭村境内水系广布、沟壑交错，遇到夏季山洪暴发，堰渠、河坝往往损毁严重，严重影响农业生产。基本公共服务方面，4个村小组2014年以前无手机信号。地处边远地区，加之村级小学撤并，本村孩子上学变得十分困难。2014年以前，村部沿用20世纪80年代原道义乡政府办公楼，为土砖房结构，村内无任何公共文化服务设施。山高岭大、地处偏僻、自然环境差、无集体经济来源、基础设置建设薄弱，都成为制约该村经济发展的屏障。老鸭村曾是全县有名的贫困村，2014年贫困发生率达39%，建档立卡贫困户213户559人，其中五保户23户26人，低保户58户150人，扶贫户132户383人。

二、增强贫困村发展能力的具体实践

（一）加强基础设施建设，提高村级公共服务水平

1. 加快实施基础设施建设工程，提升村级发展能力

2014年以来，岳西县全力推进重精准、补短板、促攻坚，全面落实脱贫攻坚“十大工程”（道路畅通工程、农田水利和安全饮水工程、农村电力和通信保障工程、易地扶贫搬迁和危房改造工程、教育扶贫工程、医疗卫生扶贫工程、文化扶贫工程、劳动力素质提升工程、农村社会保障工程、城乡环境保护工程），凝聚起贫困村脱贫攻坚的强大合力。统计数据表明，实施精准扶贫以来，岳西累计投入基础设施建设资金173726万元，占全县总投资额的25.5%。岳西县全面加强贫困村基础设施建设，坚持在发展中保障和改善民生，使贫困村群众生产生活更加便捷，基础设施建设水平已超过全省平均水平。岳西县按照“多个龙头进水、一个龙头出水”的原则，把16个部门39项资金纳入整合范围，整合统筹资金达30亿元，同时推进贫困村和非贫困村水、电、路、网、房等五大基础设施和八大基本公共服务建设。

（1）道路畅通工程

实施道路畅通工程，除了加强对贫困村已建村级、组级道路硬化工程的管理和维护之外，还对居住分散户尚未硬化的道路进行硬化，并结合美丽乡村建设和旅游线路等建设项目，实施通户路工程，解决居住偏远的散居户的通户路硬化，同时实施贯穿村主干道拓宽工程，确保县域村级道路畅通安全。截至2017年12月，全县已有2053千米村级道路实施道路畅通工程，其中贫困村道路占比30%，非贫困村道路占比70%，兼顾贫困村与非贫困村的发展。

（2）农田水利和安全饮水工程

2014年以来，岳西县以精准脱贫统揽全局，以贫困村及贫困人口的水利需求为导向，多元化投入资金14.75亿元，着力补齐村级水利基础设施短板，夯实脱贫攻坚水利基础。落实“八小水利”“中彩公益金水利项目”“饮水工程”等水利项目，全面整治和修复河道、河坝、山塘，全面修复和修建堰渠、引水渠，打通农田水利“最后一公里”；修建村级饮水站，彻底解决集中居住区人饮安全问题。结合小流域治理、美丽乡村、防洪排涝、环保污水处理等项目，解决污水排放污染问题。近五年来，共建成计划内农村饮水安全工程510处，解决136188人饮水安全问题。实际完成投资6722.71万元，其中中央投资3134.48万元，省级投资1643.4万元，县级配套1944.83万元。同时县内自筹资金1321.8万元，解决了全县21个乡镇3588户11347人无水龙头户饮水工程，实现了贫困人口饮水安全工程全覆盖。

实施精准扶贫以来，累计建成小型农田水利工程4908处。共计投入资金44103.4万元，其中省级奖补资金9213.37万元，县级财政投入资金2924万元。全力推进灾后水利工程水毁修复和薄弱环节建设性治理工作。莲云乡等10个乡镇的防洪工程列入安徽省灾后水利薄弱环节建设性治理中小河流项目，共获批资金2亿元以上。

同时，为筹措更多资金补齐脱贫攻坚水利基础设施短板，岳西成立了水利投资公司，紧抓金融支持水利基础建设的契机，加快防汛薄弱环节治理，争取水利专项基金6.92亿元，实施8条河流综合治理及67座水库除险加固工程，均采取EPC模式面向全国招投标，这种设计、采购、施工一体化总承包模式在安徽水利史上属于首例。此外，还完成投资8223.76万元，实施11条小流域治理工程，极大地改善了山区生态环境；完成投资5993.96万元，分批实施小型农田水利项目，改善农田水利灌排条件。

案例 4–1 建设“四好”农村路 助推贫困村脱贫

“如今扶贫、修桥修路这些政策实在是太好了！像这条妙道山公路，过去泥巴路，一到下雨，车子就打滑，也没多少车子跑。现在每一次修，标准都越来越高，修成这么好的路，就跟城市的道路一样！”妙道山公路沿线村庄群众说。妙道山公路是一条旅游公路，不但连接五河镇和河图镇两个乡镇，还连接妙道山和天峡景区两个4A级旅游景区。路修好了，来来往往的游客就多了，沿线村庄老百姓家家户户也都盖起了楼房，开起了农家乐，日子也变得越来越好过了。

岳西县过去的乡村道路，“晴天满身灰，雨天一身泥”是其真实写照。修建一条像样的村级道路，一直是当地村民迫切的心愿。近年来岳西加大农村公路基础设施建设的速度，很好地把握住这一历史发展机遇，为岳西脱贫攻坚顺利摘帽赢得较高的群众满意度。据了解，“十二五”期间，岳西县共完成农村公路危桥改造136座，总投资8450万元。2016—2017年，完成农村公路危桥加固改造23座，完成投资2362万元，改造和新建桥梁182座，投入建设资金1.33亿元。2018年，完成300千米非贫困村内道路硬化工程。从2018年起，将用两年时间实施1840千米的农村公路扩面延伸工程。进一步补齐一批“末梢路”、打通一批“循环路”、建设一批“产业路”，继续完善农村路网体系。

道路是推动地方经济和社会发展的重要基础，以前没有路，村里没有产业，现在路修好了，提高村级经济收入的路子也越来越宽了。如今岳西道路交通环境的改善，为贫困村的发展带来了实实在在的好处，更为后脱贫时代巩固脱贫成果打下了坚实基础，给岳西农村经济社会发展插上了腾飞的翅膀。

（3）农村电力和通信保障工程

自实施电力和通信保障工程以来，岳西持续开展农村电网升级改造工程，排查村级农网改造情况，实施农网改造升级，全面消除农村电力盲区。经过改造，供电供区已基本保障村级所有农户用电要求，水电供区也基本能够满足村级农户用电要求。通信移动网络覆盖受地理环境影响，“三偏”地区仍有通信网络覆盖薄弱甚至未覆盖区域。通信保障工程全面实施农村盲点末端通信设施建设，确保所有村组实现网络畅通。强化“网”融合，推进智慧乡村建设。2014 年以来通信保障工程共统筹国网供电岳西公司、县水电公司建设农网改造项目 40 个，总计投入资金 5476.62 万元。县内各通信运营商农村信息化工程建设项目 68 个，落实建设资金 1443 万元。根据摸排后实行移动、电信、联通三家公司认领的方式，实现共享和新开通基站 46 个，逐步解决了全县涉及 71 个行政村 284 个村民组的移动网络信号覆盖问题，经核查，全县农村所有村民组至少都有一家通信公司的网络信号覆盖，这为岳西贫困村脱贫摘帽提供了有力保障。

案例 4–2　山区水利精准扶贫的生动实践

“现在我们的山塘可漂亮了。不仅清除了 30 多年没有清理过的淤泥，还浇筑了钢筋混凝土防渗墙，灌溉、洗衣都方便多了！”在白帽镇朱查村大塘组，78 岁老人徐家高特别高兴地介绍，“现在只要轻松打开山塘岸边的闸阀，村民就能灌溉农田，而且美丽的环境也让周边村民感觉舒适了很多”。

受山高河陡、河道落差大等地形的影响，“有水难存”是岳西山区贫困的根源之一。加之自然条件恶劣、历史遗留问题较多，水利基础设施薄弱的状况未能彻底扭转，因水受困、因水成灾、因水致贫现象仍然较为突出。因此，岳西水利扶贫的首要任务就是实现贫困人口的民生改善。

白帽镇就是岳西县开展民生水利工程建设扶贫的一个代表。在全县，岳西县水利局以“八小水利”和农村饮水安全两大民生工程为重点，共新建及加固水闸 14 座，清淤扩挖塘坝 3845 处，改造中小灌区 1.4 万亩，清淤沟河 845 条。针对山区饮水安全工程标准低的问题，岳西县多方筹措资金，按照“村村通自来水、户户饮放心水”的总体要求，采取新建、扩建、配套、改造、联网等措施，共建成农村饮水安全工程 186 处，累计投入资金 2532.24 万元，解决了全县 186 个村（社区）35555 人的饮水安全问题。到 2017 年 9 月底，岳西县实现贫困人口饮水安全工程全覆盖。

岳西县以水资源“三条红线”为底线，通过新建、修复和配套一些蓄引排工程，发展节水灌溉工程，水利基础设施日臻完善，达到“涵水、引水、节水、净水、兴水、保水”的目的，为促进农业产业结构调整创造了条件。水利兴，天下定；仓廪实，百业兴。在岳西，以水利基础设施建设助推贫困村脱贫的生动实践仍在进行。

---

2. 提升村级公共服务水平，打通“最后一公里”

只有让贫困村拥有进行社区公共服务供给的能力，才能给贫困村带来持续的发展动能，这对于提升村集体自我发展能力也是极其重要的，只有这样才能推动贫困村真正实现可持续发展。提升村级公共服务水平，要从完善配套设施的功能开始，岳西按照“五通”标准和“四净两规范”的要求，统筹推进贫困村道路、水电、教育、卫生、文化广场、环卫等公共配套设施建设，让每个村庄环境美起来、路灯亮起来、垃圾装起来、公共服务优起来。

完善公共服务设施建设也是提升村民幸福感和促进村庄社会发展的有效措施。岳西县作为国家级贫困县和山区县，由于人口居住分散、村庄辐射范围广、镇村距离远等特殊原因，村民办事非常不便。自从实施精准扶贫以来，全县针对贫困村公共服务落后、基础设施薄弱等发展障碍，新建村一级的办事服务中心，全面实现公共服务的下沉。在对公共服务的投入方面，针对贫困村和非贫困村都完善了村一级的公共服务平台，从而从村庄一级实现了公共服务的均等化，并且提升了村一级的治理能力。

自从精准扶贫实施以来，岳西县强化了对村级公共服务中心的建设，将很多部门的公共服务职能下沉到了村级，村民再也不用跑到乡镇政府去办事了，这也是岳西在脱贫攻坚过程中探索的一项重要举措。如今在贫困村可以看到村级便民服务中心，民政社保、党员服务、便民服务、计生服务等都可以在这里办理，大大方便了村民办事。随着村庄公共服务功能的不断完善，村干部的职业素质也得到了极大的提升，村庄公共服务中心和县乡一级职能部门一样，实行 8 小时工作制。无论是在岳西的贫困村还是非贫困村，公共服务的不断完善和下沉解决了国家扶贫资源和对农村投入的“最后一公里”问题，从治理角度来看，大大提升了村级治理能力，而且减轻了乡镇一级的工作压力，也提升了贫困村的自我发展能力。

公共服务的下沉是岳西县在脱贫攻坚过程中探索出来的新做法，对于岳西这样的山区县来说，这种公共服务的下沉将有效提升国家对于基层公共服务的供给能力，从而解决公共服务在村庄一级的“最后一公里”问题。在实践探索中，这一有效做法实现了贫困村与非贫困村公共服务供给的常态化，这种模式是在贫困村精准扶贫过程中探索出来的，当前已经拓展到了非贫困村。无论从基层治理还是农村公共服务的供给方面看，这种做法都具备一定的科学性和前瞻性，对其他地区的公共服务供给也具有良好的借鉴意义。

（二）推进美丽乡村建设，改善村级人居环境

岳西县美丽乡村建设以生态环境保护为出发点，注重保护山、水、田、林、园、塘等自然资源，保留田园的原始风貌，坚持不推山、不填塘、不砍树，保护好村镇千百年来传承的自然景观等。现有建设并不是在村庄全域建设美丽乡村，而是以中心村为重点，首先支持中心村建设，再向其他区域扩散。因此，岳西县首先投入资金4.6亿元，实现乡镇政府驻地建成区环境整治全覆盖，实施67个省级中心村、11个市级中心村、58个县级中心村建设，占全县所有行政村的74.7%。在大力推进建设的同时也取得了丰硕的成果，岳西县的美丽乡村建设连续四年获得省市先进称号。根据不同乡镇的特点，岳西县打造了一批特色村庄，如中国十大美丽乡村菖蒲镇水畈村、中国美丽休闲乡村温泉镇榆树村等。在美丽乡村建设中，还积极培育发展以乡村体验游、民宿为代表的低碳旅游新业态，当前已建成省级美丽乡村61个。通过美丽乡村建设，改善了贫困村的人居环境，为村庄发展提供了良好的外部环境，也为村庄未来的可持续发展奠定了坚实的物质基础。

岳西县在美丽乡村建设过程中强力推进“三大革命”和“四净两规范”。“三大革命”即农村厕所、污水、垃圾革命，动员全民参与，政策补助每个厕所600—1000元，拆除旱厕10005个，改造旱厕6780个，拆改破旧牛栏、猪圈、柴棚和脚屋10062个；政策补助每个化粪池2000元，新建三格式化粪池15000个，中心村微动力污水处理厂和自然氧化塘188个；清理陈年垃圾4400吨。“四净两规范”即所有贫困户和非贫困户都要做到室内净、室外净、厕所净、个人卫生净，生产生活资料摆放规范，生

活家居配套规范，全面动员有劳动能力的群众主动开展自家房前屋后、室内室外环境卫生整治，通过志愿者服务等方式帮助解决生活不能自理的家庭开展环境整治，动员社会力量捐资捐物，帮助贫困户将生活家具配置规范。

在美丽乡村建设过程中，岳西县也充分认识到贫困村的需求，采取多种措施对贫困村提供政策、资金上的支持。一方面，提供政策上的支持，贫困村优先申报美丽乡村建设点，省市县中心村优先支持贫困村申报。截止到 2018 年，岳西县 65 个贫困村已经建成或在建省级中心村 21 个，市级中心村 8 个，县级中心村 21 个。其余 15 个贫困村也计划在 2019 年建设美丽乡村 11 个，2020 年 4 个，实现贫困村美丽乡村全覆盖。在县委、县政府的大力支持下，贫困村的发展取得了良好的成效。2018 年，岳西县 15 个省级中心村中贫困村占 11 个，4 个市级中心村占 2 个。另一方面，在资金上给予支持，对贫困村的支持资金比非贫困村安排得更多。2018 年开始，支持资金市级中心村按照 300 万元 / 村计算，县级按照 200 万元 / 村计算。2018 年，一般市级中心村，市里出资 100 万元，县里配套 100 万元，作为建设资金。贫困村市级中心村，市里出资 150 万元，县里配套 150 万元。2018 年岳西县市级中心村中 2 个贫困村的建设资金达到 300 万元，和省级中心村建设资金持平。优先安排贫困村作为市领导联系点，单独给予 10 万元作为联系资金。资金的支持为贫困村的可持续发展提供了坚实的基础。

2017 年岳西县实施城乡环卫一体化 PPP 项目，项目的社会资本主体是深圳玉禾田环境发展集团有限公司，政府资本是受岳西县政府委托的县城投公司。双方共同出资组建新的项目公司，注册资本为 4000 万元人民币，其中社会资本以货币形式出资占股 90%，政府以实物（现有环卫存量资产）对价出资占股 10%，合作采用 BOT 模式。新的项目公司主要负责县城建成区、岳西县24个乡镇集镇区及43个美丽乡村中心村道路和6个社居委的道路（街道）清扫保洁，农村道路、河道生活垃圾捡拾，公厕管理和保洁、化粪池清掏及转运，垃圾前端清扫保洁、工器具配置，垃圾转运站设备设置和建设，城乡各类垃圾收集、末端转运处理及环卫重大应急保障服务等全过程。项目目标是确保城镇生活垃圾收集率达到100%，无害化处理率达到100%，农村垃圾收集率达到90%，无害化处理率达到85%。虽然整个城乡环卫一体化项目是针对环境卫生建设这一目标的，但是在项目推进时积极与岳西脱贫攻坚相结合。一方面，为了实现作业项目的全覆盖，项目公司接管原有环卫作业人员600余人，新招聘环卫作业640人，共有员工1240余人。其中，聘用扶贫建档立卡员工645人、残疾人19人，总计664人，占公司员工总人数的49.55%。在人员上向贫困户倾斜，可以使贫困户家庭年增加劳务收入约1.5万元，既稳定了扶贫建档立卡人员的就业，也稳定了其家庭收入。另一方面，除了人员选聘外，在购置大宗商品和易耗品，如扫帚、垃圾桶、清洁工具和用品时，实现本地化采购，为当地企业发展提供帮助。除了与脱贫攻坚相结合，项目还与农村污水、厕所、垃圾“三大革命”，全域旅游创建相结合，覆盖城乡垃圾的清扫保洁的前端、中端和末端的转运，陈年垃圾的清运处理和公厕的运行管理，助力“三大革命”的实施。对于岳西县三个4A级景区，项目公司针对各景区的不同特点和不同要求，尤其是在重大活动和重要节假日提供精准、精细的特色服务。城乡环卫一体化PPP模式，依托政府资本+社会资本模式，充分利用社会资本资金优势、人才优势、投融资优势，让社会资本参与到岳西县建设中来，取得了显著的成果。这一特色之路，也被财政部列为全国第四批政府和社会资本合作示范项目之一。

案例 4–3　新浒村的美丽乡村建设

新浒村位于响肠镇西南部，距县城 12 千米，距响肠镇 4 千米，总面积 12 平方千米，辖 28 个村民组、607 户 2622 人。过去，新浒村基础设施薄弱、产业发展较为落后，2013 年底被列为全县 65 个建档立卡贫困村之一，贫困户 258 户 856 人。为了改变基础设施薄弱面貌、促进村庄环境建设，新浒村申请开展美丽乡村建设。

在编制建设规划过程中，村“两委”成员入户与村民座谈，了解村民的基本需求。规划分为三个层次，即村域规划、中心村建设规划和中心村近期整治规划。确定了美丽乡村的建设内容：新建农民文化休闲广场一座、新建水冲式公厕六座、铺设青石板道路 1000 米、新建浒漕河吊桥一座、新修沿河步道 500 米、房屋改貌 14 户、绿化 6000 平方米、路灯亮化 84 盏、环境整治、垃圾处理等。随后，新浒村制定了《关于对农村环境专项整治实施方案》，将房前屋后扫干净、院内院外摆整齐、垃圾处理无害化、圈厕整治规范化、农家田园生态化作为主要任务目标，并规定了实施时间。

在道路、河道等基础设施的建设和管护方面，制定《新浒村道路管护制度》，明确养护人员工作职责，针对不同道路情况给出相应的处理方式，设置了统一的道路指示牌。推进自来水改造工程，配备中心村供水管护人，使得中心村自来水普及率达到 100%，满足中心村居民正常供水。对村内近 10 年来未整治过的河道进行清淤治理，疏通排水口等工作，改善了河道两旁的环境，让“水活了起来”。在环境整治方面，首先，设立村级卫生宣传标识，开展村内房前屋后环境整治工作，对电力通信等凌乱垂落线缆进行整治；其次，制定了《新浒村环境整治项目生活垃圾处理管理制度》，污水处理针对不同区域采用不同的方法，非集镇区采用“连片治理”模式，集镇区污水排放量较大，直接纳入城镇污水管网进行统一集中处理。在环境美化方面，制定了《新浒村绿化管理制度》，邀请建设公司进行有限栽植，推进美丽乡村道路绿化提升工程，并对道班进村路口至村部及节点栽插品种做了规定。除了道路绿化，还通过种植垂柳和格桑花对浒漕河两岸进行绿化。

经过几年的美丽乡村建设，新浒村的村容村貌发生了巨大改变，形成了文明向上的风气。2015年，新浒村被定为全国、全省驻村帮扶工作现场会参观点，《经济日报》和省、市新闻联播等媒体进行了广泛宣传报道。

（三）盘活资产增加收入，壮大村级集体经济

农村集体经济是农村经济的重要组成部分，是社会主义公有制经济在农村的重要体现。扶持村级集体经济发展，壮大村级集体经济实力，是新时期新阶段对农村“统分结合、双层经营”基本经济制度的完善，是推进农业适度规模经营、优化配置农业生产要素、实现农民共同富裕、提高农村公共服务能力、完善农村社会治理的重要举措，也是挖掘农村市场消费需求潜力、培育农村经济新增长点的重要手段，对于统筹城乡发展、促进社会和谐、巩固执政基础和全面建成小康社会具有重大意义。

据农业部经管司2015年的一项统计显示，2014年岳西县全部统计的58.4万个村中，无经营收益的村达32.3万个，比2013年增长1.1%，占总村数比重为55.3%，比2013年提高0.8个百分点；经营收益在5万元以下的村（不含无经营收益的村）12.7万个，比2013年降低7.3%，占总村数比重为21.7%，比2013年降低1.6个百分点；经营收益在5万元以上的村

13.4万个，比2013年增长3.0%，占总村数的23.0%，比2013年提高0.7个百分点。这就意味着有接近77%的村集体经济无收入或集体经济收入小于5万元。

2012年之前，岳西县村集体收入空白村比例达80%以上，自精准扶贫以来，岳西积极探索村集体经济的组织化形式，每个村均成立了村集体所有的公司，负责村集体资产管理运营等工作，不断壮大集体经济收益。岳西县农村的集体经济收入从无到有，不断壮大。2017年，岳西完成脱贫攻坚主攻任务，65个贫困村全部出列，182个村级集体经济年收入全部达到10万元以上，为村集体的基础设施和基本公共服务改善提供支持，并为村民提供分红。

1. 建设贫困村集体光伏电站

2016年，岳西县在全国首创PPP模式运作光伏扶贫项目，包括188个村（社区）100千瓦以上集体光伏电站项目。其中贫困村村集体光伏电站建设规模每个60千瓦，落实在全县65个重点贫困村。贫困村安装集体光伏电站，仅此一项为贫困村每年增加村集体经营性收入10万元。每处村集体光伏电站总投资48万元，按照政府担保贷款30万元，财政贴息，扶贫资金支持11万元，选派资金5万元，村级自筹2万元的模式筹建。如果发展其他产业项目，每个贫困村还可以获得100万元村集体经济贴息贷款支持，这些政策的落实对贫困村集体经济的发展具有关键的作用，村级集体经济的发展将影响到村庄未来的自我发展能力，只有具备自身可持续的发展能力，贫困村才能稳步脱贫并走向全面小康。

案例4-4　光伏给贫困村村集体经济带来新增长点

随着并网电表数字的跳动，毛尖山乡红旗村、林河村两个村级光伏电站全部正式并网发电。红旗村、林河村均是2013年建档立卡贫困村，两村分别建成的60千瓦村级光伏电站属于2015年全县计划建设的40个村级光伏电站项目。电站建成后，每年将为各村增加集体经济纯收入6万元以上，助力贫困村脱贫。红旗、林河两个村级光伏电站并网发电，标志着毛尖山乡2015年两个村级光伏电站建设任务全面完成。岳西县头陀镇梓树村，由于地理位置偏远、基础设施落后、贫困面广、贫困程度深，如何为贫困村集体经济找到一条符合实际的发展之路成为当务之急。2014年，到村挂职的扶贫干部郭逢春发现梓树村日照时间长，建光伏发电站条件好。2015年，在上级的项目资金支持下，一座投资120万元的150千瓦光伏电站建成并网发电。现在，这座电站每年给村集体带来直接经济收入15万元。岳西县在全国首创PPP模式运作光伏扶贫项目，截至2017年底，全县182个行政村均建起一座100千瓦的光伏电站，村集体经济年均增收10万元，全县182个村级集体经济年收入全部达10万元以上。

---

2. 设立村级扶贫工厂（车间）

岳西县通过加大招商力度，探索“招商企业（项目）+村集体经济+贫困户”模式，建设贫困村扶贫工厂（车间），实现村集体经济、贫困户双增收和企业发展目标。扶贫车间模式的创建，不仅拓宽了贫困村集体经济收入渠道，还探索出贫困人口就近就地转移就业的新路径，充分挖掘了贫困村在劳动人口、特色产业、闲置土地等方面的优势资源，将贫困人口转移就业的“先天劣势”转化为人力资源的“后发优势”，意义深远。当前，“扶贫车间”已经成为贫困村精准脱贫、增加收入、助推发展的重要渠道。各贫困村通过扶贫工厂（车间）的建设，取得了贫困人口有效脱贫、企业缓解招工难题、村集体经济发展壮大、贫困地区就业创业活力增强的“多赢”成效。

案例 4–5 扶贫工厂何以带动贫困村发展

冶溪镇创新“幸福脱贫”模式，通过建立扶贫工厂，促进村集体经济增收。通过探索“扶贫工厂（车间）+ 集体经济”模式，在现有工厂、车间基础上完善提升一批脱贫工厂（车间），实现企业标准化和规范化建设达标升级，实现村集体经济、贫困户双增收和企业发展目标。2017 年初，冶溪镇每村平均都建设了 1 个扶贫工厂（车间），实现来料加工产值 2900 万元。其中，桃阳、大山两村引进招商企业新建箱包车间，石咀村、罗铺村、白沙村探索引进黄山贡菊，建设“菊花基地 + 集体经济”模式。推行贫困村将集体资产、扶贫项目资金、帮扶贷款等量化为贫困户股份共同出资创办企业，发展龙头扶贫特色产业，通过股份合作分红带动贫困村增收，实现资源变资产、资金变股金、农民变股东，带动贫困村集体经济发展。

3. 创新贫困村“三变”发展模式

推动贫困村以资源变资产、资金变股金、农民变股东的新模式来发展，共完成 188 个村（居）集体经营资产改革，盘活集体林地、耕地、水域资源 1.4 万亩，水电站、空置小学、房产等集体资产 5420 万元，整合涉农产业项目资金 4200 万元，吸收农户入股 1200 万元，以“支部 + 公司 + 农户”“支部 + 扶贫工厂 + 贫困户”等方式运作村集体资产，所有集体经济组织领办人都是村（居）“两委”成员，在很大程度上提高了村集体经济发展动能。

案例 4-6　创新扶贫工作机制，以“三变”带动集体经济

岳西县积极创新扶贫工作机制，制定出台“三变”实施工作方案，开展“三变”和资产收益扶贫。以产业扶贫为抓手，积极引导村集体、贫困户以土地山场资源、财政扶贫资金、资产等入股龙头企业，发展农业规模经营和农产品加工，实现保底收益稳定分红，促进“资源变资产、资金变股金、农民变股东”。全县遴选试点村52个，开展“三变”试点，其中贫困村28个，共计设立总股份1.23亿元，其中村集体以资金入股2837万元，以资产折股2032万元，吸引经营主体以资金、技术或资产入股4626.4万元。冶溪镇西坪村通过种养合作社模式运作“三变”改革，2018年合作社产值191万元，纯收入33.6万元，村集体分红15万元。徽宏茶叶公司与菖蒲、田头两乡镇10个村开展资金股份合作，吸引入股资金1000万元，村集体年实现稳定分红41万元。据不完全统计，全县“三变”入股分红1250万元，通过推进“三变”改革，有力地促进贫困村集体增收。

4. 其他创新举措

岳西县以政策资金引导市场对贫困村集体经济进行投融资，县财政每年拿出300万元作为银行风险保证金放大融资倍数，重点支持大学生回乡工程人员创办领办集体经济。退宅还耕土地增减挂交易村均奖励70万元，均作为村集体经济资本金。县农投公司利用农发行扶贫政策融资5亿元、8年期，支持村集体发展特色优势产业。通过对村级集体经济的扶持，让贫困村资产保值、增值，提升了贫困村的自身发展能力。

截止到2017年，全县188个村（社区）集体经济收入都超过10万

元，65 个贫困村均超过 16 万元，还有 2 个村超过 100 万元，进入国家重点贫困县消灭空白村且超过 10 万元的前列。此外，岳西县还探索优化村集体资产分配新模式，对村集体经济收入除分红和成本以外收益分配模式进行创新，其中 50% 用于村级“双基”建设，30% 保留作为村集体发展基金，20% 作为奖励金。这种分配模式的创新在实现减贫的基础上也实现了村庄管理有序和组织化，对巩固脱贫攻坚成果、提升村级发展能力和乡村振兴具有重要意义。

（四）强化基层党建，推动村级治理能力提升

脱贫攻坚是全面实现小康的最大政治任务，基层党组织引领贫困村发展是扶贫开发的重要举措。为提高政治站位，坚持县乡村三级书记一起抓，县干包片，单位包村，抽调县干、部门单位负责人担任乡镇、贫困村脱贫攻坚专职书记，因村选派 182 名优秀干部担任贫困村扶贫工作队长。实行扶贫工作专班、贫困村结对帮扶、村集体经济产业技术指导实现全覆盖。组织党员致富能手牵头发展村集体经济，注重把党组织建在贫困村扶贫一线，提升贫困村党建活力。这样史无前例的强大组织力量的投入，确保了贫困村党建引领村集体经济发展目标的实现。关河村委会副主任、回乡大学生吴松青以中石化 145 万元扶贫资金作为资本金，吸收其他 7 个贫困村集体资金或闲置土地入股 + 流转群众土地入股 + 贫困户小额信贷入股，资产按折股分红，资金按 6% 收益固定分红，带动 280 户贫困户年均增收 8000 元以上、800 户群众年均增收 1000 元以上，8 个贫困村集体经济年均增收 10 万元。

岳西县扶贫开发领导小组于 2014 年 10 月出台《关于建立“单位包村、干部包户”定点帮扶制度的实施意见》，对全县每个建档立卡贫困村都确定一个定点帮扶单位，通过定点帮扶，进一步强化包村帮扶单位扶贫责

任，更加广泛动员调动各方面的力量参与贫困村的发展。岳西县委组织部也出台了《关于派出驻村扶贫工作队暨第六批选派干部到村任职的通知》等文件，岳西县脱贫攻坚指挥部也出台了《岳西县脱贫攻坚干部包保工作方案》，加大对帮扶干部、驻村工作队或第一书记、大学生回乡人员的整体队伍建设，有力打造想干事、能干事、干成事的干部队伍。围绕解决贫困村干部无盼头、怕出头的问题，岳西县坚持机制创新，推进正负两面结合，出台相关政策，将贫困村脱贫与基层党建互相促进。通过落实上述举措，岳西县对贫困村干部队伍的建设更加有力，推动贫困村村级治理能力不断提升，有利于贫困村的脱贫与可持续发展。

三、贫困村脱贫与可持续发展的岳西经验

（一）完善基础设施、保障公共服务是贫困村实现脱贫摘帽的重要基础

1. 贫困村脱贫，基础设施建设要先行

到2020年，我国要在贫困地区建成广覆盖、深通达、提品质的交通网络，实施“双百工程”。包括实施百万千米农村公路建设工程，实现乡镇和建制村通硬化路、通客车，改造公路危桥，改善贫困地区发展旅游产业等的交通条件。岳西县加快“畅通工程”建设正是改善贫困村发展条件的重要内容。水利基础设施建设也是农业生产顺利进行的基础性工程，岳西县通过加快贫困村水利基础设施建设，改变了贫困村发展中长期面临的最直接、最现实、最迫切的“水问题”。贫困村基础设施建设情况和通达率直接关系到贫困村脱贫摘帽和今后一段时间自身发展需求的满足。进一步加强贫困村的基础设施建设，改善发展环境，为贫困村精准脱贫创造了先决条件。

2. 贫困村脱贫，基础设施要建养并重

贫困村基础设施建成之后，对其进行养护也是极其重要的一个环节。俗话说“三分建，七分养”，充分说明对基础设施进行养护的重要性。因此，重视基础设施的养护是关系到贫困村当前及今后一段时期可持续发展的重要问题。为在解决“用得上”问题之后，逐步解决“用得好”问题，岳西县一方面针对贫困村基础设施养护，制定了相关制度、出台了相关政策，并充分考虑基础设施在使用过程中各种潜在的风险隐患，编制出基础设施改造和完善的建议计划，并进行有效监督管理，把基础设施养护资金纳入财政预算，建立起基础设施养护长效机制。另一方面，定期组织专业技术人员对贫困村基础设施进行调查和技术评定，将调查和评定结果纳入绩效考评，建立相应数据库，并进行动态调整。在岳西县的实践中，贫困村基础设施养护质量和效率不断提升，为贫困村稳步脱贫走向小康奠定了坚实的基础。

3. 贫困村脱贫，公共服务投入要充足

贫困村基本公共服务供给是一项系统工程，需要巨大的资金投入。岳西县在贫困村的公共服务供给实践过程中，不断拓展贫困村基本公共服务资金的来源和渠道，保证充足的资金供应。一方面，根据贫困村贫困程度，合理确定基础设施建设财政补助标准。不断优化预算内贫困村公共服务项目投资及管理各个环节，岳西县政府在有关资金项目管理规定和实施方案的框架内，统筹目标相近、方向类似的相关转移支付资金，用于贫困村公共服务项目建设。另一方面，岳西县针对贫困村公共服务供给的具体情况和条件，选用合适的投融资模式。积极组织、鼓励、动员包括中石化在内的社会各界进行协助，形成国家、地方、社会共同参与的局面，集中人力、物力和财力对资金进行有效管理，提高资金的使用效率。同时加大国家开发银行、中国农业发展银行等金融机构的信贷资金支持力度，充分发挥开发性、政策性金融机构导向作用，完善贷款贴息政策，不断提高贫困村公共服务供给水平，让贫困村和非贫困村一样拥有良好的发展条件。村级基本公共服务的改善为贫困村减贫发展提供了物质基础。

（二）改善村庄环境、构建村级平台是贫困村提升自我发展能力的关键环节

岳西县找准美丽乡村建设与脱贫攻坚工作的结合点，规划建设向贫困村延伸，资源向贫困村倾斜，通过完善人居环境，提升基础设施水平，促进贫困村自我发展能力整体提升，助推脱贫攻坚行动。岳西县在落实中心村布点的同时，相关部门将规划与贫困村相结合，采取竞争激励申报机制，把贫困村优先列入美丽乡村中心村规划建设。岳西县还连续几年出台促进现代农业发展若干政策，加快“建设村庄”向“经营村庄”的转变，整合发挥“旅游 +”带动功能，把美丽乡村打造成乡村旅游聚集区和综合体。在65个建档立卡贫困村中，岳西县选择21个旅游资源较为丰富的村实施旅游产业扶贫，整合建设资金和项目，在旅游规划、旅游硬件设施中给予支持。

岳西县还推动各项资金向贫困村汇聚，对贫困村规划建设中心村，由财政拨付每村100万元专项资金。同步改进专项资金拨付方式，由过去“以奖代补”转变为“因素测算法”，上半年一次性下达预算支出指标。现在资金使用重点更加突出，有40%的专项资金被集中用于农村改水改厕和垃圾处理等民生工程。岳西县整合涉农资金，有效带动社会资金投向贫困村和美丽乡村建设。还把社会养老服务体系建设纳入美丽乡村建设范围，在中心村规划建设中统一设计建设老年人活动中心。贫困中心村的五保老人，由政府集中供养、统一建房。

连续实行县级领导、县直单位结对帮扶美丽乡村制度，重点结对帮扶贫困村中心村，从项目、资金、物资、技术和信息等方面给予支持。举办

美丽乡村建设专题培训班，邀请上级部门有关规划建设、产业发展等方面的专家为村级负责人授课。开展“百企帮百村”脱贫攻坚行动，带动美丽乡村贫困户发展产业，促进多方受益、合作共赢。在绿化管护、环卫保洁等村内公益岗位优先安排贫困户，既让贫困户获得劳动报酬、增加收入，又能促进中心村长效管护机制的建立。

通常情况下，贫困村在公共基础设施和公共服务供给投入上缺少来源，因而可能陷入进一步贫困的恶性循环。岳西以美丽乡村建设为抓手，整合各方面资源，有效加大农村公共产品的供给，发展脱贫产业，使贫困村拥有可持续的发展能力，未来可凭借自身发展摘掉“贫困帽”，同步“奔小康”。

（三）壮大集体经济、盘活村级资产是贫困村实现产业兴旺的必要途径

1. 县级：统筹资源，保障发展环境

实施精准扶贫以前，岳西县级层面针对村集体经济发展缺乏明确的实施细则，村级集体经济的发展实践仍在不断探索当中。2014 年，安徽省委办公厅、安徽省政府办公厅发布了含金量高、优惠政策多、指导性强的《关于发展壮大村级集体经济的意见》(皖办发〔2014〕30 号）文件，岳西县也相应出台了《关于进一步发展壮大村级集体经济的意见》《岳西县村集体经济发展“351”目标工程的实施意见》等一系列政策，旨在增强村级组织自身“造血”功能，夯实农村基层党组织服务群众基础，为贫困村发展村集体经济，顺利实现脱贫摘帽营造良好的政策环境。

2013 年起，县财政每年拿出专项奖励资金 300 万元，鼓励扶持村级集体经济发展。2017 年农村居民人均可支配收入 10533 元，村集体特色产业收入占农民人均可支配收入 50% 以上，成为贫困村脱贫摘帽的关键渠

道。2019 年，全县 188 个村（社区）集体经济纯收入均达 22.4 万元以上，最高达 115.2 万元，其中 65 个建档立卡贫困村平均年收入达 16.7 万元。在县级统一部署和统筹协调下，各村集体经济不断发展壮大，村级发展能力进一步提升，为岳西县高质量脱贫、推动乡村振兴打下了坚实基础。

2. 乡镇级：因地制宜，搭建发展平台

在岳西县发展村集体经济的实践过程中，各乡镇承上启下，根据自身实际，瞄准发展特色，为贫困村发展集体经济实现稳步脱贫搭建起发展平台。一是搭建资源平台，乡镇一级设立集体经济发展“资金池”，整合各类集体经济发展资源，重点扶持贫困村集体经济发展。用好集体经济贷款优惠政策，为贫困村获取集体经济发展融资提供渠道，为贫困村的脱贫提供资源保障。二是搭建服务平台，从乡镇层面保障贫困村集体经济发展工作机制落实，依据本乡镇产业发展特色，加强贫困村集体经济发展队伍建设，选拔发展能人引领带动村级集体经济又好又快发展。通过帮助贫困村分析集体经济发展滞后原因、制订村级发展计划、落实发展措施、履行帮扶职责，充分利用乡镇统筹发展资源，帮助贫困村发展集体经济。三是搭建项目平台，在乡镇一级编制集体经济发展规划，建立集体经济项目库，按照年度调整，让贫困村集体经济发展项目来源充足且有保障。

3. 村级：量体裁衣，自寻“造血”项目

各地贫困村的发展基础和自然条件各异，宜在不同村庄实施不同集体经济发展的方式。有的贫困村具有一定的现实发展基础，则通过设立扶贫车间（工厂）、村集体创立旅游公司等模式发展集体经济，探索“扶贫工厂（车间）+ 集体经济”，或通过“招商企业（项目）+ 村集体经济”模式建设村脱贫工厂（车间），在现有工厂、车间基础上完善提升一批脱贫工厂（车间），实现企业标准化和规范化建设达标升级，实现村集体经济增收和企业发展目标，带动贫困村集体经济不断发展壮大。围绕自然资源禀赋，贫困村还可以发展“资源开发型”集体经济。贫困村可利用自然风光优美、乡土气息浓厚、生态资源优越等条件，从乡村旅游、观光农业、休闲度假等方向入手，打造一些具有引领效果的田园综合体、农旅观光结合项目，把美丽自然风景转化成美丽集体经济。有的贫困村通过农村产权流转和交易获得集体经济收入，通过开展贫困村承包土地经营权、集体林权、小型水利设施使用权、“四荒”“四边”地使用权、农业类知识产权、农村集体经营性资产出租等流转交易，拓宽了村级集体经济增收渠道。有的贫困村自身发展基础仍然薄弱，无法在短时间内依靠村集体经济项目获得可观收入，这种情况则通过政府转移支付，让发展滞后的贫困村获得部分集体经济收入，便于后续建设完善村级基础设施和供给村级基本公共服务。

四、岳西稳步推进贫困村脱贫摘帽的理论与政策启示

（一）集体经济兴旺是贫困村可持续发展的前提

乡村振兴是新时代“三农”工作的总抓手，是解决区域发展不平衡的重要举措，是全面建成小康社会、实现中华民族伟大复兴中国梦的重头戏。而大力发展以村集体经济为代表的村级产业则是实施乡村振兴战略的重要内容，也是推动乡村现代化的必由之路。乡村振兴要坚持有的放矢。当前，我国区域发展不平衡最突出的表现在贫困村，全面建成小康最突出的短板在贫困村。振兴乡村，就是要聚焦乡村最突出的问题和短板，“对症下药”。产业兴旺、生态宜居、乡风文明、治理有效、生活富裕是乡村振兴战略的总体要求。贫困村作为一个社区，其管理能力的可持续提升，前提应该是保证村级集体产业兴旺，才能带来生态宜居、乡风文明、治理

有效和生活富裕。

村级集体产业不兴是乡村振兴的突出短板。促使乡村产业兴旺，就需坚持问题导向、因势利导，构建新型村级发展模式，推进贫困村发展能力建设。目前，脱贫攻坚已经进入攻坚拔寨和重要的巩固阶段，今后一段时间将是关键的脱贫攻坚期。时间紧、任务重，但是不能急于求成、急功近利，只注重短期收益，而忽视长效扶贫工作机制的建立。对贫困村来讲，只有发展壮大特色产业，才能不断增强集体经济，促进村集体经济持续平稳较快增长，从而扩大村级福利来源和完善社区服务。

（二）人力资本积累是村级集体经济转型升级的支撑

乡村振兴要把人力资本开发放在首要位置。按照习近平总书记的要求，让愿意留在乡村、建设家乡的人留得安心，让愿意上山下乡、回报乡村的人更有信心，激励各类人才在农村广阔天地大施所能、大展才华、大显身手，打造一支强大的乡村振兴人才队伍，在乡村形成人才、土地、资金、产业汇聚的良性循环。贫困村的人力资本建设需要平台和抓手，这是贫困村发展的关键，会直接决定未来的发展是否可持续。扶贫夜校是岳西通过人力资本进行减贫的样本，村集体经济的发展与村级人力资源建设存在着多种关联。以村为单位开办“扶贫夜校”，利用村民晚上和农闲的时间，以村部、小学、堂屋为授课地点开办夜校，构建信息共享平台，定期邀请驻村“第一书记”、扶贫专干、致富能手、技术专家等轮流讲座答疑，让当地村民尤其是贫困户免费学习致富经验和农业技术，增强贫困户自身“造血”功能，转变过去单纯“输血”的扶贫模式，促进贫困村群众更快脱贫致富。

人才聚集，乡村振兴才有底气。乡村振兴不仅要关注高精尖的农技、管理人才，也要重视“土专家”“田秀才”等乡土人才。既要“筑巢引凤”

引进外来人才，也要“就地孵化”本土人才，推动资本、技术等资源流向乡村建设，让乡村成为乡土人才干事创业的乐园。“一门手艺能带活一门产业，一个手艺人就能带活一片乡村。”要从人才的培养、职称评审和资金扶持等方面拿出“政策干货”，为人才更好地在乡村发挥技能、带强产业、带动致富铺路架桥，使各类人才在贫困村的脱贫过程中发光发热。特别是要扶持培养贫困村内部的一批农业职业经理人、经纪人、乡村工匠、文化能人和“非遗”传承人等，通过这些当地能人巧匠的带动，可以更好地为贫困村的脱贫持续注入活力。人才兴则乡村兴，人气旺则乡村旺。只要政策给力、农民努力、社会各界出力，贫困村的广袤田野就一定会焕发活力，贫困村就一定会更具魅力。

（三）努力增强农村社区内生可持续发展能力

现今贫困村发展面对的主要是如何增强贫困村经济社会内生发展能力的问题。农村集体经济弱化后，社区集体积累和统筹机制被解构，几乎回到“一盘散沙”的发展模式。中共中央早在 1982 年就关注到了这一问题，在批转《全国农村工作会议纪要》时强调，各级党委要高度重视农村一部分社队基层组织涣散甚至陷于瘫痪、半瘫痪状态，致使许多事情无人负责、不良现象滋长蔓延的问题。在总结完善生产责任制的同时，一定要把这个问题切实解决好。基于农村土地集体所有制和集体经济组织更好承担其他组织不具备的提供公共品的功能，需要构建增强农村经济社会内生发展能力的社区集体行动理论。

要重新界定农村集体经济组织的内涵及其功能。中国的脱贫攻坚经历过曲折，其中之一是使不少贫困村本已构建起的有利于农村经济社会协调发展的社区集体积累和统筹机制趋于解体。增强贫困村经济社会内生发展能力，应当弥补经济社会分割研究的缺陷，从解决现实问题出发，不能把本是经济社会融为一体的贫困集体经济组织，限定为单纯的经济组织，而是应基于其促进贫困村经济社会协调发展的现实，将其界定为不同于公司、专业合作社、行业协会的经济社会组织。

要构建有利于促进农村经济社会协调发展的评价指标体系。这一评价指标体系的构建与农村社区集体行动理论构架是相互对应的。贫困集体经济之所以被弱化和边缘化，除了现实困境外，根源在于认定集体经济组织效率低下，这是由于评价指标偏废所致。如果仅从当期农民经济收益评判农村集体经济组织是否有效率，而没有把集体经济组织促进国家工业化发展和农村发展的绩效加以考量，也没有把“三农”问题的解决纳入整个经济社会发展进程来分析，就会把“三农”问题的解决孤立起来。从有利于促进农村经济社会内生发展能力不断增强出发，不应以单一经济效益作为农村集体经济组织的评价指标，而应把现金分配、福利分配、公共产品提供等统一纳入评价指标体系。在集体经济的收益分配上，也要分发展阶段来论。在集体经济实力尚弱的成长积累期，与政府一道，以提供公共品为主，随着集体积累的增加和经济实力的增强，则应逐步加大对成员当期的现金、福利等分配力度。

要基于经济基础构建有利于破解农村集体经济弱化、农村空心化的乡村治理机制。发展经济学认为，发展中国家要追赶发达国家，政府首先要对资源配置进行有效干预。中国作为发展中国家，要在农业社会的基础上实现工业化，突破“贫困陷阱”，实现赶超发展，没有特别之举是难以实现的。新中国成立初期，中国共产党和人民政府从解决面临的实际问题出发，做出了与发展经济学不谋而合的选择，即通过发挥社会主义制度的优越性，集中力量办大事，实现聚沙成塔。中国之所以在农村生产力水平低下、农业剩余少，且服从国家工业化战略而实行农业养育工业政策的情况下，农村基础设施建设和社会事业发展还能够顺利推进，其中一个重要的原因，就是通过党领导构建的乡村治理体系，尽可能地实现长远利益与短期利益、全局利益与局部利益的统筹。要着眼于破解集体经济弱化问题，构建与社会主义市场经济相适应的，能够促进集体经济发展的，以及社区集体积累和统筹机制不断完善的乡村治理结构。应该明确贫困村集体经济组织的法人地位，根据各自情况和需要，选择进行工商登记或民事登记。从既保障成员权益，也保障集体权益角度出发，对贫困村集体经济实施股份合作制改造，实现集体与成员权益的统一，构建起共享发展机制。完善贫困村集体经济组织治理结构，管好集体资产乃至探索实现由管资产向管资本的转变，并通过利益机制调动经营管理者的积极性。基于农村土地集体所有制，全面从严治党，构建良好的政治生态，构建起贫困村党支部领导下村民委员会和村集体经济组织各司其职的治理结构，确保村（社区）集体资产的积累和统筹机制的持续完善。

第五章 差异竞争与“错位发展”：产业扶贫与就业促进减贫

产业扶贫是实现贫困户脱贫的根本途径，对于精准扶贫和精准脱贫具有重要意义。同时，对于巩固脱贫攻坚成果、推进乡村振兴战略亦具有重要意义。贫困地区只有利用当地的特色资源将产业发展起来，培育起新型农业经营主体，让广大的农户参与进来，制定产业发展的短期规划和长期规划，不断建立起产业扶贫的长效工作机制，才能促进贫困户的可持续增收和稳定脱贫。本章主要分析岳西县在产业扶贫实践中采取的主要举措、取得的基本成效和获得的主要经验。本章认为岳西县在产业扶贫与就业促进减贫上取得成功的主要经验在于坚持了差异竞争和“错位发展”的原则，很好地规避了地方发展的短板，有效发挥了地区发展的自然资源和地理位置优势，并将其转换成了产业发展优势。

一、发展产业与促进就业何以益贫

（一）产业发展与减贫

产业扶贫是打赢脱贫攻坚战的可靠保障，是完成脱贫目标任务的重要基础和根基。国家在提出精准扶贫战略以来，陆续出台了多项政策来促进贫困地区脱贫，产业扶贫作为“五个一批”促进脱贫的重要举措之一，被认为是促进贫困地区和贫困人口脱贫的根本途径。产业扶贫主要是指通过扶持产业发展推动地方经济增长方式的转变，并建立起贫困人口参与产业发展的益贫机制，从而带动贫困人口摆脱贫困的一种扶贫路径。产业扶贫需要解决的核心问题在于如何从农业生产层面对小农生产逻辑进行全面改造和重塑，即实现从“为生存而生产”向“为市场而生产”转变。自20世纪80年代提出开发式扶贫减贫路径以来，产业扶贫就已经被应用到了各地的扶贫开发工作当中，经过多年的发展，地方政府似乎在扶贫实践中逐渐达成这样一种共识：发展产业是脱贫致富的关键。尤其是在国家实施精准扶贫战略以来，产业扶贫作为“五个一批”促进脱贫的重要举措，战略地位十分明显。各地方政府在中央政府的指导下，不断开展产业扶贫实践，积极探索产业扶贫的新做法、新模式和新路径，力求寻找到一条适合本地区自然地理环境、市场发育环境和人力资本条件的产业发展道路，并涌现了众多的产业扶贫实践和典型案例，这些都为减贫的“中国方案”和“中国经验”提供了丰富的素材。

产业扶贫是精准扶贫的硬抓手，是增收脱贫的根本之策，产业扶贫对精准扶贫和精准脱贫具有重要意义，同时对于巩固脱贫攻坚成果，推进乡村振兴战略亦具有重要意义。因此，应该正确认识产业扶贫对于促进贫困户脱贫的重要作用，把握产业扶贫和就业促进减贫的重要作用。总体而言，发展产业对于促进贫困户脱贫的作用主要表现在以下几个方面：

1. 产业扶贫对促进贫困户脱贫具有基础性作用

脱贫攻坚的首要任务就是通过发展壮大相关产业，支持有劳动能力的贫困群众依靠自己的能力脱贫。发展产业是乡村振兴的重点，在整个乡村振兴战略中起着一个基础性和关键性的作用。发展产业是扶贫开发最基本的抓手，如果没有产业作为支撑，扶贫开发的要义就无从体现，扶贫成效就很难保证，脱贫攻坚的成果也就难以保证。甚至从某种意义上说，产业扶贫是开发式扶贫的灵魂，是脱贫攻坚的发动机，是打赢脱贫攻坚战的助推器。

2. 产业扶贫对促进贫困户脱贫具有稳定性作用

目前，脱贫攻坚已经进入攻坚拔寨的重要阶段，时间紧、任务重，但是不能急于求成、急功近利，只注重短期收益，而忽视长效扶贫工作机制的建立。对于贫困户而言，只有产业发展了，才会获得稳定的收入，才能不断积蓄长期持久且从根本上摆脱贫困的力量，脱贫才有保障。对贫困村来讲，只有发展壮大特色产业，才能不断增强集体经济，促进村集体经济持续平稳较快增长。

3. 产业扶贫对促进贫困户脱贫具有持续性作用

贫困地区只有利用当地的特色资源将产业发展起来，培育起新型农业经营主体，让广大的农户参与进来，不断建立和完善利益联结机制，才能让贫困群众持久获得收益。随着产业规模不断扩大，新型经营主体不断发展壮大，农户参与渠道不断拓宽，贫困群众的收益也将持续增加。因此，要重视产业发展的长短结合和长期发展规划，建立产业扶贫的长效工作机制，才能促进贫困户的可持续增收和稳定脱贫。

（二）产业发展的基础与条件

岳西县是安徽省唯一一个集革命老区、国家重点贫困地区、纯山区、国家级生态示范区和生态功能区“五区”于一体的县份，由于历史上岳西县是由潜山、太湖、霍山、舒城四县边界划建而设，战争年代青壮精英大量流失，再加上地理上山高岭大、地广人稀，“八山一水半分田，半分道路和庄园”，交通闭塞，文化落后，人口素质低等历史现实原因，导致岳西县长期处于经济落后、生活贫困的状态，是安徽省和大别山区 29 个国家级贫困县中贫困人口较多、贫困面较大和贫困程度较深的县份之一。全县贫困人口多分布在偏远山区，资源匮乏，文化落后，发展缓慢，部分群众还存在就医难、上学难、饮水不安全和社会保障水平低等困难，缺乏发展资金支持等，都造成岳西扶贫开发任务十分艰巨。1985 年，岳西县被列为首批国家重点贫困县，当时绝对贫困人口 24.7 万，贫困发生率高达 72.3%。1995 年全县国内生产总值仅为 48006 万元，人均 1200 元，财政收入 4030 万元，人均 101 元，分别是全省平均水平的 39.8% 和 41.3%，全国平均水平的 24.7% 和 9.6%；2011 年尚有贫困人口（年收入在 2300 元以下）10 余万人，其中聋哑、残疾、智障人员达 8000 余人。从 20 世纪 80 年代中期开始，作为老边穷地区，得到上级政府的多方倾斜和扶持，2001 年被正式批准为国家扶贫开发工作重点县，扶贫开发和社会经济迅速发展并逐步迈上快车道。

“十二五”以来，岳西县大力实施“两品三化”战略，优化农业产业结构，转变农业发展方式，突出优质茶、传统桑、高山菜、生态药、有机猪五大特色主导产业，努力打造全省绿色发展示范县，并先后获得全国重点产茶县、全国农业（茶叶）标准化示范县、中国绿色果菜之乡、全省循环经济示范县、华东地区唯一有机黑猪养殖基地、全国休闲农业与乡村旅游示范县等荣誉称号。岳西县在开展精准扶贫之前的农业发展情况及具备的发展条件参见表 5–1，说明岳西在种植业、林业、养殖业和旅游业等方面都具备一定的发展基础。

表 5–1 “十二五”期间产业发展情况一览

类型 年份	新发展茶园面积（万亩）	新发展桑园面积（万亩）	新发展蔬菜面积（万亩）	新发展中药材面积（万亩）	新增茶叶加工厂（个）	扶持农民专业合作社（个）	新增养殖规模（万头）	修建沼气池（个）
2011	0.62	1	0.5	0.50	10	2	313	2750
2012	0.21	0.2	0.4	0.57	15	2	369	1500
2013	0.24	0.25	0.2	0.37	147	2	281	2000
2014	0.40	0.17	0.4	0.27	8	12	181	800
2015	0.37	0.12	0.3	0.21	20	18	185	800
合　计	1.84	1.74	1.8	1.92	200	36	1329	7850

数据来源：摘自《岳西县“十三五”产业精准扶贫规划》。

但是，由于地处大别山腹地，岳西县的产业发展仍面临诸多困境，尤其是在通过产业发展带动贫困户脱贫方面还面临诸多挑战。具体而言，农业产业发展面临的限制性因素和挑战有如下五个方面：

1. 农业基础设施建设薄弱，产业发展资金投入不足

岳西地处皖西南大别山腹部，绝大多数贫困人口生活在山区，农户居住分散且远离乡镇，交通不便，自然灾害频发，在一定程度上制约了贫困户经济发展，对生活在恶劣自然环境中的贫困户采取常规扶贫措施，往往无法从根本上改变自然环境而且效果较差；同时，农业发展面临资金投入不足，水利基础设施建设薄弱，抵御自然风险能力弱和农业经营风险大等问题。由于地方财政困难，没有足够的地方配套建设资金，信贷机制不完善、社会闲散资金没有得到合理利用，扶贫产业建设资金远不能满足建设

需要，对产业发展造成了一定影响。

2. 农业产业化与组织化程度低，难以形成规模效应

虽然生产面积已达到一定规模，但尚未形成区域发展、规模发展，产业集中度不高，农产品精深加工不足，农业产业化链条短，农产品附加值低，标准化生产水平不高，有影响力的品牌农产品少；龙头企业与农户的利益联结机制不够紧密。同时，产业龙头加工企业少、规模小，已有的加工企业，从业人员和管理水平低、市场开拓能力弱，产品市场占有率不高，盈利能力不强，发展后劲不足，新型经营联合体合作组织服务功能不强，辐射带动能力有限。

3. 规模化、专业化程度低，扶贫开发对群众增收贡献率低

由于规模化、专业化程度不高，新技术在生产实际中应用不够，生产成本逐年攀升，农户在生产过程中的抗风险能力较低，导致扶贫产业收入在群众全部收入比重中所占比例较低，扶贫开发对群众增收贡献率低。

4. 农产品品牌杂而不亮，缺乏市场竞争力

岳西扶贫主导产业商品，虽然品质好，但是缺乏深加工增值，缺少品牌效应带动，同时宣传、营销的手段跟不上，销售仍然以初级产品为主，产品在市场上的竞争力弱、价格低，与产品本身的质量和品质相比，存在较大差距。同时，农业基础设施建设薄弱，交通制约问题突出，远离市场，销售渠道不畅，导致旅游和农业等特色资源的开发程度较低，农业产业链条不完整，当地的资源优势难以转化成产业发展优势。

5. 农村劳动力严重不足，农业科技推广难度大

全县产业发展的科技支撑体系还不健全，特别是缺乏高水平的科研技术人员、科研机构，农民在种植业、养殖业等产业发展过程中遇到的问题得不到及时解决；产品的升级换代滞后，新的种植、养殖和加工技术得不到及时推广应用；同时，农村青壮劳力多外出，从事农业生产的多是一些

老人和妇女，新技术、新品种、新技术等推广难度较大。

二、岳西县产业扶贫和就业促进减贫的主要举措与成效

长期以来，岳西历届县委、县政府高度重视扶贫开发工作，始终将产业发展作为脱贫致富的根本支撑和重要抓手，一届接着一届抓，一年接着一年干，坚持不懈，久久为功。特别是党的十八大以来，全县上下深入学习贯彻习近平总书记关于扶贫工作的重要论述，坚持精准扶贫精准脱贫的总体方略，坚持绿色发展理念，运用行政推动、政策扶持、科技支撑、机制创新等手段，注重精准滴灌。2014 年以来，岳西县依靠丰富的特色农业资源，以特色产业扶贫为抓手，坚持精准扶贫与产业发展深度融合，创新扶贫机制，变“输血式”扶贫为“造血式”扶贫，大力实施茶叶、蚕桑、蔬菜、林药、养殖、构树、旅游、劳务、电商、光伏“十大产业”扶贫工程，全面推广“四带一自”产业扶贫模式，着力增强扶贫对象“源动力”，实现了“村村有产业、户户有基地、人人有增收”的目标。五年来，全县贫困户减少 25925 户，贫困人口减少 90391 人。2017 年农村居民人均可支配收入 10533 元，特色产业收入占农民人均可支配收入 50% 以上，成为农民脱贫致富的主渠道。

（一）产业扶贫的主要举措与成效

1. 坚持“造血式”扶贫，推进十大产业持续发展

坚持“造血式”扶贫，大力发展产业扶贫。以茶叶、蚕桑、蔬菜、林药、养殖、构树、旅游、劳务、电商、光伏“十大产业扶贫”为抓手，确保“村村有基地、户户有产业、人人有增收”，每个贫困户有 2 项以上长短结合的稳定增收项目，每个贫困村有 2 个以上特色产业基地，所有村集体都有包括光伏电站在内 2 个以上增收渠道，集体经济收入 10 万元以上。

加大产业奖补力度，对已发展相关产业的贫困户，每年每户给予2000元以内的资金奖补，累计发放产业奖补资金5005万元。截至2019年11月，全县已建成茶园面积17.13万亩，产干茶5655吨，第一产业产值达到6.64亿元。岳西翠兰茶叶三次在国家评比中荣获金奖，品牌价值18.21亿元，带动贫困户7025户，户均年增收2670元；桑园面积6.7万亩，生产规模连续10年位居全省第一，带动贫困户3236户，户均年增收7200元；高山蔬菜面积14.4万亩，其中高山茭白面积5.8万亩，带动贫困户13260户，户均年增收3850元；特色经济林面积51万亩，带动贫困户12064户，户均年增收2584元；全县培育规模养殖大户320户，带动贫困户3175户，养殖畜禽54万头（只），规模养殖比重达40%，岳西黑猪获中国地理标志保护产品称号；创成国家地理标志保护产品4个、中国驰名商标5个，省级以上农业产业化龙头企业发展至11家、省级以上示范社13家、省级以上示范家庭农场16家；全县特色农林业基地达84万亩，特色养殖77万头（只），电商服务站实现村级全覆盖，乡村旅游农家乐经营户超1000家；构树面积达5124亩；与全国知名扶贫龙头企业北京德青源公司合作，引进“金鸡扶贫项目”，总投资3.75亿元，可就地解决近1000名贫困人口就业，2500名贫困人口带资入股每年分红3000元。

2. 强化技术支撑，为产业发展提供精准服务

强化技术支撑主要从以下几个方面着手：一是推行菜单定制服务，根据贫困户产业发展需求，印发茶桑菜药生态养殖菜单手册5万份，提供特色种养业菜单服务。二是开展特色种养业培训，通过实施新型农民、雨露计划和贫困户技能培训等项目，确保贫困户有一技之长。2018年以来共培训帮扶干部12780人次、新型经营主体3900人次、贫困户65900人次。三是开展科技扶贫包村联户指导，实施基层农技推广补助项目，安排188名农技人员联系188个村，指导940户科技示范户和376户贫困户，实现

科技示范包村联户指导服务全覆盖。四是树立典型示范，筛选提炼总结全县产业扶贫园区带动、主体带动贫困户自种自养典型案例百余个，编印典型案例汇编进行宣传和推广，“一区一企”成功入选全省扶贫十大园区、企业。五是强化技术支撑，与省农科院、安徽农业大学、南京农业大学、武汉蔬菜所等院校建立长期合作联系，开展产学研推交流合作，积极引进科技成果，与省农科院签订院县合作协议，成立了岳西特色研究所，聘请专家，组建了茶叶、蚕桑、蔬菜、养殖等科技服务团队，解决产业发展技术瓶颈。

3. 强化项目推动，加大招商引资力度

充分利用特色资源优势，开展农业招商引资，引进培育重点龙头企业，发挥龙头牵动扶贫效应。先后与北京德青源公司、浙江鑫缘茧丝绸集团、浙江颐高电商集团公司、黄山金昱茗茶叶公司成功开展招商合作，取得丰硕成果。2017 年 9 月，成功与北京德青源公司合作，引入金鸡产业扶贫计划项目，成为全国 18 个金鸡产业扶贫计划贫困县之一。项目内容包括建设 60 万只青年鸡场、180 万只蛋鸡场、蛋肉加工中心、屠宰厂、饲料厂、沼气发电厂、运营中心等，年产鸡蛋 5 亿枚，总投资 4 亿余元，解决 1000 人就业，带动 1 万人长效脱贫，每年上缴县财政收入 2000 万元。2018 年 6 月 9 日，首批 30 万只青年鸡已入驻园区养殖，目前正在建设蛋品加工厂，发展禽产品深加工。引进黄山金昱茗茶叶公司，注册成立金翠兰茶叶有限公司，发展出口茶加工，项目总投资 2 亿元，建立出口茶生产线 1 条，夏秋茶加工厂 20 个，成功引进浙江颐高电商集团公司，与国家重点龙头企业天馨集团公司强强合作，投资 10 亿元建设电商产业园和特色电商小镇。

4. 进行工作机制创新，持续推进“三变”改革

积极创新扶贫工作机制，制定出台“三变”实施工作方案，开展“三变”和资产收益扶贫。以产业扶贫为抓手，积极引导村集体、贫困户以土

地山场资源、财政扶贫资金、资产等入股龙头企业，发展农业规模经营和农产品加工，实现保底收益稳定分红，促进“资源变资产、资金变股金、农民变股东”。全县遴选试点村52个，开展“三变”试点，其中贫困村28个，设立总股份共计1.23亿元，其中村集体以资金入股2837万元，以资产折股2032万元；引导1215户（贫困户727户）以资金入股727万元，1941户（贫困户726户）以14527亩土地（其中山场1万亩）折股1477万元，吸引经营主体以资金、技术或资产入股4626.4万元。如冶溪镇西坪村通过种养合作社模式运作“三变”改革，2018年合作社产值191万元，纯收入33.6万元，其中村集体分红15万元，股东分红18.6万元，带动贫困户51户；徽宏茶业开发有限公司与菖蒲、田头两乡镇10个村开展资金股份合作，吸引入股资金1000万元，村集体年实现稳定分红41万元。据不完全统计，全县“三变”入股分红1250万元，其中贫困户分红850万元，通过推进“三变”改革，有力地促进了贫困村集体和贫困户增收。

案例5-1　菖蒲现代农业示范区如何带动贫困户脱贫？

菖蒲镇着力优化产业结构，促进产业转型升级，推进示范区生态建设、品牌建设和现代化建设，助力脱贫攻坚。示范区核心区所在地——菖蒲镇，位于岳西县西南部，距县城33千米，全镇辖12个行政村，258个村民组，6713户23811人，耕地面积704公顷，其中水田532公顷、旱地172公顷，山场面积8660公顷。平均海拔350米，气候温暖、光照充足、雨热同期、四季分明，山地、丘陵面积广阔，适宜茶叶的生长。全镇2018年茶园面积2万亩，占全县的1/8，产量占全县的1/6，是安徽西南片第一产茶大镇，也是岳西翠兰茶主产区之一。全镇从事茶叶种植的农户近6100户，人均茶园接近1亩，家家采茶忙，户户炒茶香，茶叶收入是农民收入的主渠道。成功的经验主要在于提升农民组织化程度。茶产业带动贫困户脱贫的具体做法如下：

一是成立农民合作社。菖蒲镇现有茶叶专业合作社67家，其中省级示范社1家、市级示范社2家，全镇加入合作社农户达到3000户以上。合作组织的壮大，统一了技术标准，规范了管理方法，增强了抗风险能力，降低了生产成本，促进了茶农间的交流，提高了茶农收入。

二是组建茶叶联合体。2016年3月12日，市级龙头企业绿月茶业公司牵头组建了示范区第一家茶产业联合体，由菖蒲、田头、五河、中关四个乡镇的茶叶企业、茶厂、合作社、家庭农场、种植大户等17家成员组成。联合体积极开展生产合作、品牌建设、要素联结，构建紧密利益联结机制，推进菖蒲示范区一、二、三产业融合发展。

三是创办茶叶信息公司。为解决茶农生产服务和产品销售问题，2017年3月30日，成立了岳西县富农茶叶信息咨询公司。通过公司化运作开展采茶中介和服务活动，并开启专用微信群、QQ群，通过网友互相联系，在菖蒲社区和周边村组招募采茶人员组建采茶服务队，重点为境内贫困户、产茶大户、整户外出户提供多种形式的采茶服务，确保每一户茶农不会因为劳力不足而减少收入，确保了贫困户茶产业稳定增收。

四是建设茶叶社会化服务组织。在农业部门的大力支持下，菖蒲镇先后组建了港河村、菖蒲村、溪沸村茶叶社会化服务队。由政府统一采购茶园微耕机、修剪机、手持式单人采茶机等机具60台（套），发放诱虫板3万片，组建了茶业管理专业服务队3支，为农户提供茶园管理、修剪、采摘等技术服务，为贫困户提供无偿技术服务和茶园管理。

五是推广“互联网+”。绿月茶业公司依托淘宝、天猫、微店等网商平台，积极创建专营、直销、分销等类型店铺，示范引领经营主体发展茶叶电商销售。同时特别注重贫困户产品的供销。

六是带资入股。大力开发夏秋茶，延长产业链，带动贫困户增收致富。2017年全镇9个村带资入股徽宏茶业开发有限公司股金共计600万元（其中，贫困村入股200万元，非贫困村入股400万元），收益率达7%，共计获得分红42万元，带动各村集体经济直接增收。以此股金作为流动资金，徽宏茶业开发有限公司大力开发夏秋茶系列产品，直接带动当地2000余贫困户户均增收500元。

茶产业的发展，使得本地茶农从原来的“人间四月闲人少，采了茶桑又种田”的耕作模式，转变为现在的“采了茶叶，还采茶叶，四季事茶”的生活状态。满山满畈茶叶已成为全镇群众增收、精准脱贫的第一产业。90%农户以种茶为主，亩产干茶超过50千克，户均茶叶收入2万元，1950户建档立卡贫困户从事茶叶生产，户均增收1200元，6600人通过茶产业实现脱贫，2018年全镇农民人均可支配收入12010元，高出全县20.99%。

（二）就业促进减贫的主要举措与成效

1. 因势利导，促进创业带动就业

2014年以来，岳西县在宣传上下苦工、换思路，探索出一条“唱”“放”“奖”“视”“网”“赛”结合的宣传新路。一方面，“唱”“放”“奖”并用。将就业创业政策和创业典型编进黄梅戏、三句半、

快板书等，创作了《就业扶贫真是好》等作品，用“唱”的形式宣传政策，树立典型；设计制作动漫短片，用“放”影片的方式讲解政策，鼓励大众就业创业；组织群众参加知识竞赛，用“奖”的方式提高群众政策学习热情，有效提升政策知晓率。另一方面，“视”“网”“赛”共举。在电视台、网站开辟创业专栏，举办创业大赛，激发全民创业热情。已成功举办两届县级创新创业大赛，特别是2017年举办的创新创业大赛，人社部就业促进司、省人社厅、市人社局领导亲临现场进行指导，6个县市到场观摩，网络、电视全程直播，得到了社会的广泛关注。同时，还推荐获奖选手参加了省市创新创业大赛。在第七届安徽省青年创新创业大赛综合赛决赛中，青年“创客”储珊珊、蒋贻章在众多参赛者中脱颖而出，分获铜奖、优秀奖；在安庆市第三届创业大赛决赛中，《小材大用·匠心工艺》项目荣获社会组一等奖，“金榜乡村旅游综合体”“亲手缝制给宝宝的见面礼——虎头鞋”项目同时获得社会组优胜奖，“金色米兰”项目获得高校组三等奖，岳西县人社局获优秀组织奖。通过举办、参与各类创业创新大赛，帮助90余家企业发展壮大，增加就业岗位3000多个，带动就业2000多人。如创业大赛获奖者刘同镇，身残志坚，自主创办了家庭农场，发展绿色种养殖，每年收入几十万元，通过创业实现了脱贫致富；市级创业大赛获奖选手方红创办的红方工艺品有限公司，不但将枯枝烂木、秸秆桑枝等变废为宝，变成远销海外20多个国家的工艺品，还带动周边60多户农户实现了居家就业。

案例5–2　不畏艰难勇创业，自力更生奔小康

古坊乡古坊村老屋组脱贫户祝怡建，以前一直在外打工，每年拼命干活儿，却只能勉强够得上温饱。祝怡建家住在山头上，周围三四里范围内人烟稀少，许多田地都荒废了，适宜养殖，祝怡

建因此有了发展养殖业的想法。在政府的鼓励下，祝怡建说干就干，2014年，他筹集到了3万元资金，在自家门前盖了150平方米的厂房，在附近人家买了10头母猪，把四周荒废的田地种上玉米、大豆、山芋等粮食作物用来做猪饲料。每天起早贪黑，非常辛苦，但心中是快乐的，因为他对致富充满希望。但因经验不足，加之母猪是本地品种，繁殖率不高，生下来的猪崽生命力不强，很多猪崽因病死亡。到了下半年，只出栏100头猪，这一年不但没有赚到钱，还亏损了4万元。另外，县畜牧局防疫检查时，发现猪场离居民生活区太近，会造成污染，要求必须重新选址。这个时候祝怡建内心非常焦虑，非常无助，不知路在何方。

就在这个时候，县乡政府了解到了祝怡建的现状，帮助他分析失败的原因，找出改进的方法，并为其争取到财政补贴资金2万元，鼓励他迎难而上；邻居、亲戚和朋友也纷纷为他打气，用不同的方式支持他，使他重新看到了希望，致富的决心更强。于是，他于2015年春季，在离家500米远的一块平地上，盖起了350平方米的厂房，到江苏的猪场购买了20头优质母猪，又到浠水长流公司购买种猪1头、母猪4头。同时，不断总结经验，通过线上和线下多种途径学习养殖技术。到2015年末，共有300多头猪出栏，除去当年的投资外还盈余1万多元。此外，他还注意资源的循环利用，利用猪粪发展茶叶3亩、生姜1亩。这样不仅减少了养猪造成的污染，又额外有了一笔收入。通过这一年的努力，祝怡建更加坚定了养殖致富的决心。2016年开始有计划地扩大养殖规模，并不断完善基础设施。到现在已投资10余万元，厂房增加到500多平方米，各种配套设施基本齐全。现有母猪28头，种猪1头，每年约有500头猪出栏，净赚5万元左右。

回顾祝怡建五年来的创业经历，能够摆脱贫困并走向富裕，主要得益于党和政府政策的支持和帮助，以及亲戚邻里的热心帮助，使他有底气大胆创业，并不断扩大养殖规模。为消除养猪造成的环境污染，他还打算开凿沼气池，开鱼塘养鱼，走循环经济之路。

古人云：“受人滴水之恩，必当涌泉相报。”祝怡建认为他能取得现在的成绩，离不开乡亲们的帮助。所以，作为回报，他从去年开始，在向邻里卖猪肉时，每斤比市场价格低 1 元左右；卖幼猪时，每斤比市场价格低 1.5 元左右。以这样的方式回报乡亲，得到了乡亲们的一致好评，并开始带动乡亲们一起致富。

---

2. 因地制宜，依托产业带动就业

岳西县是一个纯山区县，昼夜温差大，农业资源丰富，特色农产品品种繁多。为充分发挥这一优势，利用特色产业发展带动就地就近就业，近年来，岳西通过出台特色农林产业发展奖补、电商产业扶持、就业脱贫奖补等“一揽子”促进产业发展的优惠政策，大力扶持地方特色农林产业发展。另外，依托特色农林产业发展来带动居家就业基地、就业扶贫基地和就业扶贫驿站建设，通过“两个基地 + 一个驿站”的建设，在全县开发居家就业岗位 1.8 万个，开发就地就近转移就业岗位 2 万个，依托就业扶贫驿站建设开发灵活就业岗位 1300 个，为无法外出务工的贫困劳动者拓展了就业渠道。同时，通过给贫困劳动者发放 5 万元以下的 3 年脱贫贷款，鼓励贫困劳动者“带资入股”；鼓励农民通过流转土地以山林、田地、劳务入股；鼓励和帮助经营实体引进先进的种养殖技术，形成“企业 + 基地 + 农户 + 技术院校”四方合作的经营模式，带动就地就近就业，助力脱贫攻坚。例如，岳西县来榜镇斑竹村是全国“一村一品”专业蚕茧示范村镇，但农户养殖蚕茧剩余的大量桑枝，长期被

当作柴火烧掉或是废弃，导致资源严重浪费。临近关河村的就业扶贫驿站，因地制宜，变废为宝，将思远生态农业公司引入驿站，大力发展木耳、香菇、天麻等桑枝食（药）用菌产业，并获得安徽省农科院的技术支持，中石化在经济上也给予了大力支持，由村委会、本村贫困户持股运作。截至 2017 年 8 月，该就业扶贫驿站年加工桑枝达 210 万千克，生产桑枝菌棒 300 万棒，为周边蚕农增收约 84 万元，平均每户增收 600 元左右（出售桑枝）。驿站直接吸纳 15 名贫困劳动者就业，通过食用菌种植，带动周边 250 户农户实现居家就业。同时，企业设立回购的保底价，确保每个贫困户年种植收益均在 1.5 万元以上。

3. 因材施教，提升技能带动就业

一是根据社会需求确定培训种类。按照安徽省和安庆市有关培训文件的要求，结合岳西县的实际，分别开展补贴类培训和非补贴类培训。补贴类培训包括企业新录用员工岗前培训、“五类人员”技能培训、技能脱贫培训。补贴类培训都是严格按照上级培训要求实施，培训合格后发放培训补助。该类培训的特点是时间较长、要求严格、效果好。非补贴类培训是指岳西县实施的实用技术培训，主要是根据乡镇产业特色和劳动者意愿确定培训方式，由乡镇就业和社会保障服务所实施，不限培训天数、不限培训工种、不限培训方式，根据乡镇产业和劳动者培训意愿进行培训。如山核桃是中关镇扶贫产业之一，斗水村已建成山核桃基地 3000 多亩，储岳峰创办的永峰公司与中关镇斗水村党支部合作，成立岳西县瑞丰薄壳山核桃专业合作社，打造“公司 + 合作社 + 村委会 + 农户 + 科研单位”的多方合作模式发展山核桃产业，吸引 500 多户农户种植，其中贫困户 185 户，贫困户以山场入股。根据发展需要，企业和农户希望通过短期培训，边学边种植。人社局根据政策，依托合作社对贫困户进行山核桃种植技能脱贫培训，提供了短期发展培训服务，不仅免费培训，还给予合作社和参训贫困户培训补助，效果很明显，让当地30户贫困户很快掌握了山核桃种植技术。

二是结合市场需求确定培训工种。在劳务产业方面，随着“二孩”政策放开，市场对家政服务员、育婴员的需求很大，从实施的第一期培训效果和培训机构调研情况看，这两个工种培训报名人数完全超出预期，而且培训结业后学员能够和家政公司签订劳务协议，直接上岗。如参训学员崔朝霞，47岁，中关乡请寨村人，2018年参加了人社局开展的育婴员技能脱贫培训后，在本县内从事月嫂工作，每月能拿到5000元左右的工资，改变了家庭的困境，顺利实现脱贫；在实用技术方面，各乡镇、企业根据各自特点上报培训工种，比如黄尾镇、河图镇等旅游大镇，农家乐分布广泛，开展了餐厅服务、客房服务和民宿服务培训；石关乡、来榜镇、主簿镇等乡镇实施了蔬菜种植培训；店前镇、冶溪镇、五河镇、中关镇的茶叶产业、构树产业和山核桃产业规模大，在该区域实施了农业种植类培训。

三是全面跟踪回访确保质量。岳西县人社局和扶贫办联合下发了《关于建立健全技能培训跟踪回访机制的通知》，要求对所有培训学员进行电话跟踪回访，回访覆盖面100%，对参训学员是否参加培训、培训时间、培训地点、培训内容、培训满意度以及是否就业等情况进行回访，对电话号码无法拨通的学员，要求培训机构做到及时更新个人信息，确保参训学员电话号码准确，并填写《岳西县技能培训跟踪回访登记表》存档备查，保证了培训的真实性和有效性。

4. 因人施策，稳定就业促脱贫

2016年以来，为实现精准帮扶、精准就业、精准脱贫，确保如期完成脱贫目标，岳西县针对劳动者的不同情况，一是搭建立体用工平台，畅通就业渠道。为帮助未就业的贫困劳动者实现就业，通过举办大型招聘会、上门推送岗位等举措进一步强化劳务对接，2016 年以来举办大型招聘会 100 多场，吸引县内外 200 多家知名企业参加招聘，现场推送就业岗位 1 万多个。为扩大县级招聘会品牌效应，2019 年岳西县决定举办每月 6 号、每月 8 号、每周六等大型招聘会，全年计划举办招聘会 92 场。通过与经济发达省市县举办劳务对接会、收集和发布省外就业岗位信息等加强劳务协作。2017 年以来，多次邀请安庆市宜秀区、宣城市郎溪县等地 30 多家优秀民营企业来岳西县举办劳务对接会。通过开展专项就业促进活动，鼓励劳动者就业。2018 年初，开展了“接您回家”活动，在春运期间租赁大巴车免费接送外出务工人员，宣传就业创业政策，激发劳动者就业创业热情。发放了外出务工人员交通补助，为 9471 名县外务工的贫困劳动者发放交通补助 266.61 万元，鼓励贫困劳动者转移就业。

二是发放就业奖补资金，力保贫困户稳定就业。为帮助已就业的劳动者实现稳定就业，通过发放企业吸纳贫困劳动者岗位就业奖励、经济实体带动贫困劳动者居家就业奖励、贫困劳动者岗位补贴等奖补资金，帮助贫困劳动者实现稳定就业，确保稳定就业率保持在 90% 以上。2016 年以来，已经累计为经济实体发放吸纳和带动贫困劳动者就业奖励 57.58 万元，累计为贫困劳动者发放就业补贴 243.04 万元。

三是开发公益岗位，托底安置就业困难人员。为帮助通过市场调节难以实现就业的劳动者走上就业岗位，持续加大公益性岗位和辅助性岗位开发力度，确保零就业家庭等就业困难对象至少实现一人就业。各类岗位开发数量逐年增加，且每年都超额完成省市下达的目标任务。如表 5-2，从 2016 年到 2018 年，岳西县公益性岗位开发数量分别为 166 个、199 个和 375 个，其中贫困劳动者公益性岗位 456 个，安置贫困劳动者 382 人，公益性岗位安置人员月工资均在 1300 元以上；从 2016 年到 2018 年，新开发的辅助性岗位分别为305个、589个和800个，累计安置就业困难的贫困劳动者714人，2018年辅助性岗位安置人员劳务报酬提高至800元/月，同时县级财政承担80%，乡镇承担20%。基本实现了就业帮扶不漏1人，就业脱贫不漏1人的工作目标。

表5-2 岳西县2016—2018年就业创业情况统计

类 型	2016年	2017年	2018年
提供就业帮扶贫困户（名）	3682	4138	524
制订帮扶计划（条）	4781	4825	—
开展帮扶（次）	5676	6813	—
帮扶率（%）	100	100	100
新开发公益性岗位（个）	166	199	375
在册贫困劳动力（人）	4	98	260
发放贫困劳动者社保补贴（万元）	2.8	27.23	188.67
发放岗位补贴（万元）	1.02	9.99	87.56
开发保洁保绿等辅助性岗位（个）	305	589	800
安置贫困家庭成员（个）	—	246	800
因地制宜开发居家就业岗位（个）	901	16000	1000
新招募就业扶贫基地（家）	30	54	5
提供就业岗位（万个）	0.32	1.9	—
新建扶贫驿站	—	40	4
乡镇开展实用技术培训（次）	8470	1970	327

数据来源：根据《岳西县就业脱贫工程工作汇报材料》整理。

2017年，岳西县根据省厅大别山区专项行动计划的部署，提前完成建设40家就业扶贫驿站的工作任务，引进了56家非公企业入驻，为贫困劳动者提供就业岗位1300个，2018年计划再新建就业扶贫驿站4家，目前正在建设中。2014 年以来，以就业技能培训为抓手，全面提升劳动力素质，帮助贫困劳动者就业创业。全县共完成各类技能培训 23694 人次，包括就业技能培训 11330 人次，技能脱贫培训 1924 人次，乡镇实用技术培训 10440 人次，其中贫困劳动者培训 12159 人次；共拨付就业培训补助资金 704.25 万元，扶贫专项资金 268.14 万元，帮助 3008 名贫困劳动者实现了就业。

案例 5-3　就业扶贫驿站成为村民就业创业服务之家

岳西县菖蒲镇溪沸村 56 岁的林转红，家里有 6 口人，由于丈夫一直身体不好，还有 2 个年幼的孙女需要照顾，所以一直没有找到合适的工作。2017 年 7 月，溪沸村就业扶贫驿站建成后，驿站负责人陈月中主动找到她，让她去驿站的扶贫车间上班，工作时间可以由她自由安排。林转红想到驿站离家很近，既能照顾家庭，还能挣些钱贴补家用，便欣然前往。现在，林转红每月收入都在 1000 元以上，她家也实现了脱贫致富。这是岳西县通过建设就业扶贫驿站帮助当地就业困难人员实现就业的一个例子，就业扶贫驿站已经成为村民就业创业服务之家。

2017 年，根据安徽省人社厅统一部署，岳西县结合自身实际，把就业扶贫驿站作为帮助村民就地就近就业创业的重要载体来抓，通过就业扶贫驿站与企业合作建设扶贫车间，直接为当地村民提供了就近就业岗位。同时，为周边农户提供就业创业、社会保障、脱贫攻坚等政策咨询服务，经常发布一些有关企业和政府部门的就业岗位信息，帮助指导村民实现就业。该县现已建成就业扶贫驿站 40 家，吸引了县内 44 家企业入驻驿站，建设就业扶贫车间 56 家，开发就业岗位 1400 多个，吸纳就业 600 余人，提前完成省厅下达的 4 年工作任务。

2017 年底，岳西县对建成的就业扶贫驿站提出了更高的要求，要求驿站做好就业技能培训，提升电商扶贫服务质量，既要积极组织周边农户参加县乡举办的技能培训，争取让每个有外出务工意愿的劳动者，特别是贫困劳动者全都掌握一技之长，实现更高质量就业，又要帮助不愿外出务工的村民网上销售农特产品，不断提高经济收入。巍岭乡杨河村的王晓桃家里有 5 口人，父母都 60 多岁了，孩子还在读书，家庭负担重，加上自身学历不高，也没有什么技能，一直找不到合适的工作。2017 年 7 月，经巍岭乡就业扶贫驿站工作人员介绍，她参加了县人社局开展的技能脱贫培训，拿到了育婴员技能鉴定证书。驿站工作人员主动和月嫂公司联系，帮她找工作，不到一个月她就顺利走上了月嫂岗位，月薪 5300 元。如今，她一说到就业扶贫驿站和技能脱贫培训，心里就充满了感激之情。经统计，2017 年以来，全县 40 家就业扶贫驿站成功推荐 600 余人参加了各类培训，占培训总人数的 37%；为周边农户提供农特产品包装、宣传、物流、网络代销等电商扶贫服务 3000 多次，提高了农户收入。

为确保就业扶贫驿站规范管理，实现持续健康运营，2018 年初，岳西县制定了县级就业扶贫驿站运营管理办法，对驿站运营要求、服务标准进一步规范，明确了责任人和工作目标，制定了奖惩和动态调整机制。岳西县还对建设不规范的 3 家驿站给予不予认定的处罚，对运营不规范的 1 家驿站取消其建设资格，追回建设补助资金，并通过实地考察，择优选择了 2 家建设规范、运营效果良好、服务质量高、带动就业效果明显的就业扶贫车间升级打造成就业扶贫驿站，将驿站奖惩和动态调整机制落实到位。

不仅如此，岳西县还针对驿站管理服务队伍薄弱问题，将驿站建设运营与就业扶持工程相结合，鼓励驿站开发公益性岗位安置贫困劳动力，既帮助了贫困劳动者就业，又解决了驿站人手不足的问题。同时，鼓励开发大学生见习岗位吸引高校毕业生参与驿站建设，帮助他们积累工作经验，为驿站解决了专业人才不足的难题。通过充分利用就业扶持工程的优惠政策，该县为驿站招聘管理服务人才畅通了渠道，保障了驿站持续健康运营，真正实现了就业创业服务常驻在村。

2017 年，岳西县创新产业扶贫工作机制，因地制宜，引导和鼓励劳动密集型企业在贫困村建设村级扶贫车间，全面推进村级扶贫车间建设工作，为创业者搭建创业平台，开创贫困户就地就近就业模式，健全“长短结合”产业扶贫机制，形成了“企业增效益、农村得发展”的双赢效果。岳西县已全面建成村级扶贫车间 103 个，共吸纳贫困户就业人员 1225 人。第一、二批共批准 51 个企业接受 2456 户贫困户“带资入股”1.2 亿元，每户年可获得固定收益 3000 元。以中石化 290 万元扶贫资金为主体，16 个贫困村联合入股创办了岳西县思远生态农业有限公司、岳西县思民生态农业有限公司 2 家扶贫龙头企业，生产桑枝木耳、桑枝香菇、桑枝茶菇、桑枝天麻等桑枝系列食（药）用菌产品，年底可获得股份分红。

表5-3　扶贫车间的主要类型及做法

类　型	主要做法
来料代工型	（1）鼓励一批县内劳动密集型手工加工企业在贫困村利用闲置房屋新建就业扶贫车间（提供就业岗位10个以上，就近吸纳贫困劳动者就业5人以上）或就业扶贫驿站（提供就业岗位20个以上，吸纳贫困劳动者就业12人以上）；（2）村委会提供厂房（利用闲置的学校、村部等），推荐就业人员；（3）企业提供机器设备，免费开展技术培训，从事来料加工，重点解决一批劳动密集型企业招工难、用工贵的问题，建档立卡贫困户通过务工就业获得工资，实现稳定增收
固定收益型	（1）重点扶持无劳动能力、无资源、无稳定收入的贫困户“带资入股”现有企业，帮助现有工厂、车间扩大生产基地，提升产品质量，拓展销售市场，带动贫困户增收脱贫；（2）贫困户享受最高5万元额度3年期的扶贫小额信贷支持，由政府、银行、企业、贫困户签订四方协议，贫困户承借，银行放贷，企业统用统还，政府贴息，企业每年给贫困户贷款金额6%的固定收益
股份分红型	推行贫困村以集体资产、扶贫项目资金、帮扶贷款等，量化为贫困户股份共同出资创办企业，发展龙头扶贫特色产业，通过股份合作分红带动贫困村增收，实现资源变资产、资金变股金、农民变股东

资料来源：根据岳西县扶贫办提供的资料整理。

三、岳西县产业扶贫的地方实践经验

思路决定出路，格局决定结局。做好产业扶贫工作，必须厘清思路、找对路子，科学施策、规范管理，推动产业扶贫向纵深发展、向高效迈进。岳西县在产业扶贫实践中探索出了适合自身发展的道路，取得了不错的扶贫成效，简单总结如下，以期为其他贫困地区推进产业扶贫工作提供经验参考。

（一）强化政治责任，实行强有力的组织保障

脱贫攻坚是全面实现小康社会的最大政治任务，产业发展是扶贫开发的重要基础和根本举措。为提高政治站位，岳西县成立了县产业扶贫工作

组，县相关领导任组长，下设办公室，负责全县产业扶贫工作的统筹、协调、指导、督查和考核工作。各乡镇、贫困村相应成立产业扶贫工作组，负责产业发展计划落实、组织实施、督查指导等工作。坚持县乡村三级书记一起抓，县干包片，单位包村，干部包户，抽调县干、部门单位负责人担任乡镇、贫困村脱贫攻坚专职书记，因村选派182名优秀干部担任贫困村扶贫工作队长，主抓产业精准扶贫。实行扶贫工作专班、贫困户结对帮扶、产业技术指导实现全覆盖。组织党员、致富能手示范带领群众脱贫致富，注重把党组织建在扶贫产业链、专业合作社和龙头企业中，加强贫困村党组织活力建设。史无前例的强大组织力量的投入，确保了“村有主导产业、户有致富门路、人有一技之长”产业扶贫目标的实现。

（二）强化政策保障，不断加大产业扶持力度

全面贯彻落实中央省市精准扶贫系列政策，切实加大产业扶贫投入，先后出台了《中共岳西县委岳西县人民政府关于推进脱贫攻坚打造全省示范的决定》《岳西县扶贫对象特色产业发展指导性发展项目及补助标准》《岳西县支持农村产业发展资金使用办法》《岳西县贫困户“带资入股”扶贫小额贷款实施方案》《岳西县促进现代农业发展奖补若干政策》《岳西县特色种养业扶贫奖补暂行办法》等政策文件，统筹安排专项资金，整合涉农资金，实施贫困户产业奖补和主体带动激励，推进十大产业扶贫。2014—2017年共投入产业发展资金16022万元，2018年1月至11月，累计投入产业发展资金9797万元，2017年、2018年户均财政资金投入强度分别达3125元、3844元，提供了强大的产业发展资金支撑。同时，县委和县政府统筹驻村扶贫队长工作经费2000万元，作为风险补偿基金，向农发行申请扶贫批发贷款5亿元。截至2017年10月，农发行已向岳西县农村发展投资有限公司批准扶贫批发贷款流动资金授信2

亿元，县农投公司已申请用信5000万元，向51个村集体发放贷款4125万元，带动村集体增收344.25万元，间接带动近2000多户贫困户，户均增收1500元左右。

（三）不断强化产业培育，构建长效扶贫机制

围绕岳西县生态特色和资源禀赋优势，引导贫困村、贫困户大力发展茶、桑、菜、生态养殖、中药材五大主导产业，因地制宜发展红心猕猴桃、蓝莓、山核桃、香榧、雷竹、瓜蒌、生姜、稻田套养等特色种养业，为产业发展提供支撑。一是实施产业奖补，因户施策，分类指导，筛选产业，指导贫困户“自种自养”发展特色种养业，激发“造血”活力；二是深入推进贫困村“一村一品”行动，每村建立2个以上特色种养业基地，实行示范辐射带动，建设特色农产品优势区，培育优势主导农产品，全县建立贫困村特色种养业示范基地136个；三是大力培育贫困村经营主体，实施经营主体激励带动参与脱贫攻坚，通过发展规模经营、农产品加工、村企合作、产销对接，促进“一村一品”发展；四是打造贫困村优势产业品牌，抓好基地生态化改造、品种更新改良，严格农业投入品管理，强化农产品质量安全，发展“三品一标”优质农产品，培育优势品牌；五是开展贫困村农产品产销对接，组织贫困村经营主体参加各类农产品展销推介会、贫困地区农产品产销对接会，拓宽农产品销售渠道。

（四）强化利益联结，不断创新产业发展模式

充分发挥新型经营主体结对帮扶、参与精准扶贫辐射带动效应，着力推广“四带一自”产业扶贫模式，积极完善劳务就业、订单收购、股份合作、土地租赁、资产收益等利益联结纽带，增加贫困户收入。先后制定了《岳西县“百企帮百村”精准扶贫行动工作方案》《岳西县关于构建“三

有”型稳定脱贫新模式实施意见》《岳西县关于全面推广“四带一自”产业扶贫模式实施意见》等文件，集聚“四带一自”产业扶贫模式。一是抓莒蒲省级现代农业示范区、温泉农业综合开发区、白帽金鸡产业园区和贫困村产业园区（基地）带动，发挥园区劳务就业集聚带动效应。二是抓龙头企业带动，大力引进并培育龙头企业，发展茶叶、蚕茧等农产品初加工，开发夏秋茶，构建“企业＋基地＋贫困户”发展模式。三是抓农民合作社带动，引导贫困村培育组建农民合作社，开展种植培训、订单收购等服务。四是抓家庭农场经营大户带动，开展产业托管服务，促进提质扩规增效。狠抓贫困户自种自养发展特色种养业，实施产业奖补和脱贫奖励，激发生产发展新动能。全县累计建立贫困村特色种养业扶贫园区基地 136 个，参与精准扶贫带动经营主体 377 家，通过订单收购、股份分红、劳务就业、服务带动等方式带动贫困户近 19668 户户均增收 500 元以上，主体带动覆盖率达 65.36%。

四、岳西县产业扶贫经验的政策启示与理论贡献

岳西县结合自身的发展环境和发展特点，积极探索出了一条适合自身的产业扶贫路径，有效破解了产业扶贫的困境，促进了贫困户顺利脱贫。现在岳西县已经脱贫摘帽，及时总结和提炼岳西县在精准扶贫实践中探索出来的地方经验具有重大意义：一是可以将实践中探索出来的经验和好的做法制度化，在继续巩固脱贫攻坚成果的基础上，为乡村振兴提供经验参考；二是岳西县产业扶贫的实践经验可以为其他尚未脱贫摘帽的县域提供路径参考；三是岳西的产业扶贫经验对减贫“中国方案”和减贫发展理论可能做出重要贡献。下面将主要从政策启示和理论贡献两个层面简单谈谈岳西经验给我们带来的思考。

（一）对其他县域推进脱贫攻坚的政策启示

1. 厘清发展思路，结合县域发展实际，科学制定产业发展规划

凡事要规划先行，谋定而后动。制定科学的产业发展规划对于地方产业发展具有非常重要的作用，岳西县在进行产业扶贫之初就已经认识到了这一点。通过认真组织调研论证，岳西县制定出台了《岳西县“十三五”产业精准扶贫规划（2016—2020年）》，对岳西县的产业扶贫进行了科学规划，从制度设计上保证了产业扶贫发展的大方向，并且始终坚持三个原则：一是坚持精准扶贫、精准脱贫的基本方略。把实现贫困户增收脱贫作为产业扶贫的根本目的，确定“产业到人、人对产业”的工作标准，避免产业扶贫与脱贫致富“两张皮”。二是遵循市场运作和产业发展规律，合理布局脱贫产业和脱贫项目，避免不顾实际一哄而上和引进水土不服的产业，避免形成新的形式主义；避免盲目跟风、机械模仿，避免产业发展的同质化问题，确保产业发展的持续性和稳定性。三是强化“项目带动”的重要抓手。按照“户有致富项目、村有特色产业、乡有主导产业、县有支柱产业”的目标，规划产业发展项目；以县为单位建立产业扶贫项目库，分年度滚动实施。这些都是岳西县在产业扶贫实践中总结出的宝贵经验，其他县域在脱贫攻坚过程中可以学习和借鉴。

2. 选准发展方向，将区域内的资源比较优势转化成产业发展优势

岳西县地处大别山腹地，有着丰富的森林资源、旅游文化资源。在脱贫攻坚过程中，岳西县充分利用和挖掘本地的资源优势，将其转化成产业发展优势；注重立足于资源禀赋和产业基础，发展地域特色突出的脱贫产业，实现差异性竞争，错位发展，发挥比较优势，保证产业发展的质量和效益。这些实践经验对其他县域带来了以下几点启示：一是需要明确产业扶贫方向。依托贫困县、贫困村的资源禀赋优势和发展潜力，选准主导产

业或者主导产品。制定适合本地区发展的产业规划，明确产业发展方向，要把这些好的产业通过一定方式与贫困村、贫困户联结起来，建立起良性的利益联结机制，保证每个贫困户受益。同时，每个乡镇都需要重点培育符合本地特色的主导品牌，拿出刚性措施来推动，才能确保产业扶贫顺利发展，带动致富和产生效益。二是需要精准选好扶贫产业。通过召开座谈会和实地考察等形式准确掌握贫困村和贫困户的情况，在了解了贫困户发展需求的基础上，选准选好主导产业（或主导产品），产业不能发展太多，最多不超过两项，并针对这些产业制定长期发展规划和年度发展计划，实施贫困村“一村一品”产业推动行动，逐村逐户指导，精选优选产业项目，因村因户因人制定帮扶名单，真正做到因地制宜和精准施策。

3. 注重发展质量，地方政府应该从全局着手推动产业发展提质增效

在供给侧结构性改革、精准扶贫和乡村振兴背景下，县域的发展应该具备全局观，不能走“头痛医头，脚痛医脚”的老路子，而要走出一条具有战略思维的创新发展之路，这样才能促进县域经济社会发展。对于产业发展而言，需要做好以下三点：一要优化区域化布局。县域发展要有战略思维，着眼于全局，统筹谋划、综合考量，以市、县、乡为单位进行产业区域化布局，这样培育发展起来的产业才具有生命力和竞争力，才能实现可持续发展。二要产业化发展。农业产业的发展应该走适度规模的产业化发展之路，按照全产业链理念打造产业，在种养、加工、销售、流通上整体发力，特别要注重在精深加工上下功夫，拉长产业链条，拓宽贫困户就业增收渠道。三要做到适度的规模化经营。农业产业发展既要避免小而散的小农经营模式，又要避免不切实际的规模化发展。因此，应该在提倡适度规模经营的基础上，注重培育壮大龙头企业、农民合作社、家庭农场、专业大户等新型经营主体，切实发挥龙头带动作用，吸纳贫困户参与规模

化经营，与贫困户建立稳定的带动关系，向贫困户提供全产业链服务，提高产业增值能力和吸纳贫困劳动力就业能力。

4. 创新工作机制，以不断创新的工作思路激发县域发展的活力

一是建立利益联结机制。党的十九大报告提出，促进农村一、二、三产业融合发展，支持和鼓励农民就业创业，拓宽增收渠道。这就要求延长农业产业链条，大力发展农产品加工业，加快农产品转型升级，要将“互联网 +”“生态 +”等现代新理念引入农业生产经营活动，大力发展电商扶贫和乡村旅游扶贫，加速推进功能融合，建立健全“租金 + 股金 + 薪金”的利益联结机制。把共享理念贯穿到产业发展链条中去，创新产业减贫带贫机制，构建互利多赢的共同体，让贫困户和贫困村分享产业发展红利；建立健全“政府 + 金融 + 保险”的风险保障机制，引入商业保险竞争机制，通过财政以奖代补等方式支持贫困地区发展特色农产品保险，及时化解农业经营主体和贫困户在生产和经营过程中的市场风险与自然风险等。二是积极推进“三变”改革。充分结合当地的资源优势，积极探索村集体经济发展路径，围绕“三变”改革，放大财政资金绩效，着力培育壮大特色产业，帮助贫困村稳定增加村集体收入，具备条件的将收益折股量化给贫困村和贫困户，尤其是丧失劳动能力或弱劳动能力的贫困户，让他们分享稳定的收入。三是积极创新产业扶持脱贫模式。要紧扣实际，在尊重贫困群众意愿的基础上，把探索实施合作帮扶模式、社会帮扶模式作为重点方向，大力引导支持新型经营主体带动贫困群众脱贫致富。把贫困群众受益作为首要条件，选准产业项目与贫困户增收的结合点，想方设法使贫困群众参与到产业链中，找到合适的就业渠道和岗位。同时，加强政府的指导与监管，帮助贫困户与新型经营主体之间明晰产权、明确责任与风险、合理确定利益分配、及时化解利益矛盾，保障贫困户充分受益。

（二）对“中国方案”与减贫发展理论的贡献

现在我国正处于脱贫攻坚的关键节点上，未来两年将是脱贫攻坚的决胜期。同时，2018 年又是实施乡村振兴战略的开局之年，如何实现精准扶贫与乡村振兴的有机衔接，在继续巩固脱贫攻坚成果的基础上，为实施乡村振兴战略积累经验，已成为一个迫切需要研究和解决的问题，岳西的产业扶贫实践进行了多方面的探索，积累了一些地方经验，概括起来，对“中国方案”的贡献主要有以下三点：

一是从单一益贫机制转向广泛受益机制。岳西的实践经验表明，脱贫攻坚不能一心只想减贫，而是要把减贫作为发展的一部分纳入经济社会发展的全局来考虑，要与社会、经济、文化和生态的发展相协调，综合考虑，统筹谋划。岳西县在产业发展实践中始终重视平衡贫困户和非贫困户的发展差距，在扶贫资源大量向贫困户倾斜的同时，制定出台支持非贫困户发展的产业奖补政策，使贫困户和非贫困户在产业发展上享受公平的发展机遇。产业发展的瞄准对象从贫困人口转向全体群众，实现了单一益贫机制向广泛受益机制的转变，也为乡村振兴战略背景下促进产业兴旺积累了经验，真正做到了脱贫路上不落一人。

二是注重工作机制创新，实现地方的良性发展。岳西县在推进产业扶贫的实践中不断创新工作机制和扶贫路径，提出扶贫驿站和扶贫工厂的产业发展路径，在每一个移民安置点留足公共空间，设置扶贫工厂和扶贫驿站，指引当地具有一定实力的企业入驻社区，为易地搬迁人口提供就业，就地就近解决易地搬迁人口的后续生计问题，真正实现“搬得出、稳得住和能致富”的目标。岳西这一实践经验也表明，要注重从整体上思考问题，找到各事物之间的联系，不断创新工作机制，找到各帮扶措施之间的联结点，促进贫困户的可持续发展。

三是在政策理念和制度设计上具有前瞻性。在岳西的脱贫攻坚实践中，始终秉持平衡发展的理念，注意平衡贫困村与非贫困村、贫困户与非贫困户之间的发展布局，防止出现政策执行的“悬崖效应”，并且在产业扶贫政策和规划中开始与乡村振兴战略相融合，主动与乡村振兴提出的产业兴旺发展方向相衔接，在实地工作中也非常注重对未来实践的设计。

中国作为一个农业人口大国，也是贫困人口较多的国家，改革开放40年来，中国实现7亿多人摆脱贫困，为全球减贫与发展事业做出了重大贡献。同时，中国作为全球最大的发展中国家，在减贫事业上取得的宝贵经验，值得其他发展中国家学习和借鉴，中国脱贫攻坚的县域实践为减贫的“中国方案”提供了最鲜活的注脚，也为减贫发展理论贡献了“中国元素”，如“精准扶贫”“合作共赢”和“人类命运共同体”等关键词都得到了国际社会的高度认可，而“试错”“五年规划”“强化治理”等关键词则彰显出中国创造的一套独特的扶贫工具和方法。这些工具和方法亦可为其他发展中国家提供参考，经过进一步提升和总结，亦可成为减贫发展理论的一部分。

第六章 践行“两山论”：岳西绿色经济的可持续发展

保护生态环境就是保护生产力。“两山论”既阐明了经济与生态的辩证统一关系，也体现了可持续、可循环的科学发展观。经济发展与生态保护二者不可分割，构成了有机的整体。保护生态就是保护自然价值和增值自然资本的过程，保护环境更是保护经济社会发展潜力和后劲的过程。本章主要对岳西县在发展过程中是如何践行“两山论”、实现绿色经济发展的经验与做法进行分析。岳西县以“绿水青山就是金山银山”的思想为指导，始终坚持生态立县战略，以生态优先、加速崛起、富民兴县为主线，积极探索出了一条绿色发展之路。岳西的实践表明生态环境保护和脱贫攻坚是全面建成小康社会的两个重点，必须坚持生态环境保护和脱贫攻坚的内在统一和统筹推进，才能在实现减贫的同时，实现地方的绿色发展。

一、岳西生态环境背景

岳西县山脉纵横、峰峦叠嶂、沟河密布，是长江流域的皖河、淮河流域的淠河两大水系发源地和分水岭。长江流域面积 1855.9 平方千米，占全县总面积的 77.39%；淮河流域面积 542.1 平方千米，占全县总面积的 22.61%；海拔 500 米以上的中低山区占全县总面积的 80.6%；境内最高峰

1751 米，最低点 70 余米。

岳西县境内地质构造复杂、断层较多，岩石以花岗片麻岩为主，土壤以黄棕壤为主。由于地处亚热带、常绿阔叶林向暖温带常绿阔叶混交林过渡地带，植物种类繁多，历史上曾经是山清水秀、森林茂密、鸟语花香，建县前 80% 以上的地区古木参天，林荫蔽日。由于自然因素、人为因素等多种因素的影响，特别是 1958 年十万大军进山砍树烧炭炼铁，造成岳西全县水土流失十分严重。根据安徽省水利厅 2015 年提供的卫星遥感数据显示，县域内轻度以上水土流失面积为 728.3 平方千米，占总面积的 30.7%，流失总量为 92.42 万吨，平均侵蚀模数为每年 1269 吨 / 平方千米。严重的水土流失，使生态环境恶化，流走了土壤肥力，造成水库、山塘、河道淤积，导致洪旱灾害频繁发生，部分地区出现滑坡和泥石流，新中国成立以来共发生洪灾 20 余次、旱灾 10 余次。生态环境恶化成为岳西县脱贫致富、社会经济发展的重要制约因素之一。

二、岳西县城乡环境保护建设举措

党的十九大报告指出，必须牢固树立和践行“绿水青山就是金山银山”的理念，保护生态环境就是保护生产力。“两山论”阐明了经济与生态的辩证统一关系，体现了可持续、可循环的科学发展观，经济发展与生态保护二者不可分割，构成有机整体。绿水青山和金山银山绝不是对立的，两者能否协同发展，关键在人，关键在思路。保护生态就是保护自然价值和增值自然资本的过程，保护环境就是保护经济社会发展潜力和后劲的过程。把生态环境优势转化成经济社会发展的优势，绿水青山也就变成了金山银山。岳西县以“绿水青山就是金山银山”的思想为指导，始终坚持生态立县战略，以生态优先、加速崛起、富民兴县为主线，积极探索出了一条绿色发展之路。

岳西县现有农业人口36.34万，人均7亩山场、6分耕地。根据山多田少这一基本县情，岳西县历届县委、县政府将“生态立县”确定为岳西县发展战略，大规模地治山治水。2016年5月5日，岳西县围绕《中共岳西县委岳西县人民政府关于推进脱贫攻坚打造全省示范的决定》确定的环保重点工作任务，制定了《岳西县城乡环境保护工程实施方案》，将整个城乡环境保护工程分为农村饮用水源地保护工程、农村环境综合整治工程、有机食品生产基地建设工程、生物多样性保护与减贫工程、生态补偿工程和千万亩森林增长工程等八个部分。由于政策目标不同，县政府根据工作内容将工程分解细化，制定时间表和路线图，确定相关的牵头部门和责任单位。在2016年3月21日出台《岳西县城乡环境保护工程考核办法》，对八项工程的实施情况从组织领导、项目管理、资金管理、工程效益和资料报送五个方面进行考核评分，保证工程实施效果。从政策目标来看，八项工程都围绕环境整治改善、生态保护和绿色经济发展三个主题来推进。

（一）环境整治和改善，为发展创造条件

环境改善主要是针对人居环境整治建设。打造整洁的人居环境需要对环境设施进行配备，完善基础设施对后期环境整洁的保持发挥着重要作用。人居环境建设能够改善村庄发展的环境和基础条件，为农户个人发展提供良好的外部环境。岳西县对环境整治建设不仅仅靠硬件改善，还强调农户自身卫生意识的培养。良好的环境为乡风文明的营造提供了条件。

1. 完善道路基础设施建设，打通交流通道

2016年4月18日，《岳西县农村道路畅通工程实施方案》出台，将建设工程具体分为县乡公路畅通工程和乡村道路畅通工程。提出自2016

年起，用3年时间在全县实施乡村道路畅通工程，明显改善农村交通状况。对于村庄分散度较高的岳西县来说，道路畅通将会打通人才、资金流动通道，助力脱贫攻坚。

为加快推行乡村道路畅通工程建设，提高各乡镇工程建设的积极性，根据安徽省人民政府《关于实施农村道路畅通工程的意见》，省交通厅、省发改委、省扶贫办、省财政厅联合下发了《农村道路畅通工程实施办法》《安徽省农村道路畅通工程实施指南》及《岳西县农村道路畅通工程实施方案》，2016年10月19日岳西县制定了《岳西县农村道路畅通工程建设资金管理办法》《2016年乡村道路畅通工程项目考评奖补办法》。对老村级道路加宽改造工程、撤并建制村路面硬化工程和贫困村内较大自然村道路硬化工程进行奖补，安排1500万元资金用于畅通工程的奖补。对各乡镇建设规模和工程推进情况进行定量评价，总评价系数由基础系数和管理工作完成系数两部分组成。基础系数根据2016年各乡镇乡村级畅通工程计划里程数在全县乡村级畅通工程计划里程数中的占比确定；管理工作完成系数由其范围内的工程进度、工程质量、受益群众满意度三方面确定，奖补金额等于总评价系数乘1500万元。其中，受益群众满意度是在每个乡镇抽50%且不少于3个行政村开展群众满意度调查。考评小组随机调查或电话调查畅通工程项目周边20名群众代表，根据群众满意度调查表，接受调查的群众对畅通工程各方面调查内容有一项不满意扣0.2分，该单项分扣完为止。这一项评分的设置，使得工程建设不能仅关注项目推进，还需要听取群众的建议，加强与基层的联系。

为了使畅通工程顺利快速推进，2016年岳西县召开了全县农村道路畅通工程建设动员大会。岳西县交通局取消双休日，将建设范围划分为六个片区，局党组成员分别包片领导，实行责任包保。工程技术骨干分片服务乡镇，抽调交通局、公路局共26名干部到乡镇驻点蹲守，吃住在村，专职联系协调。2016年10月下旬，岳西县交通运输局开始停止一般会议活动，停止以往的工程结算，集中干部队伍、交通工具，以满足畅通工程的需要为第一需要，先后投入160万元的设备和经费，保证畅通工程的任务顺利完成。除了政府相关部门全线下沉推动工程实施，岳西县还特别重视与基层的联系，充分发挥基层和农民群众的参与积极性。让群众知晓筹集资金的渠道，中央、省、市、县级补助资金标准，并加大道路政策宣传。在畅通工程开展过程中，成立了理事会等组织200多个，发动群众600多人参与工程协调和质量监督，让群众成为农村道路畅通工程的参与者，提高主人翁意识和责任意识。

2. 推进“三大革命”，净化人居环境

2017年上半年，安徽省在美丽乡村建设推进会中特别提出对农村环境“三大革命”的部署。岳西县从自身实际情况出发提出在23个乡镇政府驻地建成区开展整治建设，在67个省级中心村、11个市级中心村、58个县级中心村全面开展农村垃圾、污水、厕所“三大革命”。

“三大革命”的重点是“厕所革命”。岳西县农村以前大多使用旱厕，且建在院外，粪便存放到粪缸中，直接用于施肥。夏季容易滋生蚊虫传染疾病，对环境和卫生建设带来很大的挑战。岳西县结合当地实际情况，坚持以拆改为主、新建为辅、整村推进的原则采用三种模式推进“厕所革命”：第一种模式是将危房改造和农村改厕相结合。引导农户将厕所改进屋内，与卧室连通起来，对有条件的农户，鼓励他们在改厕时修建洗浴设施和水冲式坐便器。第二种模式是在人口密集区修建公厕。在居民集中区或者固定的路段一侧建立公厕，能够最大化方便群众使用，也能减少厕所污水分散排放处理的成本。第三种模式是在农户家中推广三格式化粪池。2017年岳西县开始推广，化粪池由岳西县统一招标采购，免费给农户安装，每一户获得财政补助1300元，按照农户的改厕积极性推进改厕进程。

由于农户已经养成了原有的卫生习惯，短时间内改变比较困难，加之对改厕效果不了解，推广有一定的难度。岳西县通过宣传和发挥已经改厕农户的示范作用，进一步缩短建设周期，使得越来越多的农户参与到改厕中来。2017年岳西县完成农村改厕6015户，2018年完成农村改厕5039户，计划到2020年，全面完成2万多户农村旱厕改造任务，实现“零旱厕”的目标。

与城乡环卫一体化结合，进行农村生活垃圾治理。2017年，岳西县完成菖蒲、青天、来榜、头陀4个非正规垃圾堆放点整治。岳西县玉禾田公司全面接管城乡环卫垃圾处理，按照日处理垃圾178吨的标准，对全县城乡垃圾捡拾、清扫保洁、收集转运和末端处理实行一体化运营。

梯次推进农村生活污水治理。由于岳西县地势高低起伏，且山地面积大，系统性建设污水管道工程难度较大；分散农户产生的污水量并不多，大部分生活污水能作为灌溉用水循环使用。因此，岳西县针对不同地区采取不同的污水处理措施。对乡镇驻地建成区进行污水处理实施建设，累计投资1.67亿元，实现24个乡镇驻地建成区污水处理设施运营，所有乡镇驻地实现雨污分流，4个美丽乡村省级中心村也建设污水集中处理设施。针对分散农户，采用建三格式化粪池、沼气池等方法，就地进行分散、生态处理，改变过去污水乱排的局面。现在，农户的生活污水包括厨房用水、洗浴用水等直接通过管道排放到周边的农田中，用于农田灌溉。而粪便通过三格式化粪池进行分解，分解后的粪便成为环保有机肥，分解后的粪液可用于灌溉，实现农户粪污资源化利用。

除对环境基础设施进行改造外，岳西县还注重农户自身环保意识的提高，与脱贫攻坚相结合，关注贫困户人居环境。2017年10月，岳西县开展了“共建洁净农家·助力脱贫攻坚”专项整治活动，重点是开展贫困户家庭室内室外整治。提出“四净两规范”的要求，即农户家中达到室外净、室内净、厕所净、个人卫生净、生活家居配套规范和生产生活资料摆放规范。针对很多农家卫生习惯没有养成的情况，岳西县充分发挥教育带动作用，在学校开展“小手拉大手”活动，希望通过学校教育让家长提高卫生意识，改善家庭卫生环境。岳西中学将家庭卫生劳动作为周末的课外活动作业，要求学生和父母一起劳动，改善家庭卫生环境。学生将家庭的卫生情况拍成视频在学校进行分享，在实现学生“德智体美劳”全面发展的同时，提高农户环境卫生意识。

通过“三大革命”，岳西县人居环境得到了很大的改变，实现了城乡环卫一体化，城乡生活垃圾收集率达到100%，城市和农村垃圾无害化处理率分别达到100%和90%以上，24个乡镇政府驻地污水处理设施建设全覆盖。推进农村环境整治暨厕所革命，2018年全县共拆除可视范围内旱厕10005个，改造旱厕6780个，拆改破旧牛栏、猪圈、柴棚和脚屋10062个，完成“四净两规范”整治42282户，实现室内净、室外净、厕所净、个人卫生净、生产生活资料摆放规范和生活家居配备规范。

3. 开展美丽乡村建设，助力贫困村蜕变

岳西县美丽乡村建设以生态环境保护为出发点，注重保护山、水、田、林、园、塘等自然资源，保留田园的原始风貌，坚持不推山、不填塘、不砍树，保护好村镇千百年来传承的自然景观。现有建设并不是在村庄全域建设美丽乡村，而是以中心村为重点，首先支持中心村建设，再向其他区域扩散。因此，岳西县投入资金4.6亿元，实现乡镇政府驻地建成区环境整治全覆盖，实施67个省级中心村、11个市级中心村、58个县级中心村建设，占全县所有行政村的74.7%。岳西县的美丽乡村建设连续四年获得省市先进，在美丽乡村建设中，根据不同乡镇的特点，岳西县打造了一批特色村庄，如中国十大美丽乡村菖蒲镇水畈村、中国美丽休闲乡村温泉镇榆树村等。同时，还积极培育发展以乡村体验游、民宿为代表的低碳旅游新业态。

在美丽乡村建设过程中，岳西县充分认识到贫困村和贫困户的需求，采取多种措施为贫困村和贫困户提供政策、资金上的支持，帮助贫困村参与美丽乡村建设。一方面，提供政策上的支持，贫困村优先申报美丽乡村建设点，优先支持贫困村申报省市县中心村。截至2018年，岳西县65个贫困村已经建成或在建省级中心村21个，市级中心村8个，县级中心村21个，其余15个贫困村也计划在2019年建设美丽乡村11个，2020年4个，实现贫困村美丽乡村全覆盖。岳西县美丽乡村建设对贫困村的支持取得了良好的效果，2018年，岳西县15个省级中心村贫困村占11个，4个市级中心村占2个。另一方面，在资金上给予支持，对贫困村的支持资金比非贫困村安排资金更多。2018年开始资金支持市级中心村，按照300万元/村计算，县级按照200万元/村计算。2018年，一般市级中心村，市里出资100万元，县里配套100万元，作为建设资金。贫困村市级中心村，市里出资150万元，县里配套150万元。县、市级中心村中2个贫困村的建设资金达到300万元，和省级中心村建设资金持平。优先安排贫困村作为市领导联系点，单独给予10万元作为联系资金。资金的支持，为贫困村的美丽乡村建设提供了坚实的基础。对贫困户支持主要体现在提供劳动就业机会，增加其收入。美丽乡村建设中大量的小型建设项目优先聘用贫困劳动力，优先安排贫困户作为长效管护人员、优先提供公益性岗位，增加工资报酬收入。

案例6-1 新浒村的美丽乡村建设

新浒村位于响肠镇西南部，毗邻潜山县，西南距县城12千米，西距响肠镇4千米，总面积12平方千米，辖28个村民组607户2622人。新浒村地理位置优越，水、电、路等各项基础设施完善，交通便捷，景色宜人。过去，新浒村基础设施薄弱，产业发展较为落后，2013年底被列为全县65个建档立卡贫困村之一，贫困户258户856人。为了促进村庄环境建设，新浒村申请开展美丽乡村建设。

在编制建设规划过程中，村“两委”成员入户与村民座谈，了解村民的基本需求。规划分为三个层次，即村域规划、中心村建设规划和中心村近期整治规划。确定了美丽乡村的建设内容：新建农民文化休闲广场一座、新建水冲式公厕六座、铺设青石板道路1000米、浒漕河吊桥一座、沿河步道500米、房屋改貌14户、绿化6000平方米、路灯亮化84盏、环境整治、垃圾处理等。随后，新浒村制定了《关于对农村环境专项整治实施方案》，将房前屋后扫干净、院内院外摆整齐、垃圾处理无害化、圈厕整治规范化、农家田园生态化设为主要任务目标，并规定了实施时间。在建设开展前，召开了熊冲、高屋美丽乡村建设动员会。

在道路、河道等基础设施的建设和管护方面，制定新浒村道路管护制度，明确养护人员工作职责，针对不同道路情况给出相应的处理方式，设置了统一的道路指示牌。推进自来水改造工程，配备中心村供水管护人，使得中心村自来水普及率达到100%，满足中心村群众居民正常供水。对村内近10年来未整治过的河道进行清淤治理，疏通排水口，改善了河道两旁的环境，让“水活起来”。在环境整治方面，首先，设立村级卫生宣传标识，开展村内房前屋后环境整治工作，对电力、通信等凌乱垂落线缆进行整治；其次，制定了新浒村环境整治项目生活垃圾处理管理制度，污水处理针对不同区域采用不同的方法，非集镇区采用“连片治理”模式，集镇区污水排放量较大，直接纳入城镇污水管网进行统一集中处理。在环境美化方面，制定了新浒村绿化管理制度，邀请建设工程单位进行有限栽植，推进美丽乡村道路绿化提升工程，并对道班进村路口至村部及节点栽插品种做了规定，还种植垂柳和格桑花对浒漕河两岸进行绿化。

除了环境整治，新浒村还开展各项活动推进村庄精神文明建设：选拔“村里法律明白人”，带头学习与农村、农业生产和农民生活密切相关的法律法规；评选新浒村“身边好人”，在全村营造“当好人、做好事”的良好氛围；制定《关爱“三留守”人员服务工作实施方案》，开展志愿活动，为“三留守”群体提供心灵关爱的温暖，在村庄里营造“关爱特殊家庭，促进社会和谐”的风气；开展“好婆媳”“好夫妻”评优评先活动并颁发证书，宣传和谐的家庭关系；开展“树家风、传家训”道德讲堂活动，倡导村民把道德讲堂宣讲内容和职业道德、社会公德、家庭美德有机结合。多种多样的精神文明建设活动，让新浒村形成了乡风文明的和谐氛围。

经过几年的美丽乡村建设，新浒村的村容村貌发生了很大的改变，形成了文明向上的风气。2015 年，新浒村被定为全国、全省驻村帮扶工作现场会参观点，《经济日报》和省、市电视新闻联播等媒体进行了广泛宣传报道。经响肠镇党委政府、新浒村“两委”积极争取，熊冲、高屋中心村被列入 2017 年度省级美丽乡村建设。

---

4. 实行城乡环卫一体化，提升城乡环境质量

2017 年岳西县实施城乡环卫一体化 PPP 项目，项目的社会资本主体是深圳玉禾田环境发展集团有限公司，政府资本是受岳西县政府委托的县城投公司。双方共同出资组建新的项目公司，注册资本为 4000 万元人民币，其中社会资本以货币形式出资占股 90%，政府以实物（现有环卫存量

资产）对价出资占股10%，合作采用BOT模式。新的项目公司主要负责县城建成区、岳西县24个乡镇集镇区及43个美丽乡村中心村道路和6个社居委的道理（街道）清扫保洁；农村道路、河道生活垃圾捡拾；公厕管理和保洁、化粪池清掏及转运；垃圾前端清扫保洁、工器具配置；垃圾转运站设备设置和建设；城乡各类垃圾收集、末端转运处理及环卫重大应急保障服务等。项目目标是确保城镇生活垃圾收集率达到100%、无害化处理率达到100%，农村垃圾收集率达90%，无害化处理率达85%。

虽然整个城乡环卫一体化项目是针对环境卫生建设这一目标，但是项目的积极推进也与岳西县脱贫攻坚相结合。一方面，为了实现作业项目的全覆盖，项目公司接管原有环卫作业人员700人，新招聘环卫作业人员640人，共有员工1340人。其中，聘用扶贫建档立卡员工645人、残疾人19人，总计664人，占公司员工总人数的49.55%。在人员上向贫困户倾斜，使贫困户家庭年增加劳务收入约1.5万元，既稳定了扶贫建档立卡人员的就业，也稳定了其家庭收入。另一方面，在购置大宗商品和易耗品，如扫帚、垃圾桶、清洁工具和用品，实现本地化采购，为当地企业发展提供帮助。除了与脱贫攻坚相结合，环卫一体化项目还与农村污水厕所垃圾“三大革命”、全域旅游创建相结合，覆盖城乡垃圾的清扫保洁的前端、中端和末端的转运，陈年垃圾的清运处理和公厕的运行管理，助力“三大革命”的实施。对于岳西县三个4A景区，项目公司针对各景区的不同特点和不同要求，尤其是在重大活动和重要节假日期间提供精准、精细的特色服务。

虽然整个项目工作任务非常繁重，但是从城乡环卫一体化实施方案编制到招标采购一共只花费了6个月的时间。在与相关部门工作人员访谈时，工作人员也表示整个项目的推进十分顺利，没有什么困难和障碍。政府的大力支持，为项目的迅速实施提供了强有力的保障。

表 6-1　城乡环卫一体化实施方案编制及招标采购过程时间一览

时间	工作情况
2017 年 1 月 25 日	委托编制《岳西县城乡一体化大环卫项目运营方案》
2017 年 4 月	委托编制岳西县城乡环卫一体化项目建议书和可行性研究报告
2017 年 4 月 12 日	县政府请示市财政局同意采用竞争性磋商方式开展采购政府服务确定城乡环卫一体化项目服务单位
2017 年 4 月 18 日	选择代理和咨询有限公司；代理机构组成专家组
2017 年 5 月 15 日	咨询公司提交《PPP 项目实施方案（初稿）》、合同文件（包括《PPP 项目合同》《股东协议》《公司章程》初稿），并与县住建局和 PPP 办公室相关部门领导进行讨论，形成实施方案（讨论稿）
2017 年 5 月 16 日	形成《PPP 项目实施方案（征求意见稿）》
2017 年 5 月 19 日	《PPP 项目实施方案（征求意见稿）》向相关政府部门征求意见，截至 2017 年 5 月 23 日 12：00，共收到书面反馈意见 5 份
2017 年 5 月 25 日	相关政府部门就《PPP 项目实施方案（评审稿）》进行联审，并出具专家意见
2017 年 5 月 27 日	PPP 领导小组再次对《PPP 项目实施方案（评审稿）》和联审会专家意见进行讨论，形成《PPP 项目实施方案（报批稿）》
2017 年 6 月 1 日	县政府常务会议审议《PPP 项目实施方案》
2017 年 6 月 2 日	县党政联席会议听取《PPP 项目实施方案》汇报，并提出修改完善意见
2017 年 6 月 5 日	县政府批复同意《PPP 项目实施方案》
2017 年 6 月 8 日	项目挂网公开招标
2017 年 6 月 19 日	开标，进行竞争性磋商，深圳玉禾田环境发展集团有限公司得分第一名，并进行公示
2017 年 6 月 25 日	项目磋商谈判
2017 年 7 月 18 日	正式签订服务合同

城乡环卫一体化 PPP 模式，依托“政府资本＋社会资本”模式，充分利用社会资本资金优势、人才优势、投融资优势，让社会资本参与到岳西县建设中来，取得了显著的成果。这一特色之路，也被财政部列为全国第

四批政府和社会资本合作示范项目之一。

（二）注重生态恢复和保护，发挥生态恢复的溢出效应

岳西县有着丰富的生态资源，由于生态资源保护有很强的外部性，如果生态环境得到了恢复和发展，会对当地经济发展产生极大的正向外部性。虽然生态保护的成效需要很长一段时间才能显现，但这却是实现可持续发展的必要条件。

为了更好地推进生态恢复和保护工作，岳西县在制度上进行创新，推行林长制和河长制。2017 年 9 月，岳西县正式启动林长制工作，完善林长组织体系和工作制度体系，成立了以县委书记和县长任总林长、县委副书记任常务副总林长、常务副县长和分管副县长任副总林长及其他县干任林长的县级林长制工作领导机构，建立了县级林长会议制度，成立了林长制工作办公室，抽调专人办公。2018 年在县、乡、村三级林长的基础上，设立组级分林长 4385 人，志愿林长 129 人，建立了县、乡、村、组四级林长组织体系。在制度上，《岳西县全面推进林长制工作实施方案》《岳西县林长制工作督办方案》《岳西县林长制信息通报制度》等制度的出台，为林长制的推进提供了制度保障。在林长制的实施中，岳西县推出各项专项行动，引入旅游养生高效林业项目，在招商引资上取得了成果。2017 年岳西县也开始全面推进河长制工作，印发了《岳西县全面推进河长制工作方案》。与林长制相似，分级设立了河长并分级建立了河长会议制度。两项制度的建立，将森林和河流的保护提升到了新的高度，为岳西县林业和水利工作提供了保障。农户成为分级林长和河长，参与到环境保护的整治中来，提高了参与度，更提高了农户对环境保护的认识。

1. 森林生态补偿和保护

岳西县森林资源丰富，林场面积广大，林业保护工作任务艰巨。根据实际情况，岳西县每年开展不同主题的专项行动，使得森林资源得到全方位的保护。2016 年岳西县开展针对森林资源保护的“绿盾”专项行动，对全县 20 家涉木企业、14 家苗木生产企业及 100 多户培植业用户进行了检疫检查，强化了用户的检疫意识，提高了社会公众对检疫工作的认识，取得了良好的效果。加上不断强化的监测预警工作，使得岳西县的林业防治工作取得了很大的成效。2017 年开展“重力治药”专项行动和保护野生兰花、映山红专项行动，制止打击乱砍滥伐林木，无证运输经营木材，乱采滥挖野生兰花、映山红和珍稀树木的行为。当年抽调 30 名林业行政执法人员组建 6 个巡查小组在重点区域进行巡回检查，查获非法贩运野生映山红 330 株、松原木 11.23 立方米、杉原木 2.2 立方米。

（1）森林生态效益补偿，增加农户收入

2018 年，岳西县划定生态公益林 138 万亩，相关部门加大管护力度，管好用好每亩 15 元的补偿基金。15 元的森林生态效益补偿基金，除去 1.5 元用于公益林护林员发放劳务费、0.25 元用于检查验收监测费用，剩余每亩 13.25 元由财政通过“一卡通”于每年年底前直接发放给农户。森林生态补偿金的发放，对于贫困户来说增加了一项固定收入。

表 6-2　2014—2017 年岳西县森林生态效益补偿基金发放情况

年度	户数	资金（元）
2014	40382	13941508
2015	40650	13941508
2016	42381	14499107
2017	43086	14316348
合计	166499	56698471

（2）退耕还林，探索管理和技术新模式

退耕还林是从保护和改善生态环境出发，将易造成水土流失的坡耕地有计划、有步骤地停止耕种，按照适地适树的原则，因地制宜地植树造林，恢复森林植被。2002 年 1 月 10 日，国务院西部开发办公室召开退耕还林工作电视电话会议，确定全面启动退耕还林工程。2002 年 5 月，岳西县委、县政府成立了岳西县退耕还林工程建设领导小组，各乡镇也都相应成立了领导小组和办公室，为退耕还林工程顺利实施提供了良好的组织保障。2002 年国家《退耕还林条例》发布以后，岳西县立即翻印单行本发放到各地，通过宣传让农民意识到退耕还林工程的重要性，96% 的农民对退耕还林表示满意。退耕还林工程建设主要包括两个方面的内容：一是坡耕地退耕还林；二是宜林荒山荒地造林。经过十几年的退耕还林行动，岳西县一共完成造林 25.16 万亩，覆盖全县 188 个行政村（社区）（见表 6–3）。共享受粮食补助、造林补助及封山育林补助 17511 万元，人均 1140 元。

表 6–3　退耕还林工程实施以来，岳西县造林情况

项目	面积（亩）
坡耕地造林	5.9 万
荒山荒地造林	6.7 万
退耕还林封山育林	4.4 万
巩固退耕还林成果专项规划造林	3.4 万
巩固退耕还林成果专项荒山荒地补植补造	4.76 万
共计	25.16 万

由于岳西县森林覆盖率达到 78%，林地树木品种多样，在实践中探索出了“公司 + 农户”“合作社 + 农户”“公司经营”和“大户承包经营”四种管理模式，以及“乔灌型”“林药（菜）型”“林养型”和“林游型”四

种技术模式。

多种管理模式丰富了退耕还林工程实施方式。“公司＋农户”与“合作社＋农户”形式，吸引林业开发公司、果品公司和合作社，公司和合作社提供树苗果苗、技术和销售，农户提供土地和用工，二者有机结合，既完成退耕还林工程目标，又带动了农户增收。公司经营主要是通过农业开发公司，利用退耕还林的契机，发展农业产业，带动当地产业结构调整，实现经济发展。岳西县现有的公司经营主要集中在茶叶种植和生态农业。“大户承包经营”是由当地农业大户带动，这种模式能在当地带来很好的科技示范作用。以下四种技术模式是针对退耕还林树木种植和开发形成的模式。“乔灌型”充分利用土地空间，实现乔木和灌木种植结合的方式，“油茶＋茶叶”“板栗＋茶叶”“毛竹＋三桠”“油茶＋三桠”四种结合方式，通过生态农业开发公司或农户的种植，在完成退耕还林成果专项规划造林目标外，还通过种植增加了农户的收入。“林药（菜）型”是种植林下经济作物，如三桠、黄秋葵、芍药等，不但能够巩固退耕还林成果专项规划造林，也能带动农户增收。而“林养型”是在退耕还林中加入林下养殖项目，养殖生态土鸡。“林游型”是近几年发展的模式，发展农家乐旅游服务业和生态休闲农业，利用退耕还林工程建设的茶叶园和水果园，建成观光园，设置相关的游客游廊，建成游客采摘、体验、休闲、观光的乐园。

案例 6–2　黄尾镇的“林游型”退耕还林模式

黄尾镇通过实施退耕还林工程建设，改善了全镇的生态环境。春天百花盛开，遍地鸟语花香；夏天绿树成荫，层林尽染；秋天硕果累累，农民喜获丰收；冬天一个个高标准茶园碧绿如黛，带动了旅游产业的蓬勃发展。

黄尾镇黄尾村长冲组 2005 年退耕还茶 4 亩，亩产值达到 1 万元，除去劳务费，纯收入达到2.6万元。依托彩虹景区和茶叶观光园，村民家中办起了农家乐。由于村民善于经营、会管理、收费合理，游客人均消费20元，高峰期每天接待游客200余人，年产值达30余万元，纯收入达到15万元。另外，家中出售土特产等其他收入3万余元，累计全年家庭纯收入可达20万元以上，已经步入小康之家。现在，长冲观光果园已经完成一期350亩（2014—2015年巩固退耕还林成果专项规划造林），接待游客数量增多。

除了黄尾镇，菖蒲镇、白帽镇、包家乡等村镇也依靠退耕还林项目，在2002—2005年分别建成高标准茶园，形成集采摘、观光、休闲、农家乐等为一体的示范乡村。

---

2. 流域生态补偿和保护

岳西县境地跨长江、淮河两大流域，长江流域面积为1855.9平方千米，淮河流域面积为542.1平方千米。境内局部地形又把河流分成四大水系。属长江流域的有皖河、巢湖、菜子湖三大水系。皖河水系的干流有衙前河、鹭鸶河、潜水河、店前河、冶溪河，巢湖水系有杭埠河源头——姚家河，菜子湖水系有大沙河源头——巍岭河。属淮河流域淠河水系有三个源头——包家河、黄尾河、头陀河。县内大小河流900余条，其中集水面积5平方千米以上的有104条，河道总长为11053.6千米。加上山地面积广阔，水土流失情况时有发生。而水土保持是山区脱贫致富、实现可持续发展的生命线，是国土整治、江河治理的根本，是国民经济和社会发展的基础。在“生态立县”发展战略的指导下，岳西县十分重视水土保持工作，制定了“以植被恢复建设为中心，山水田林路景统一规划，工程、生物、农业、生活措施综合配置”的治理方针。2008年以来，岳西县水利局完成了《岳西县水土保持规划（2008—2012年）》《岳西县水土保持规划（2013—2017年）》和《岳西县水土保持规划（2018—2035年）》，科学的规划为水土保持工作提供实施方向，水土保持工作的完成也为其他环境保护行动的开展提供了条件。

（1）进行水环境生态补偿，助力农村环境整治

2014年11月，安徽省财政厅、安徽省环境保护厅联合出台了《安徽省大别山区水环境生态补偿办法》，并于次年4月制定印发了《安徽省大别山区水环境生态补偿资金管理办法》。按照“谁受益、谁补偿，谁破坏、谁承担”的原则，以水质监测结果为依据，通过设立补偿资金，对流域上下游地区经济利益关系进行调节。2015年5月18日，岳西县财政局和环境保护局印发了《岳西县大别山区（淠河流域）水环境生态补偿试点实施方案》，进一步推进落实大别山区（淠河流域）水环境生态补偿试点工作，保护和改善淠河流域水环境。岳西县水环境生态补偿的总体思路是，以治理为主，治管并重，在确保水质达标、力争优化的基础上，逐步加大对淠河上游水源地进行补偿的力度。设立淠河流域补偿资金200万元及大别山生态补偿省财政专项资金200万元，补偿资金专项用于淠河上游支流流域水环境保护和水污染治理。具体包括：流域生态保护规划编制、环保能力建设、上游地区涵养水源、生物多样性保护、环境污染综合整治、工业企业污染治理、农业面源污染治理（含规模化畜禽养殖污染治理）、城镇污水处理设施建设、关停并转企业补助、生态修复工程及其他污染整治项目等。

在实施方案中，岳西县围绕淠河上游支流、全面推进全流域生态环境综合治理，消除流域水环境安全隐患，确保现状水质基本稳定，并力争有所改善，突出治理为主、治管并重的原则。奖补资金优先切块安排监测能力建设，遵循适度补偿以补促治原则。明确水土保持、生物多样性保护、生态修复等支出资金后，在相关乡镇进行分配，实行规模控制，专项用于流域水污染防治和生态保护。

2016年9月18日，岳西县环保局出台城乡环境保护工程扶贫政策“百事通”，对相关扶贫政策的申报情况进行说明。要求因地制宜制定辖区内镇村环境保护规划，有步骤地开展活动，活动涉及农村环境整治项目、浬河流域生态补偿项目和森林生态效益补偿项目。2016年度大别山区（浬河流域）水环境生态补偿资金分配情况如表6-4所示，资金主要用于村庄的环境污染综合整治，包括厕所、垃圾、污水的基础设施建设；生物多样性保护，生态知识宣传和生态环境修复。2017年度大别山区（浬河流域）水环境生态补偿资金则都用于村庄的环境污染综合整治，这也体现了岳西县对农村环境整治的重视。

表6-4　岳西县2016年度大别山区（浬河流域）水环境生态补偿资金分配情况（部分）

项目名称	项目类型	建设内容	补助（万元）
黄尾镇严家村农村环境综合整治项目	环境污染综合整治	生活垃圾收集池、手推式垃圾收集车转运车、公共厕所、排水沟渠等	30
青天乡三槐村农业环境综合整治项目	环境污染综合整治	氧化塘、公厕、休闲广场、排污水沟等	40
姚河乡马石村污水及生活垃圾处理设施项目	环境污染综合整治	污水管道、污水收集井、沉淀池、厌氧塘等	30
包家乡石佛村生态多样性保护与减贫项目	生态多样性保护	宣传性标牌、护坡生态修复工程等	25
环保信息化建设	环保能力建设	污染源数据分析处理和工况监控及远程反控智能综合管理平台	30
头陀镇虎形村农村环境综合整治项目	环境污染综合整治	污水集水管、生态氧化池、垃圾池、垃圾桶等	30
石关乡蛇形村环境综合整治项目	环境污染综合整治	生态氧化池、排污水沟、公厕、清淤河道等	25
合计			210

（2）重视小型水利工程建设管护，进行制度创新

水是生命之源，水利是农业的命脉，贫困程度和水利设施的利用有很大关系。为深入贯彻《安徽省人民政府关于深化改革推进小型水利工程改造提升的指导意见》，大力实施“5588”行动计划，按照《安徽省小型水利工程改造提升 2017 年度实施计划》的相关要求，2017 年 3 月 25 日岳西县印发了《岳西县 2017 年度小型水利工程改造提升实施方案》。岳西县每年都会制定小型水利农田工程改造提升实施方案，明确当年的建设任务。尽管岳西县的水利设施建设已经实现投入资金的多元化，解决了建设难题实现稳定脱贫，但是，如果水利设施基础设施后期管护薄弱，水库等小型水利设施的功能不能发挥，面对自然灾害也只能束手无策。而岳西水利民生工程量小、点多面广，依靠常规的管理模式，难以监管到位。因此，岳西针对工程管护和监督创新了“五老管八小”和红色质量安全监督员两项制度。

一是“五老管八小”制度。由于岳西县境内有很多小型水利工程，管护经费不充足，为了设备后期管护问题，创新“五老管八小”制度，让“三分建七分管”的水利设施得到保护，这一创新制度入选了水利部开展的“沃源杯 2016 基层治水十大经验”评选活动。

“五老管八小”制度，即让老党员、老村干、老退休干部、老复员军人、老模范人物来管理小山塘、小水库、小农饮、小沟河、小泵站、小灌区、小闸坝、小渠系。这一制度的形成是自下而上的，源于水利技术退休人员，自愿管护周围水环境的行为。水利技术退休人员看到身边的小水利工程存在管护问题，激发了自身的责任感，自发去管护。“五老”人员退休闲暇在家，其言行在当地有一定的影响力，从技术上、效果上都取得了不错的成绩。“五老”熟悉当地水利工程，深知群众诉求，有一颗热心，有一定威望，乐于义务承担小水利工程的日常管理工作。随着自愿的人员越来

越多，岳西县水利部门也充分挖掘这一有利条件，大力宣传引导。2016年11月制定出台《岳西县水利工程“五老管八小”实施意见》，综合考虑身体状况、群众基础、工作经验等多方面的要求，确定了聘任流程，先由个人申请或村民小组推荐，经村审核乡镇审定报县水利局备案聘用，聘期为1—3年。2017年岳西县182个行政村继续聘用“五老”人员765名。《岳西县“五老管八小”奖励方案》的出台，进一步确立了岳西县内小型水利工程“五老管八小”的管护模式及激励机制，突出奖罚并举，每年对在水利工程管护工作中尽职尽责和成绩突出人员，颁发“五老管八小”管护荣誉证书和奖牌，给予激励奖金，并向全县宣传推介。对履职不力、造成工程损毁的“五老”给予解聘。奖励方案的实施为水利工程长效运行提供了有力保障，具体操作上，县里将管护经费分配到每个乡镇，用于激励奖金的发放。各个乡镇根据情况，每年年初开展表彰工作，上报模范人员，颁发证书奖牌。2018年表彰“五老管八小”标兵8人。

现在“五老”人员主要在池塘、河边、饮水工程旁巡走，捡拾垃圾，打捞塘面漂浮物，检查水路。面对岳西县分散、点多面广的小水利工程，“五老管八小”制度的实施确实激发了基层活力，既形成了良好的管护水利工程的风气，又节省了财政支出，达到了“双赢”。这个制度实施取得了不错的效果，岳西新建的工程有人管了，原有的工程有人问了，甚至已废弃的工程又发挥了作用。这种模式也引发了岳西县相关部门的思考，交通部门也在考虑面对交通设施的管护问题是否可以借鉴“五老管八小”的经验，适应老龄化社会的发展，带动向上的社会风气。

案例6-3 “吃水不用挑，洗衣不用跑，感谢白毛老！”

“吃水不用挑，洗衣不用跑，感谢白毛老！”是岳西县冶溪镇金盆村村民的一段顺口溜。

顺口溜中的“白毛老”，指的是当地退休教师刘纯厚。刘纯厚今年 68 岁，因满头白发，被当地村民尊称为“白毛老”。2008 年冬，金盆村的部分组实施农村饮水安全工程，那时刘纯厚刚退休，他自告奋勇，为建设农村饮水安全工程出谋划策。协调水源、安装管道要经过许多住户的房前屋后、田间地头，实施难度很大，为让花园、祠堂、友爱、中元 4 组 80 多户群众早日用上安全水，刘老来来回回协调了 40 多次。

农村饮水安全工程建成后，群众一致推荐刘纯厚来管水。2008 年以来，刘纯厚总是想方设法地管好水，定时检查水路，定时清理排污，即使是寒冷的冬天都没有停过水。2011 年春夏连旱，用水十分紧张，刘老就采取限时供水的办法：6 点到 9 点，12 点到 15 点，19 点到 22 点，严格按照时间表打开用水阀门、关掉用水阀门。这样虽然很辛苦，但刘老一点儿没有抱怨，群众都十分敬佩和感谢刘老，中元组的张花荣 73 岁了，双目失明，带着一个小外孙女一起生活，要不是有自来水，那真的没法过日子。刘纯厚管水是为老百姓办好事，村民都十分感谢他！

二是红色质量安全监督员制度。作为纯山区县，每年汛期一过，岳西县亟待恢复的小水利工程多如繁星，众多的小水利工程质量安全监管是很有难度的。现有工作的大部分重心放在大工程质量上，加之有专门监管人员，工程质量有一定的保证。而与之相反，岳西县的小工程质量就无法得到保证。面对这种情况，岳西县聘请水利“红色质量安全监督员”，调动百姓积极参与，充分发挥基层群众的义务监督作用。

2016 年 2 月 5 日，岳西县水利局推行《岳西县水利红色质量监督员实施意见》，目标是构建“项目法人负责、老党员和党员代表参与、建立单位控制、施工单位保证、主管部门监督”相结合的质量管理体系。与“五老管八小”制度制定的过程不同，此制度是自上而下形成的。由水利部门提出，根据工程类别和特点，在村里组建红色质量安全监督小组。监督小组主要由工程所在地的老党员、党代表及受益群众组成，并推选一名热心公益事业、原则性强的党员任组长。同时，局党支部在局内为每一个监督小组选派一名党员提供技术服务。现在，岳西县已经有 548 名水利红色质量安全监督员。他们对水利设施的监督涉及工程建设的多个环节，从设计交底、质量安全例会、设计变更、工程检查、关键部位和隐蔽工程签证、工程验收、施工环境协调和评比活动，红色质量监督员都完整参与其中。为让监督达到理想的效果，岳西县水利部门还在工程开工前组织红色监督小组人员参加培训。培训内容涉及水利工程质量管理的基本知识、基本技术要求、施工安全生产知识、工作纪律等。在接受培训后，为小组人员颁发红色质量安全监督证，令其持证上岗。在施工建设现场，红色质量监督员会根据各类水利工程的不同技术要求采取多角度形式。重点监督关键部位、关键环节、隐蔽工程是否满足设计要求，建筑材料和工程实体质量是否满足技术要求以及施工现场安全警示和安全措施是否到位，采取定期、不定期抽查和巡查。为给质量安全监督员的工作提供便利，岳西县水利局专门制定了《岳西县水利红色质量安全监督员监督手册》。

2017 年 11 月 9 日，岳西县出台了《岳西县水利红色质量安全监督员奖励方案》，进一步激发监督员的积极性。评选程序和奖励方式与“五老管八小”标兵评选一致，实行精神奖励与物质奖励相结合，奖励费用从乡镇小型水利工程的管护经费中支出。红色质量安全监督员高涨的工作热情和负责任的工作态度，不仅使得工程建设质量得到了较好保障，还能够协调群众与工程建设方的矛盾，为施工顺利进行创造条件。制度推广后，村民对水利部门工作的参与度和满意度都得到了明显的提高。

3. 保护生物多样性，建设生态示范区

作为国家级生态示范区，岳西县拥有丰富的自然资源：有国家级自然保护区 2 个，分别是坐落在包家乡全境的鹞落坪国家级自然保护区和地跨主簿镇、姚河乡和巍岭乡的古井园国家级自然保护区；国家森林公园 1 个，在五河、点前、河图三镇交界处；高等植物 2160 多种，脊椎动物 300 余种，有“天然花园”“物种基因库”的美称。但是，鹞落坪国家级自然保护区内有 10 座水电站、古井园国家级自然保护区有 7 座，随着经济的发展，小水电站造成的生态环境破坏问题越来越突出，小水电站的建设破坏了局部小生态，打破了当地的生态平衡，河流流水减少，对生物的多样性造成了极大的威胁。根据自然保护区管理条例，自然保护区的核心区和缓冲区内不得建设任何生产设施，在自然保护区的试验区内，不得建设污染环境、破坏资源或者景观的生产设施。由于涉及水电站业主及股东的利益，在水电站退出工程中遇到不少问题。岳西县采取分类施策的方法，现场调查水电站实施情况，制定了《岳西县国家级自然保护区内小水电站关闭退出实施方案》《岳西县国家级自然保护区内小水电站关闭拆除实施方案》《岳西县国家级自然保护区内小水电站生态修复实施方案》，全面关闭和拆除了 17 座水电站。

除拆除破坏生态环境和生物多样性的水电工程外，岳西县还积极开展野生动植物保护行动。岳西县连续 6 年在全县开展保护野生兰花、映山红专项行动；在“爱鸟周”“世界环境日”和“野生动物宣传月”向市民散发宣传材料 1000 余份。另外，岳西县还设有物种救护项目。2017 年，救护国家保护动物白鹤 1 只，二级保护野生动物鸺鹠 1 只、凤头鹰 1 只。岳西县还开展了大别山五针松种群保护项目，对 14 家野生动物驯养繁殖和经营利用单位的状况实行规范化、台账式管理，对出口的野生植物进行现场勘查，办理出口证明 6 批次。针对五针松种群，编制了《岳西县大别山

五针松野生种群救护及繁育项目实施方案》和《岳西县极小种群野生植物拯救保护工程规划（二期）》。2018年在五河、河图、包家实施岳西大别山五针松小种群救护与繁育项目，对17个野生动物人工繁育及利用单位进行了专项检查，核发非国家重点保护野生动物人工繁育许可证。

案例6-4 实现生态保护与群众生活的协调发展

鹞落坪保护区位于岳西县西北部，与包家乡同境，总面积123平方千米，是安徽省环保厅直接建设和管理的示范性森林生态类型的国家级自然保护区。鹞落坪保护区1991年经安徽省政府批准建立省级自然保护区，1994年经国务院批准晋升为国家级自然保护区。鹞落坪保护区是全国首个全部在农民集体山场上建立起来的国家级自然保护区，山场均归农民集体所有，农户承包经营，区内有4个行政村81个村民组，居民5700余人。

为实现生态保护与群众生活协调发展，鹞落坪保护区采取了一系列措施践行“绿水青山就是金山银山”的重要理念。第一，积极引导居民参与保护区管理工作，实现保护发展双赢。鹞落坪保护区通过与社区居民订立资源管护协议、村规民约等方式，采取进村入户调研、宣传等举措，举办“小手牵大手”、公益环境卫生整治等活动，提高保护区社区居民资源管护积极性。第二，大力调整产业机构，积极发展以“有机茶、高山菜、地道药”为主的生态农业；发展以休闲度假和“农家乐”为主的生态旅游业。截至2017年底，共计发展茶园6750亩，其中有机茶园1526亩。利用鹞落坪得天独厚的自然资源条件，依托红二十八军军政旧址这一红色旅游资源，大力促进保护区生态旅游业的发展。保护区现有“农家乐”34户，从业人员120余人，年接待游客近6万人，综合收入达1000余万元。

第三，集中力量，实施精准扶贫，全面建成小康社会。从核心区、缓冲区整组搬迁了鹞落坪村李湾组和包家村青尖组、同心组等3个组23户67人，鹞落坪保护区累计搬迁122户371人；对4个村的道路实行了改造升级，建设了4个村饮水安全工程，实施了小农水重点工程建设、中小学校校舍安全工程建设、广播电视村村通工程和宽带网建设工程，改造了高压和低压电力线路，增加了移动信号覆盖面，完成了4个村级美好乡村建设、农村环境综合整治和中心村村庄亮化工程，改善了人居环境，4个村中有3个获得省级生态村、1个市级生态村称号。经过多年努力，保护区贫困发生率由48%下降到不足1%，实现了2个贫困村整体出列、1902人稳定脱贫。

通过十几年林业、水域等生态保护措施的实施，岳西县的生态环境质量得到了极大的提高。2004年岳西县被批准为第三批国家级生态示范区，2008年被评为安徽省首届“十佳环境优美县”，2012年顺利通过省级生态县考核组验收后命名为安徽省省级生态县。2011年，岳西县启动了国家生态县创建工作，2013年顺利通过技术评估，2014年顺利通过国家生态县考核验收，2016年正式成为安徽省第四个、安庆市第一个国家生态县。

（三）发展绿色经济，实现可持续发展

岳西县有着丰富的生态资源，作为国家生态县，对环境的要求也随之提高，相继出台《关于全面加强生态环境保护坚决打好污染防治攻坚战的实施意见》《岳西县打赢蓝天保卫战行动计划》《全面打造水清岸绿产业优美长江（岳西）经济带实施方案》，持续开展大气污染防治和水污染防治，坚持以改善环境质量为核心，对经济发展的要求也提升到环境友好的高度。为实现经济的绿色发展，岳西县从本县实际情况出发发展绿色有机农业。

1. 发展有机农业，打造“中国绿色果菜之乡”

岳西县是我国较早开展有机农业生产的地区之一，也是中国有机产业的发源地。岳西县有机产业经历了三个发展阶段：一是探索阶段。1995年，在原国家环保局有机食品发展中心的大力支持下，岳西县实施中国政府与外国政府合作的有机农业发展项目（中德合作有机农业发展项目），项目总投资400万马克，实施期为1998—2003年，项目点在岳西县包家乡石佛村和主簿镇余畈村。该项目的实施标志着中国有机农业的正式开端，也为岳西县有机产业发展基地建设建立了良好的基础。二是起步阶段。1996年11月，国家环保局有机食品发展中心岳西办公室成立，具体负责项目实施及有机食品的研究、开发工作。1996年9月，“岳西翠兰”茶叶首次获得有机（天然）食品证书。1999年，主簿镇余畈村在全国率先成立有机工业协会（岳西县有机猕猴桃协会），形成有机农业一些最早的行业标准规范和管理制度。全县有机茶开发计划纳入《岳西县茶叶产业化经营实施意见》，在项目实施期间，项目点有机猕猴桃、有机茭白基地就发展到40多公顷，有机茶叶发展到近40公顷。项目实施结束后，中外专家对项目在岳西实施取得的成效给予高度评价。基地产品多次在国际性有机产品展览会获奖，全国各地组织来岳西县考察有机农业发展工作，也应邀赴贵州、陕西等地举办讲座。三是规范发展阶段。随着《中华人民共和国认证认可条例》《有机产品认证管理办法》《中华人民共和国国家标准：有机产品（GB/T 19630.1–19630.4–2011）》《有机产品认证实施规则》等制度法规的出台以及《安徽省岳西县有机产业发展规划》的实施，岳西县有机食品发展实现有法可依，进入发展壮大及规范化阶段。2016年编制了《岳西县有机产业发展规划》，经县政府颁布实施，2017年底被列为国家有机食品生产基地建设示范县（试点）。经历20年的探索和发展，岳西县已拥有良好的有机农业发展氛围和有机产业基础，有机农业已经成为全县农业发展的重要支柱产业。2017年中国生态文明建设大讲堂走进有机农业摇篮——岳西县。

岳西县在不同阶段采取不同措施发展有机产业。在探索阶段，通过中德合作有机项目试点开展有机种植，主要是学习国外的技术经验，探讨在中国发展有机农业的方式方法。在起步阶段，在学习国外有机产品种植技术和经验的基础上，结合岳西县的实际情况，努力形成适合自身的发展模式。由于有机种植对生产条件要求高，必须具有持续性，中德项目结束后，当地农户依旧按照高标准要求从事农业生产。在种植技术、有机环境保护方面，岳西县山地面积大，水热条件存在地域差异，高山远山海拔高气温低加之生态保护的需求，主要种植经济林木；近山矮山水热条件相对较高，农民开展农业活动便利，可以种植一些高附加值的产品，形成了“高山远山松杉杂、近山矮山果菜茶”的发展模式。在发展阶段，推进“岳西翠兰”有机品牌的同时，加大全县有机品牌建设，形成茭白、猕猴桃、天麻、铁皮石斛等具有区域优势的品牌。现在，岳西县有机农业的乡镇已由2个发展到18个，有机认证产品由3个发展到37个，有机种植面积由70多公顷发展到2400多公顷，有机农业协会会员由33户发展到2500多户，有机农业产业化龙头企业发展到8家，有机产品产值达2亿多元。岳西县因此荣获了“中国绿色果菜之乡”称号，“岳西翠兰”品牌价值18.21亿元。从事有机农业生产的农民较从事常规农业生产的农民年增收人均1000多元，有机农业成为岳西县当地群众脱贫致富的助推器。

案例6-5　包家乡有机农业发展之路

包家乡位于岳西县西北部，属于北亚热带向暖温带的过渡地带，地处高寒山区，全境属于鹞落坪国家级自然保护区。2014年以来，全乡发展高标准无公害有机茶园2338亩（贫困户发展1031亩），多为“石佛翠”良种茶，年均产干茶60吨；新建高标准大型茶厂5座，全乡大小茶厂达28家，为贫困户茶产业增收致富提供了基础保障；成立了石佛村茶叶协会，规范品牌保护、茶园管理，打造自主高端茶叶品牌。这些成就的背后有岳西县20年有机农业发展的支撑。

1997年，岳西县被列为中德GTZ合作项目“中国有机农业发展”试点县（1998—2002年），位于包家乡石佛村的石佛寺茶园被项目组定为“有机农业发展试点示范基地”。在项目实施过程中，中德双方专家都在茶园开展了考察、实验、培训、咨询等一系列项目活动，供茶农学习有机农业知识和种植技术。到2002年项目结束后，石佛寺茶园获得全国首批有机茶园认证，德方专家也多次来岳西指导种植工作，为之后有机农业的发展奠定了坚实基础。2014年后，石佛村有机品牌“石佛翠”被南京认证后，有机茶种植进入快速发展阶段。

2002年德国项目结束后，石佛村村民都按照学习的技术和标准进行种植，不断摸索继续发展有机茶生产。经过学习，几个村民小组中已经有能够熟练掌握种植技术的村民，这些村民就成为“有机农业讲师”，主动将技术教授给其他村民。响应村里鼓励发展有机茶的号召，自愿申请扩大种植规模，向村里申请使用互助资金，建立合作社。加入合作社的农户，有了合作社这个稳定的销售途径，减少了面对市场价格波动的风险。合作社成立后，更多村民参与到有机种植中来，形成“种植大户—合作社带动村民”的发展模式。当地农委还通过提供有机茶苗的方式鼓励更多村民种植。在石佛村，无论是贫困户还是非贫困户，只要种植新茶园就会获得每亩

2000 棵茶苗、200 斤农家肥和茶园土地平整服务。这种强有力的鼓励政策取得了良好的效果。2013 年成立的岳西县石翠产业专业合作社，已经被评为安庆市示范合作社，“石翠”商标被认定为安徽省著名商标。合作社 2014 年、2015 年、2016 年分红分别达到 100 万元、130 万元、110 万元，在为茶农创造了经济效益的同时，合作社也积极参与美丽乡村和农村脱贫攻坚，2017 年带动贫困户入股，户均增收 3000 元。

石佛村有机产业发展之路除了有自身早期发展的基础外，也离不开当地产业发展的支持。包家乡充分发挥石佛村有机茶叶发展的雄厚基础，将有机技术推广至其他作物种植中。自 2014 年以来，包家乡共发放产业奖补资金 403.9 万元，积极引导群众发展高标准有机茶园、高山蔬菜和生态养殖，基本实现了户均“3 亩茶园、1 亩高山蔬菜”的产业支撑，全乡每年种植红灯笼辣椒、四季豆等高山蔬菜 1500 余亩（贫困户发展 650 亩），红灯笼辣椒产业已通过 QS 认证，年销售量 1 万余瓶，品牌效应初步显现。全乡发展养猪规模户 12 户、养牛规模户 9 户、养羊规模户 15 户、瓜蒌种植户 154 户、药百合种植户 97 户。

2. 设立公益性岗位，增加贫困户收入

根据 2016 年国家林业局办公室、财政部办公厅、国务院扶贫办行政人事司《关于开展建档立卡贫困人口生态护林员选聘工作的通知》《安徽省农村建档立卡贫困人口生态护林员选聘实施方案》，岳西县制定了本地区的《建档立卡贫困人口生态护林员选聘实施方案》和《岳西县生态公益林护林员管理办法》，对辖区内 187 个村及社区生态护林员选聘工作进行了规定。

岳西县护林员共有四类：生态公益林护林员、生态护林员、涉林企业自行聘请的护林员以及国有林场护林员。涉林企业自行聘请护林员劳务报酬及管理均为涉林企业自行负责，由于现有国有林场改为财政金额全额拨款事业单位，人员工资由财政拨款。

2010年岳西县开始选聘生态公益林护林员；2018年全县聘请的274位生态公益林护林员均为兼职护林员，工作周期从第一年的7月1日至第二年6月30日。劳务报酬来源于生态公益林补偿资金中每亩1.5元进行统筹，管护范围为全县138万亩省级以上生态公益林及部分防护林，管理主体为乡镇农业综合服务中心，由所在地乡镇农业综合服务中心进行考核。

从2016年国家下达生态护林员补助资金后，岳西县开展生态护林员选聘工作，2016年从9月开始聘用，选聘对象必须为建档立卡贫困户。2018年，全县共聘请322人为生态护林员，均为兼职护林员，工作周期从第一年的7月1日至第二年6月30日。劳动报酬来源于中央财政扶贫资金，管护范围主要为公益林区域，每个乡镇的护林员数量根据林场的实际管理难度确定，人均3000亩，人迹罕至地区管理面积相对较多，一个人管理面积能达到7000亩。2018年新增管护区域89万亩，护林员管理与生态公益林护林员比照进行。生态护林员是助力脱贫攻坚设置的岗位，因此其选聘过程较为严格，需要经过7个环节：农户（贫困户）个人申请，村审核，乡镇农业综合服务中心签署意见，乡镇政府同意后进行公示，报县级主管部门进行审查，审查无误后由县级主管部门批复到各乡镇，各乡镇根据批复由各村进行聘用。生态护林员的选聘原则为贫困村2人，非贫困村1人（贫困户），聘用时与生态护林员签订劳动合同。生态护林员由县林业局委托所在乡镇农业综合服务中心（原林业站）进行管理。生态护林员业务培训中心以各乡镇农业综合服务中心为单位，原则上每月开一次例会，以会代训。培训内容主要有林业方面的政策及法律法规，森林防火、有害生物监测防治及其他林业知识等。林业局每年都会同财政局相关人员对全县护林员的管护情况进行抽查（上半年和下半年各一次），抽查结果作为对护林员劳务费发放及奖惩的依据。为保证生态护林员的安全，岳西县为322位生态护林员购买了每人每年300元的人身意外伤害险。2016年每人每年劳务费为4800元，2017年和2018年补贴增多，发放额为每人每年6111元，通过惠农补贴“一卡通”打卡发放。2016年和2017年发放生态公益林护林员劳务费达到197.28万元。

除了财政资金补贴，岳西县各乡镇也会根据当地实际情况对生态护林员进行补贴，补贴内容涉及交通油费、通信费等，从每人每年800元至5000元不等。其中，冶溪镇发放的生态护林员补贴最多，为一年一次性补贴5000元。这样，贫困户累计收入达到11111元，仅通过公益性岗位劳务收入就能达到脱贫标准。护林员公益性岗位的设置，不仅直接增加了农户的收入，帮助贫困户增收，更发挥其岗位作用，提高农户保护森林资源意识，为长期生态保护筑起了屏障。

案例6-6　生态护林员，岳西脱贫致富路上的“奔跑者”

岳西县莲云乡主沟村吴昌汉是2014年建档立卡贫困户，并享受低保政策。2014年争取到危房改造项目，在亲戚朋友的帮助下，利用两年时间勉强建起一栋200平方米的二层砖混小楼房，因此背下了15万元的债务。由于家庭生活困难，加上有一大笔债务，2016年春节前夕，吴昌汉偷偷在自家山场上砍伐了3立方米松树培植茯苓，焚烧时不慎失火。接到群众举报后，森林派出所对其做出了“罚款2800元、行政拘留5天”的处罚。接受“拘留”后返回家的吴昌汉懊悔不已，认识到了自己的错误，并向乡政府提交了“安排”就业的申请。2016年9月，他被选聘为贫困户生态护林员，负责管护6个生产组的山场，年劳务费用补助6071.42元，年终工作绩效奖励3000元。当时，位于吴昌汉家附近的“双珠林场”也正在挑选管护人员，林业站又推荐忠厚老实的他一并负责，又增加了一份年工资4000多元的工作。通过护林员的工作，吴昌汉逐渐改变了自家生活状况。从事护林工作以来，吴昌汉爱岗敬业，尤其是映山红、兰草花等野生动植物资源保护和森林防火等工作非常认真，发现有可疑行为的人上山，必跟踪询问，宣传政策，并做好护林工作日志。一年多来，共制止乱砍滥伐行为3次，制止违规野外用火等破坏森林资源的行为50多人次，成为当地林业管理工作的“好助手”。像这样的生态护林员莲云乡一共有7名，在他们的认真监护下，2014年以来，该乡无一例森林火灾发生，无一例破坏森林资源的刑事案件发生，林区秩序稳定正常。

除了护林员，岳西县的公益性岗位还包括保洁员。岳西县的保洁员分为两种类型：一种是由玉禾田公司选聘的保洁员，对象包括贫困户和非贫困户，劳务费由公司发放；另一种是针对贫困户的保洁员岗位，政府财政出资给予劳务费。

岳西县城乡环卫一体化项目实施后，为了实现项目作业的全覆盖，玉禾田公司在接管原有环卫作业人员外，又新招聘环卫作业人员600余人，全部签订劳动合同或劳务合同并购买了保险。在聘用的员工中，建档立卡人员有647人。据初步测算，每安排一个贫困户人口，将使贫困户家庭年增加劳务收入约1.5万元。由于玉禾田公司承担了岳西县城乡环卫一体化的工作，所以玉禾田公司所属环卫作业人员主要负责村中临近公路的垃圾捡拾和垃圾定时收集工作。而村庄内部的保洁并不在其工作范围内，如村部工作区、村庄内部公厕等，这部分的保洁工作就划分给第二类，针对贫困户的保洁员，每月劳务费为800元。此类保洁员岗位的设置不仅弥补了城乡环卫一体化项目的工作范围，更为贫困户增收脱贫提供了条件。

在践行“两山论”及三个方面措施的共同推进下，岳西县在空气、水源、生态保护方面都取得了巨大成果。2018 年 1 月至 11 月，岳西县城区环境优良位于安庆市前列，主要污染物 PM2.5 浓度为安庆市最低；岳西县城集中式引用水源地水质达Ⅱ类标准，河流出境断面水质达Ⅲ类以上标准；国家重点生态功能区县城生态环境质量考核结果位于安庆市前列，获得国家重点生态功能区转移支付资金 8565 万元。在 2018 年全国扶贫日论坛上，岳西县作为生态环境部举办的生态环境保护与减贫论坛唯一一个作主旨发言的县份，农村人居环境整治助推脱贫攻坚经验在全国交流。2018 年，岳西县列入第二批国家生态文明示范县，为安徽省唯一一个向生态环境部推荐申报的“两山论”实践创新基地。

三、岳西成功经验及未来发展建议

岳西县生态保护和绿色经济发展能取得巨大的成果，最根本的原因是树立了“生态立县”的观念，践行了“绿水青山就是金山银山”理念。岳西历年县委、县政府都将“生态立县”作为本县发展的基础战略，任何经济发展都要围绕这一中心进行，涉及与环境相关的工作都要加倍关注。这种对生态保护的高度认识，渗透在相关部门的实施方案和规划中，为工作实践提供了行动方向，也保证了生态环境的质量。

（一）岳西绿色经济发展成功经验

具体而言，岳西县在生态环境保护方面取得成果主要需要以下几个条件：

1. 拥有坚实的有机产业发展基础

岳西县打造“中国绿色果菜之乡”，大力发展有机产业最重要的条件就是其发展有机产业的基础。1998—2003 年的中德项目为其后来的发展提供了坚实的基础。但是，我们更不能忽视岳西县当地农户自身探索有机生产的努力，项目结束后的持续坚持和技术应用，更值得关注。

2. 对制度创新有较高的接纳度

面对小型水利工程管护难的问题，岳西县自下而上形成了“五老管八小”制度，自上而下形成了“红色质量安全监督员”制度。从实际出发，保护环境进行制度创新。这种制度创新不仅解决了当地的难题，还给其他地区的小型水利工程管护提供了新思路。城乡环卫一体化 PPP 项目的快速推进，也体现了对相关制度的接纳程度。

3. 注重平衡贫困户和贫困村的资源分布

由于岳西县是国家级贫困县，在一些政策的实施过程中理应向贫困村和贫困户倾斜。如美丽乡村建设就在资金和政策上给予贫困村和贫困户支持，并达到了良好的效果。将贫困村建成美丽乡村中心村，直接提升贫困村的人居环境水平，为贫困村未来发展提供良好的基础设施和经济发展环境。但生态环境保护是全局性的工程，并不因对贫困村贫困户政策倾斜而产生良好的效果，因此，岳西县在农村环境整治、水环境生态补偿等项目中，从实际情况和大局出发，评估政策效果，使得生态项目建设作用最大化。在公益性岗位设置中，不同类型护林员和保洁员的选拔，也让贫困户和非贫困户都能参与到行动中，既平衡两个群体的利益关系，又能让环保意识进入每一个家庭。

（二）岳西绿色经济发展建议

岳西县在环境保护工作中取得了巨大成就，在接下来的工作中还需要继续推进相关工作，不断完善现有状态。

1. 提高农村环境整治工程标准，减轻环境污染

现在各村庄基本完成了农村环境整治工程，基础设施得到了改善，接下来就应该注重环境美化和乡风文明建设。当前，农村分散住户污水处理，存在直接排放灌溉的情况，在现阶段并不会对环境产生污染。但是未来，全域旅游发展壮大后，大规模农家乐的出现，若仍采用现有处理方式，大量污水外排必定会对环境造成污染。所以接下来，应该提前考虑对大规模农村生活污水外排的处理问题。

2. 增强发展可持续性，大力发展有机农业

实现持续脱贫就需要增强发展的可持续性。对于岳西县来说，就需要进一步发展有机农业，发展绿色经济。岳西县绿色本底深厚，农业农村经济态势较好，但是目前来看也面临一些问题：首先，产业融合度不高，大多数有机产品是初级产品，缺乏深加工，需要进一步发展相关产业，延长产业链；其次，绿色经济发展并没有现代化管理的龙头企业牵头，有机绿茶发展逊色，合作社和家庭农场虽然众多，但是品牌还没有打出去，有机产品卖不出“有机”的价格；再次，因为有机产业的发展对环境条件的要求极高，尤其是大气、土壤、水资源的条件，因此，还要坚持农村生态环境建设，防控农业面源污染，重点放在防治外来物种入侵上面；最后，加强绿色经济和全域旅游结合，而目前岳西县农业发展与旅游产业相关性不强，在交通设施完善和人居环境整治深入开展后，需要加快旅游链条的衔接。

四、岳西生态扶贫的政策启示

（一）树立生态立县观念，为绿色经济发展提供条件

生态环境保护和脱贫攻坚是全面建成小康社会的两个重点，必须坚持生态环境保护和脱贫攻坚内在统一、统筹推进。“绿水青山就是金山银山”，良好的生态环境为当地的可持续发展提供了支撑，经济的可持续发展又为生态环境的保护提供了保障。树立生态立县的观念，使得地区发展都围绕这一主题展开，为今后发展奠定坚实的基础。在此基础上，良好生态环境又会作用于农业发展，优化的农业产业结构，使当地生态环境得到了有效保护，形成良性循环。对于减贫来说，贫困地区的环境问题是制约其发展的主要因素之一。短期内，大量资金政策的支持能够帮助其走出贫困状态，但要想实现绿色可持续发展，就必须有坚实的发展基础，而生态建设就是为经济建设铺平道路，奠定基础。

（二）将经验转化为内生动力，实现可持续发展

当前，很多农业技术项目在我国开展，项目结束要能够把技术转化成内生动力，这才是实现可持续发展的关键。很多项目结束后，没有技术指导和政策扶持，农户也不愿继续生产，出现技术失效的情况。当地农户能够自主生产，甚至探索出新的适应当地生产环境的种植技术是我们所期待的。对于贫困人口来说，内生动力足，脱贫就是轻松的、自觉的和持久的。对于非贫困地区来说，将技术转化为自身所用，才能实现可持续发展。岳西县有机产业的发展就是通过个别农户的自发学习，带动周围农户生产这一方式开始的，虽然听起来十分普通，但中间的转化方式还是值得关注的。

第七章 精准资助，育人为本：岳西县教育与人力资源发展扶贫

教育扶贫是我国扶贫开发的重要组成部分，对贫困地区的教育发展和小康社会的全面实现均具有关键性的意义。党的十八大以来，以习近平同志为核心的党中央提出精准扶贫新战略的同时，更加强调“治贫先治愚，扶贫先扶智”，并将“发展教育脱贫一批”作为精准减贫、脱贫的重要途径。党的十九大明确提出面向2035年基本实现现代化和2050年建成现代化强国的战略目标。因此，未来我国经济社会的发展离不开人力资源的提升。而加快建成人力资源强国，就必须进一步加快发展教育，加快提升人力资源开发、劳动生产率及核心竞争水平，为我国实现“两个一百年”奋斗目标和中华民族伟大复兴的中国梦提供发展动能和支撑。不管是从当下还是未来发展的角度看，抓好教育是国家发展的根本大计。近年来，中国教育扶贫开发的成效显著。本书选取安徽省首个退出的国家级贫困县——岳西县，梳理该县教育精准扶贫的工作，剖析岳西县脱贫攻坚存在的困境和问题以及现阶段岳西县在教育攻坚中采取的举措和效果，并对岳西县教育扶贫工作的经验进行总结，以期为推进我国教育扶贫攻坚进程提供可行之策。

一、岳西县教育扶贫的理论及实践基础

（一）教育扶贫的理论基础

党的十九大报告提出："坚决打赢脱贫攻坚战，确保到2020年我国现行标准下农村贫困人口实现脱贫，贫困县全部摘帽。"随着贫困形态从单维贫困转向多维贫困，扶贫工作的不断推进，贫困形式也由单一的物质扶贫向多元的综合扶贫发展，其中教育扶贫是实现全面脱贫的重要路径之一，人力资本理论与可行能力理论将有助于理解教育扶贫的内在机理。

1. 人力资本缺乏是导致农村贫困的根本原因

传统经济理论认为，经济增长必须依赖于物质资本和劳动力增加的观点已无法解释当今经济社会的发展事实。在现代经济发展中，全面的生产要素则起到重要作用，不仅包括所有物质形式的资本而且还包括所有的人力（这里也包括人所得到的知识，即作为劳动力的一部分的技能和有用的知识），同时还要考虑到所有的生产技术，土地本身并不是使人贫困的主要因素，人的能力和素质才是决定贫富的关键。[①]因此，人力资本缺乏是导致农村贫困的根本原因。可行能力理论同样认为贫困的本质在于人的可行能力的缺失，正是由于教育机会的丧失造成了部分人群可行能力的缺失或缺陷，进而导致社会贫富分化，产生贫困人口。[②]因此，大力发展贫困地区的教育是扶贫的根本举措，教育扶贫就是提供教育投入和教育资助服务，使贫困人口掌握一定的知识和技能，提高文化素质和经济收入，最终摆脱贫困的一种方式。

---

① ［美］舒尔茨：《改造传统农业》，商务印书馆1999年版。

② ［印度］阿马蒂亚·森：《贫困与饥荒》，商务印书馆2004年版。

2. 人力资源开发有利于消除贫困的代际传递

随着扶贫开发工作的不断深化，扶贫工作有了新的要求：扶贫工作内容不仅仅局限于解决贫困人口的温饱问题，还在于如何保障贫困人口平等的发展机会和权利。[①] 由于农村贫困人口的基本能力缺乏，即知识能力的低下是导致农村人口陷入长期贫困的深层原因，经济贫困与教育贫困相互共存且相互制约陷入了贫困的困境，在家庭内部由父母传递给子女，子女在成年后继续重复父母的境遇，陷入贫困循环的困境。教育扶贫是一种内生式的扶贫脱贫方式，主要是通过提高贫困地区人力资源的数量和质量，增强其自主发展的能力，为贫困人口提供代际上升的发展能力和平台，通过子代或父代综合素质的提高，逐渐打破贫困家庭代际贫困的传递发展，从而着眼于消解贫困地区长期存在的贫困文化和状态。

3. 教育扶贫激发贫困人口的内生动力

随着社会经济的不断发展，过去救济式扶贫、项目式扶贫等传统“物质性”扶贫手段已经不能完全适应贫困地区的实际需要。多年来的扶贫经验证明，贫困人口的教育水平、知识水平和思想道德素质等已成为影响脱贫致富事业的根本性因素，因此，国家适时调整战略方向，由传统的“输血式”扶贫转向探索“造血式”扶贫。除了客观原因之外，贫困人口还存在思想上和观念上的落后。传统的扶贫政策虽然能够取得一定的效果，但是如果贫困人口依然缺乏脱贫致富的动力和能力，就有重新返贫的可能。提高贫困人口的思想意识、知识水平、技术水平，激发农村贫困人口的积极性则是教育扶贫的工作重点。从根本上讲，解放和发展贫困地区生产力，必须依靠全面提高贫困人口的素质，而教育正是提高人口素质、摆脱贫困面貌的内生动力。从长远来看，教育还能为整个国家和民族的发展提

---

① 左停：《十八大以来农村脱贫攻坚政策体系的完善与创新》，《人民论坛》2017 年第 30 期。

供高素质人才基础。

（二）教育扶贫的实施主体

从教育治理的角度来看，目前我国的教育扶贫工作主要是由政府为主导的各地教育行政部门自上而下进行的，也是教育工作的主要决策和实施主体，然而，由于贫困的形态逐渐呈现出多维度、多元化和动态发展的趋势，教育领域的贫困问题仅仅依靠政府单一主体的推进难以应对贫困群体日益动态化、多样化的脱贫诉求。[①] 相关研究表明，政府主导型的扶贫制度已成为中央政府、地方政府和贫困户进行博弈以获得扶贫资源的制度要件，进而成为引致我国农村扶贫陷入以边际效益递减和低效率状态为表征的制度性陷阱的主要因素。[②] 因此，从教育治理的视角来看，政府单一主体的治理模式难以满足社会发展的需要，教育治理的结构化的行为过程需要多元主体的共同参与，特别是政府、学校、社会组织等主体的理性对话和协商共治。政府在教育扶贫工作中处理与扶贫对象的关系时，要把工作重点放在如何扶志、扶智上，以育人为本作为出发点统筹规划，积极引入社会力量拓宽教育扶贫的深度和广度，同时，贫困户也要积极转变落后、保守的思想观念，重视孩子的教育，多方努力合作才能形成教育扶贫共赢的良性格局。

（三）教育扶贫的政策依据

自国家2010年出台《中国农村扶贫开发纲要（2011—2020年）》以来，教育扶贫具有扶贫和扶智的双重功能，成为扶贫工作的关注重点，在

① 代蕊华、于璇：《教育精准扶贫：困境与治理路径》，《教育发展研究》2017年第7期。
② 徐孝勇、赖景生、寸家菊：《我国农村扶贫的制度性陷阱与制度创新》，《农业现代化研究》2009年第2期。

新时代的扶贫开发工作中教育扶贫成为阻断贫困代际传递的重要途径。2015 年 4 月 1 日，中央全面深化改革领导小组第十一次会议提出“发展乡村教育，让每个乡村孩子都能接受公平、有质量的教育”，大力发展乡村教育，成为精准扶贫在教育扶贫中的重要举措。2015 年 11 月，中央扶贫开发工作会议明确把“发展教育脱贫一批”列入“五个一批”脱贫举措中，赋予了教育重要使命。国家教育经费要继续向贫困地区倾斜、向基础教育倾斜、向职业教育倾斜，帮助贫困地区改善办学条件，对农村贫困家庭幼儿特别是留守儿童给予特殊关爱。随即，教育部联合其他部门共同出台了《教育脱贫攻坚“十三五”规划》《深度贫困地区教育脱贫攻坚实施方案（2018—2020 年）》，进一步明确了教育扶贫具体的行动方案和战略部署。从国家出台的教育扶贫政策来看，目前的教育扶贫将教育优先的理念与精准扶贫理念相结合，着力推动教育的均衡化发展，缩小地区、城乡间的教育差距，从而确保教育公平。

（四）岳西县教育扶贫的实践基础

岳西县位于大别山腹地、皖西南边陲，地跨长江、淮河两大流域，与湖北省接壤，是大别山区唯一一个集革命老区、国家重点贫困地区、纯山区、国家级生态示范区、国家重点生态功能区于一体的县份。1985 年被列为首批国家重点贫困县，2013 年，成为《大别山片区区域发展与扶贫攻坚规划（2011—2020 年）》片区县[①]。由于环境脆弱、地理和历史等因素，岳西一直是安徽省以及大别山区 29 个国家级贫困县中贫困面较大、贫困程度较深的县份之一，在致贫原因排名中，“因学致贫”处于第二，同时岳西也存在办学经费投入不足、办学条件差、学校数量少、师资力量

① 数据来源：《岳西县资料汇编》。

薄弱等方面的问题。诸多的问题和挑战使得岳西成为安徽省最后通过国家“两基”验收的三县之一，其问题主要有以下四个方面：

1. 教育办公经费不足，财政投入有限

我国国家财政对教育经费的投入只占全国教育投入的一部分，缺口部分则由地方政府自行解决，所以教育精准扶贫政策的落实仍然有赖于地方财政的大力支撑。岳西县总面积 2398 平方千米，人口 40.1 万。由于历史、自然等方面的影响，贫困面较大、贫困程度较深，1985 年被认定为国家扶贫开发工作重点县。在脱贫攻坚之前，由于贫困人口较多，地方财政并不宽裕，所以对教育的财政投入有限，因此教育资源短缺，对农村贫困地区的学校建设、贫困学生的资助力度和范围微乎其微，从而出现城乡教育发展不平衡的情况。

2. 农村地区的办学条件差、基础设施落后

脱贫攻坚前，农村地区学校的硬件和软件短缺、办学条件较差，很多学校的校舍和教学点都是由老旧的工厂或员工宿舍改建而成的，或者是村民的住房，有些甚至是危房，建设规模较小，很难满足教育教学的日常需求，有些学校下雨后很多地方都是泥泞小路，不能为学生提供良好的学习生活环境。在教学设备方面，功能场室配备不足、教学设备设施短缺，致使许多需要开展试验的教学科目无法开展。此外，多媒体教室和计算机、音体美器材的配置比较低，音乐、美术、舞蹈、计算机这些课程开设较少，很多学校没有设置相应的图书室，学生的阅读量较低。

3. 教育资源严重不足，师资力量短缺

大别山深处的国家级贫困县岳西县总面积约 2400 平方千米，以山地为主，地广人稀，村落布局较为分散，全县学校分布呈“点多面广”的特点，教学点较多，教学规模较小，甚至偏远地区的教学点存在一两名老师和十几名学生的情况，布局分散的教学点、交通不便，由于学校经费短

缺，农村教师薪资待遇较低，农村教师岗位吸引力低，削弱了年轻教师留在农村工作的信心，偏远农村学校大多是本地的中老年教师或退休代课教师，他们的教学理念和方法与优质年轻教师相比还有很大差距。这几种情况严重影响着乡村教师队伍的稳定，导致乡村学校面临教师和学生严重流失的双重尴尬，在这样的资源环境中难免会出现一些课程不全、开不足课的问题。

4. 留守儿童教育问题突出

岳西县作为首批国家级重点贫困县，也是安徽省的劳务输出大县，每年都有大量外出务工人员，其中绝大部分是农村中的青壮年群体。于是，就产生一类特殊群体——“留守儿童”。这些留守儿童由于父母角色缺失，不能像正常家庭的孩子一样得到父母的关爱和呵护，日常的家庭教育也近乎零，长期与老人或其他监护人生活在一起缺乏科学的教育引导，学习基础较差，久而久之就失去学习的兴趣和动力，从而出现生源差的现象。而且，由于缺少父母长期的生活陪伴，无法享受正常的亲情关爱，其心理健康、情感需要等方面脆弱，加之师资力量短缺，任课老师也没有多余精力给予其特殊关照，导致留守儿童的教育问题已成为推进该地区义务教育均衡发展的难题。

二、岳西县教育与人力资源发展扶贫的主要举措

虽然岳西县曾是安徽省最后一批通过国家“两基”验收的县，但岳西县一直把教育放在优先发展的位置，敢于争先进位，并成为安徽省首个义务教育均衡县，其总体得分、均衡差异系数以及群众满意度均位居安徽省中 34 个迎检县、市的前列。2014 年通过国家义务教育基本均衡发展验收之后，为了巩固义务教育的发展成果，岳西县义务教育工作的重点进一步

朝优质均衡的方向迈进。教育扶贫工作的考虑主要基于以下两点：一是从教育公平的角度出发，保证贫困地区的子女有学上、上好学、不辍学，保障贫困地区学生享受与城市的学生同等、公平、有质量的教育；二是避免出现因贫失学的现象，同时也确保已脱贫户稳定脱贫，并以此作为教育扶贫工作的重要出发点。该县主要采取了以下几项措施：

（一）加大教育资助的投入力度，针对不同类型贫困学生做到应助尽助

岳西县自2007年实施义务教育经费保障机制改革以来，认真贯彻落实国家对家庭经济困难幼儿学前教育资助、义务教育的“两免一补”政策，实施民生工程普通高中家庭经济困难学生和中职学生的资助工作，并加大对义务教育经费的投入。截至2017年，累计投入义务教育资助金42182万元，344429名义务教育阶段学生受益，实现了按照学段全覆盖、对象无遗漏的目标，让所有符合条件的家庭经济困难的学生，其中建档立卡家庭子女学生全部享受资助。表7-1反映了2014—2018年落实国家助学金政策和岳西县教育政策的助学情况，自开展精准扶贫建档立卡以来，国家层面的助学金政策在资助金额和资助人次方面的投入均呈上升趋势。岳西的教育助学政策是在2017年开始实行的，其增长速度较为显著，资助力度也进一步增强，资助对象的覆盖范围做到与国家政策保持一致。

表 7-1　2014—2018 年学生资助情况统计

（单位：人，万元）

项目 年份	学前教育资助				寄宿生生活补助				普高助学金			
	合计		岳西政策		合计		岳西政策		合计		岳西政策	
	人数	金额	人数	金额	人数	金额	人数	金额	人数	金额	人数	金额
2014	350	14	0	0	8568	500	0	0	2876	215.7	0	0
2015	400	16	0	0	8558	500	0	0	2594	259.4	0	0
2016	1017	50.9	0	0	8558	500	0	0	2405	240.5	0	0
2017	4459	223	595	29.8	12377	703.5	7355	417.3	5723	684.3	320	45.2
2018	3884	194.2	655	32.8	11375	634.6	6935	382.3	5462	750.7	534	80.1
总计	10110	498	1250	62.5	49436	2838.1	14290	799.5	19060	2150.6	854	125.3

项目 年份	中职助学金				大学新生入学资助			
	合计		岳西政策		合计		岳西政策	
	人数	金额	人数	金额	人数	金额	人数	金额
2014	2753	206.5	0	0	0	0	0	0
2015	2861	286.1	0	0	0	0	0	0
2016	3368	336.8	0	0	59	4.1	0	0
2017	3829	382.9	24	2.4	1059	61.9	502	28.8
2018	3545	354.5	207	20.7	956	55.8	605	34.9
总计	16356	1566.8	231	23.1	2074	121.7	1107	63.7

数据来源：根据岳西县教育局提供的材料整理。

1. 学前教育的资助政策

为了促进学前教育均衡发展，保障家庭经济困难儿童公平接受学前教育的机会和权利，根据安徽省出台的《安徽省第三期学前教育行动计划实施方案（2017—2020 年）》《安徽省教育厅　安徽省扶贫办　安徽省财政厅关于进一步做好农村建档立卡贫困户家庭幼儿学前教育资助工作的通知》等文件精神，结合自身实际情况，制定了《岳西县学前教育资助实施办法》。

（1）资助对象及标准：《岳西县学前教育资助实施办法》适用于岳西县范围内经教育行政部门审批设立的公办幼儿园、公建民营性质的幼儿园、民办幼儿园的各级各类普惠性幼儿园。资助对象为接受学前教育的家庭经济困难儿童，其中建档立卡贫困家庭子女全覆盖。资助标准为每人每年1000元，分学期打卡发放。

（2）资助申请流程：学前教育资助工作按学年申请，每年9月20日前，符合条件的资助对象向幼儿园提出书面申请，提供以下申请材料：《岳西县学前教育资助申请表》；低保证、残疾证或民政部门提供的孤儿证明等有效证件；其他因重大疾病、意外灾难等原因，导致家庭经济困难的相关书面材料。其中，建档立卡贫困家庭儿童无须个人申请，直接认定其为资助对象，优先享受资助政策。

各校成立学前教育资助评审小组，对非建档立卡在园幼儿提出的申请及相关证明资料进行认真评审，并将评审结果在校（园）内进行不少于5个工作日的公示。公示无异议后填写《岳西县学前教育资助对象汇总表》，于每年的10月10日前报资助中心审核汇总。

（3）资金保障及管理：学前教育资助资金按照“以县级为主，属地管理”的原则，由县级统筹上级及本级资金予以保障。各校严格按照事业收入的3%—5%足额提取园内资助资金，用于减免收费、提供特殊困难补助等。县财政局、教育局根据资助对象审核结果，将资助资金拨付到各校，由各校通过涉农资金“一卡通”打卡发放。各校制定园内资助资金管理使用办法，实行分账核算、专款专用，切实按规定的资金使用范围和评审程序，将资助资金用到符合条件的幼儿身上，最大限度地发挥资助功能。

2. 义务教育的资助政策

按照《安徽省人民政府关于 2018 年实施 33 项民生工程的通知》，岳西县为了进一步扎实做好教育扶贫工程，精准实施义务教育阶段资助工作，制定了《岳西县 2018 年义务教育经费保障机制改革实施办法》，本办法所称义务教育学校是指岳西县实施义务教育的公办和民办全日制小学、初中学校，包括义务教育阶段特殊教育学校和九年一贯制义务教育阶段小学和初中。具体实施内容如下：

在贯彻落实义务教育“两免一补”资金中，全部免除义务教育阶段学校学生的学杂费，统一核定义务教育学校生均公用经费基准定额，对义务教育学校按照不低于基准定额的标准补助公用经费。2018 年安徽省的生均公用经费基准定额仍为：普通小学每生每年 625 元、普通初中每生每年 825 元。生均公用经费基准定额所需资金由中央、省、县共同分担，中央与地方分担比例为：岳西县比照实施西部大开发政策的县为 8：2，地方承担部分岳西县执行省与县分担比例为 8：2，也就是中央、省、县按照 80：16：4 的比例分担。县本级原来安排的小学每生每年 10 元、初中每生每年 15 元的补助经费继续保留，确保不产生“挤出效应”。向义务教育阶段学生免费提供国家规定课程教科书和免费为小学一年级新生提供正版学生字典，所需资金全部由中央全额承担。全面取消义务教育阶段地方教材，地方教材中的有关内容纳入学校图书资料建设范畴。

补助义务教育阶段家庭经济困难寄宿生生活费，补助基本标准为：小学生 4 元 / 天、初中生 5 元 / 天，学生每年在校天数均按 250 天计算，小学生每生每年 1000 元、初中生每生每年 1250 元。所需资金由中央和县按照 5：5 的比例分担。按照省教育厅、省财政厅确定全省家庭经济困难寄宿生平均贫困面，加大教育扶贫攻坚工作力度，结合岳西县的实际情况，将扩大家庭经济困难寄宿生生活费补助面，将本县户籍建档立卡家庭校外租房中小学生、县外就读未享受寄宿生生活补助费的义务教育阶段中小学生纳入资助范围，做到建档立卡贫困家庭寄宿生补助全覆盖，切实提高贫困寄宿学生资助精准度。

加强义务教育阶段特殊教育学校和接受残疾学生随班就读的普通义务教育阶段学校经费保障。义务教育阶段特殊教育学校和随班就读残疾学生按每生每年6000元标准补助公用经费，所需资金按义务教育学校生均公用经费基准定额分担政策执行。此外，岳西县对6—14周岁重度残疾儿童实行“送教上门”政策，要求任课教师根据服务对象心理、生理特点及残疾类别，制定个性化教学方案、选择适合服务对象的教学方法及教学内容，认真落实好“每个服务对象每周送教不少于1次、每次不少于3课时，每年不少于100课时”的工作要求。

3. 高中阶段教育的资助政策

普通高中和中职学校的国家助学金和免学费补助所需资金均由中央、省级、县级财政共同分担，具体分担比例为：中央60%、省级32%、县级8%。

（1）普通高中学生的资助政策

国家助学金的资助对象面向在岳西县普通高中（含民办高中）就读的在籍在校建档立卡贫困家庭学生，按每生每学年3000元、非建档立卡家庭经济困难学生按平均每生每年2000元的标准发放国家助学金，资助资金分学期通过资助专用卡发放，春季学期4月份完成发放，秋季学期10月份完成发放。

免学费补助针对在公办普通高中就读的在籍在校建档立卡等家庭经济困难学生（含非建档立卡的家庭经济困难残疾学生、农村低保家庭学生、农村特困救助供养学生），开学时直接免收学费；在民办学校就读的在籍在校建档立卡等家庭经济困难学生，比照同类型公办普通高中学费标准给予补助，其中在民办华正高中就读的按每生每学期350元标准减免学费，学费标准高出补助的部分，可以按规定继续向学生收取。因免除学费导致学校收入减少的部分，由教育局按实际免学费人数和物价、财政部门批准的学费标准，分学期将补助资金拨付到学校使用。

（2）中职学校学生资助政策

国家助学金的资助对象：在本县中职学校就读的高一、高二年级在籍在校学生；资助标准：2000元/生·学年，资助资金分月打卡发放，春季学期从3月起至7月止，秋季学期从9月起至次年1月止，每月发放200元；在岳西县中职学校就读的全体学生全部享受免学费的政策，资助标准：文科类专业1200元/生·学期，理科类专业1500元/生·学期（均不含住宿费）。

安庆大别山科技学校为县内唯一一所公办中专学校，资助工作实行校长负责制，学生资助中心承担具体工作，班主任及班干部负责学生申请资格证明材料的初审，学生资助中心负责受助学生资格复审、人数与受助金额的统计上报。学校资助工作严格按照政策要求，规范操作程序，免学费和国家助学金发放工作做到100%全覆盖。同时，学校制定了校内贫困生资助制度和方案，每年拿出不少于学校事业性收入的5%作为校内资助资金，用于对贫困学生的生活和学习资助，让学生不因贫辍学得到了保障。

表7–2　大别山科技学校的资助情况

学年度	免学费		助学金		校内资助		
	人数	比例（%）	人数	比例（%）	人数	资金（万元）	比例（%）
2016—2017	3424	100	1911	100	246	8.759	7.25
2017—2018	3011	100	1872	100	399	13.84	9.88

数据来源：根据大别山科技学校提供的资料整理。

4. 普通高校家庭经济困难学生资助政策

安徽省出台了《关于做好2018年普通高校家庭经济困难新生入学资助项目的通知》，2018年岳西县将参加2018年高考（含分类考试）并被全日制高等院校录取的家庭困难学生列为资助对象，对所有省内院校录取的新生每人给予500元、省外院校录取的新生每人给予1000元的资助，资助款用于一次性补助家庭经济困难新生从家庭所在地到被录取院校之间的交通费及入学后短期的生活费用。

同时，优先受理家庭经济困难学生生源地信用助学贷款，全日制普通本专科学生（含第二学士学位）每人每年贷款额度最高为8000元，且不低于1000元；全日制研究生不超过12000元，且不低于1000元。对因死亡、失踪、丧失劳动能力确实无法偿还贷款的借款学生，由资助中心按照规定程序直接为其代偿贷款；对因病丧失劳动能力、家庭遭遇重大自然灾害、家庭成员患有重大疾病等原因确实无法按期偿还贷款的借款学生，启动还款救助机制。

自2008年开办国家开发银行生源地信用助学贷款以来，至2017年，岳西县共签订有效贷款合同28273笔，累计发放贷款19316.71万元，帮助11544名家庭经济困难大学生顺利完成学业，对助力脱贫攻坚发挥了不可替代的重要作用。岳西县政府考虑到办理生源地贷款的学生较多，且大多居住在大山深处，交通极其不便，为方便建档立卡等家庭经济困难的大学生办理贷款手续，切实减轻他们在上大学期间的家庭经济负担，于2017年在本县人口相对集中的店前中学和主簿镇辅导小学，增设两个国开行生源地助学贷款受理点，方便贫困家庭的学生办理贷款。

5. 引导社会力量参与捐资助学

岳西县在助学工作中整合团县委、工会、妇联、教育、扶贫以及社会扶贫等各类助学资源，按照“多口进、一口出”的办法，实现建档立卡贫困家庭大学生资助全覆盖，提高资助补助水平，所有社会资助优先安排贫困户家庭。

表 7-3　2015 年部分单位扶贫助学资助统计

赞助成员联系单位	项目	资助对象	资助标准	数量	金额（万元）
工会	县育才关怀活动	贫困大学生	1500 元 / 人	193	28.95
	市工会		3000 元 / 人	20	6
扶贫办	中石化助学金	贫困大学生	3000 元 / 人	30	9
	雨露计划	贫困大学生	2000 元 / 人	880	176
	中石化奖学金	优秀大学生	5000 元 / 人	1	0.5
关工委	县关工委	贫困大学生	1500 元 / 人	25	5
	市关工委	贫困大学生	2000 元 / 人	10	1.5
团县委	新世纪基金	贫困大学生	8000 元 / 人	15	12
	国酒茅台	贫困大学生	5000 元 / 人	30	15
	利港学	贫困大学生	4000 元 / 人	5	2
	盼盼集团	贫困大学生	10000 元 / 人	30	30
		优秀大学生	3000 元 / 人	21	6.3
妇联	县妇联	贫困大学生	2000 元 / 人	8	1.6
	省儿童基金会	贫困大学生	5000 元 / 人	8	1
	黄庆丰爱心助学	贫困大学生	5000 元 / 人	2	3
	蓝鼎集团	贫困大学生	学费	6	2.686

数据来源：根据调研资料整理所得。

（二）普及学前教育，推进义务教育，发展高中阶段教育

我国仍处于社会主义初级阶段，各地经济社会发展不平衡，尽管近年来各地义务教育都有了新的发展，但城乡之间、地区之间、学校之间的差

距依然存在。教育公平是社会公平的重要基础。高度重视农村地区的教育发展是缩小城乡义务教育差距的标本兼治之策，也是促进城镇基本公共服务与农村共享的关键环节，从而保障农村地区学生的教育权利和机会公平。岳西县对各个阶段的教育发展都做了如下严密的工作部署：

1. 学前教育推进工程

幼儿是国家的未来和民族的希望，学前教育作为教育的起点，对在人生早期阻断贫困代际传递具有重要意义。岳西县根据国家、省、市推进实施三期行动计划的部署和要求，制定了《岳西县第三期学前教育行动计划实施方案（2017—2020 年）》，该方案的制定是为了巩固前两期行动计划成果，进一步增加投入，扩大学前教育资源、促进学前教育可持续发展、改善农村幼儿园的办学条件、提高幼儿园的保教质量的迫切需求，同时也是为了推动“二孩”政策落地、基本解决“入园难”“入园贵”问题、保障民生的基本需要。

（1）岳西县学前教育基本情况

2016—2017 学年度，岳西县共有幼儿园 26 所，另有小学附设幼儿园 115 所、小学附设教学点 54 个、民办幼儿看护点 5 个。全县在园幼儿 9368 人，幼儿园专任教师 323 人（在编公办教师 21 人，代课教师 302 人）。学前三年毛入园率 86.5%，学前一年入园率 95.1%，已提前实现并超越《国家中长期教育改革和发展规划纲要（2010—2020 年）》中规定的 2020 年实现学前三年毛入园率 70%、学前一年入园率 95.0% 的目标。

（2）岳西县学前教育的主要举措

加快园舍建设，扩大普惠性学前教育资源。根据岳西经济社会发展、城镇化进程和“二孩”政策实施后带来人口增长的变化，自 2017 年开始，全县幼儿园布局规划总体思路是在继续实施乡镇中心幼儿园建设规划的同时，重点做好村级幼儿园建设和城区幼儿园扩容工作，规划新建幼儿园 5

所（含民办 2 所），改扩建幼儿园 3 所，增加园舍面积 5000 平方米，总投资 714 万元。注重增加农村公办幼儿园建设力度，每个乡镇至少办好 1 所公办幼儿园的工作目标很快实现，充分发挥乡镇中心幼儿园的示范辐射带动作用，加强乡镇和村幼儿园的一体化管理。县城城区每 3 万常住人口设置 1 所以上公办幼儿园、社区每 1 万左右常住人口设置 1 所幼儿园的目标已实现，城区以南幼儿园为依托，组建“东南城区幼儿园教育联盟”，实现资源共享。同时制定普惠性民办幼儿园认定标准，积极推进公办民助、公建民营幼儿园发展，落实用地、减免税费等优惠政策，支持普惠性民办幼儿园发展。

落实主体责任，理顺管理体制和办园体制。根据“省市统筹，以县为主”的学前教育管理体制，落实县级政府主体责任，充分发挥乡镇政府作用，共同推进学前教育可持续发展。幼儿园的办园体制实行属地管理，通过地方政府接收、由当地优质公办园合并、政府购买服务等多种形式，确保其面向社会提供普惠性服务，并按照《事业单位登记管理暂行条例》等规定进行符合条件幼儿园事业单位登记工作。

加强监管指导，进一步规范办园行为。根据《幼儿园办园行为督导评估办法》及《幼儿园工作流程》，强化幼儿园督导评估、科学保教和安全管理。在加强保育指导方面，县教育局配备学前教育专（兼）职教研员，划分学前教育教研指导责任区，成立学前教育专家库，定期对幼儿园进行业务指导。在提高保育质量上，要求教师遵循幼儿身心发展规律，关注个体差异，坚持保教结合、幼儿园教育和家庭教育结合，鼓励有条件的幼儿园面向家长和社区开展公益性 0—3 岁早期教育指导。同时，县政府按照“准入一批、整改一批、取缔一批”的要求，分类治理、妥善解决民办看护点无证办园问题，提升全县学前教育的整体水平。

2. 优质均衡发展义务教育

教育部网站于 2015 年 3 月 20 日发布的《国务院教育督导委员会关于

公布2014年全国义务教育发展基本均衡县（市、区）名单的决定》，岳西县属安庆市第一批通过国家验收、被《安徽青年报》誉为均衡教育的“岳西样本”。自2014年以来，全县一直努力推进义务教育从基本均衡向优质均衡的方向迈进。据统计，岳西县2009年小学一年级学生有3084人，2017年九年级学生有3094人，全县九年义务教育巩固率为100.32%，远超安徽省平均水平，全县适龄儿童少年全部入学，无一人辍学。岳西县采取了“三个三”控辍保学行动，具体措施如下：

第一，扶贫控辍：实现贫困生、残疾生、困境生资助三大全覆盖。岳西县聚焦农村贫困地区和贫困人口，把建档立卡等家庭经济困难的义务教育阶段学生（含非建档立卡的家庭经济困难残疾学生、农村低保家庭学生、农村特困救助供养学生）作为脱贫攻坚重点对象，各校针对家庭经济特殊困难学生，按照“一家一案，一生一案”的原则制定扶贫方案，统筹各类扶贫、惠民政策，确保孩子不因家庭经济困难而失学辍学。5年来累计发放各类资助资金10630万元，特殊学生生均公用经费标准提高到普通农村小学的近10倍，推进随班就读、送教上门；同时广泛开展社会捐资助学活动，近三年资助金额达2460万元。

第二，制度控辍：推进中考招生制度改革、优化农村学校规划布局、城乡一体化发展三大行动。安徽省示范普招计划80%分解到各初中学校，设立建档立卡贫困生专项计划，如2018年岳西县的普招计划中，岳西中学、汤池中学、大别山科技学校的建档立卡专项计划招生名额分别是6人、4人和170人；在人口稀少、地处偏远、交通不便的地方保留并办好必要的学校和教学点，确保学生就近入学。严格规范学校撤并程序，避免因学校布局不合理造成学生失学辍学的现象。岳西县2018年投入了3000万元建设农村义务教育寄宿学校，优先满足留守儿童住宿需求。切实处理好就近入学和合理集中住宿的关系，因地制宜地通过增加寄宿床位、公共交通站点和路线、提供校车服务等多种方式，妥善解决偏远地区学生上学远和寄宿学生家校往返交通问题。同时，城镇新建和改扩建的学校，也在有序扩大学位供给，全面建立以居住证为主要依据的流动人口子女入学政策，为随迁子女平等接受义务教育提供条件。

第三，质量控辍：提升农村教师队伍、学校治理、思想道德建设三大水平。脱贫攻坚以来，岳西县补充乡村教师 817 人，定向培养乡村教师 122 人，交流轮岗 1231 次，财政预算安排教师培训费 930 万元，同时也把帮扶学习困难学生作为“控辍保学”的考核重点，帮助他们解决实际困难；岳西县中小学创新发展思路，充分发挥各自优势构建特色文化，积极开展特色学校创建活动，实现校有特色、生有特长，充分激发学生的潜力，截至 2019 年 5 月，全县共有市、县级特色学校 13 所，各类国家级特色学校 11 所。岳西县把“留守儿童”的“控辍保学”工作，作为教育事业发展的一项长期课题。全县义务教育阶段共有留守儿童少年 10080 名，农村留守儿童占在校生的 31.75%，先后建成 182 个留守儿童之家、53 个心理咨询室、23 所农村学校少年宫，将农村留守儿童关爱保护工作纳入政府购买公共服务目录，已形成“家庭尽责、政府主导、部门联动、群团协同、社会参与”的留守儿童教育管护的长效机制。黄尾中心学校乡村少年宫就是其中的一个典型代表。

案例 7–1　黄尾中心学校乡村少年宫建设

黄尾中心学校乡村少年宫是中央文明办、财政部、教育部利用中央专项彩票公益金创建的。学校少年宫设有舞蹈活动室、棋艺活动室、书法活动室、绘画活动室、经典诵读室、乒乓球活动室、器乐活动室等。乡村少年宫作为留守孩子发展培养兴趣爱好的主要阵地，每学年都开设不同的兴趣小组，分别有电子琴、舞蹈、象棋、军旗、跳棋、篮球、足球、羽毛球、乒乓球、绘画、书法、讲故事、科普实验、经典诵读等。学校根据留守儿童的爱好和特长分好兴趣小组，由辅导老师利用社团课时间开展活动。学校现有352名学生，少年宫成了这帮留守儿童培养兴趣爱好、开发心智、陶冶情操、收获快乐的天堂。

该校学生蔡永晶是留守儿童中的一员，其母亲多年前患上精神抑郁症，经常四处游走，夜不归宿。父亲靠常年外出务工维持生计，现交由舅舅临时监管，他也因此成了一名留守儿童。蔡永晶个头小、内向、沉默寡言，但他热爱体育运动，特别爱踢足球，在绿茵场上挥洒汗水成了他的愿望。老师看在眼里，记在心上，直到学校关爱留守儿童小组依托少年宫丰富留守儿童的课余生活，他的梦似乎被开启，目前正被关注和关爱。足球班一开设，班主任和留守儿童负责人就向蔡永晶建议，加入足球兴趣班，足球兴趣班开启了他的足球梦。两年后上初中不久，蔡永晶入选校男子足球队，参加更加系统专业的校园足球训练，现任校初中男子足球队副队长。2018年8月，由蔡永晶等留守儿童作为主力队员的黄尾中心学校足球队，参加了岳西县2018年初中生校园足球联赛。在小组赛和半决赛中，他们以大比分战胜对手，顺利晋级决赛，最终经过顽强拼搏获得冠军，他们的人生也因此而改变。

黄尾中心学校关爱留守儿童活动，现联合学校少年宫开展各类兴趣社团，对留守儿童开放，确保发挥好“留守儿童之家”的教育作用，让学生的心理和生理都能健康成长，做细、做实、做好“留守儿童”工作，引领留守儿童在同一片蓝天下做学习、生活的强者，营造快乐成长天地，让他们感受春风、沐浴雨露、健康快乐、和谐成长，从而拥有自己美好的明天！

3. 加快普及高中阶段教育

高中阶段教育是学生从未成年走向成年、个性形成、自主发展的关键时期，肩负着为各类人才成长奠基、培养高素质人才的使命。普及高中阶段教育是对义务教育成果的巩固和提升，为此，岳西县教育局在2017年出台了《岳西县高中阶段教育普及攻坚计划（2017—2020年）》，以确保岳西县如期实现普及高中阶段教育的目标。

（1）多样化发展普通高中教育

普及高中阶段教育。以做强、做优为发展目标，巩固岳西中学、汤池中学省级示范普通高中创建成果，丰富办学内涵，扩大优质教育资源覆盖，提高教育质量，支持民办普通高中发展。2017年全县高中毛入学率90.86%，已超过安徽省省定2020年90%以上的标准，距离国家普及高中教育阶段教育2020年92.5%以上标准相差不到2个百分点。到2020年，有望全面满足初中毕业生接受高中阶段教育需求、普及高中阶段教育的目标。

全面深化课程改革。认真贯彻落实《教育部关于普通高中学业水平考试的实施意见》，主动适应高考招生改革需要。积极推进高中学业水平考试及学生综合素质评价改革，全面提高普通高中学生综合素质，促进教育公平和科学选才。认真落实课程方案，注重培养学生自主学习、自强自立和适应社会的能力，克服应试教育倾向，保证学生全面完成国家规定的文理等各门课程的学习。创造条件开设丰富多彩的选修课，提高课程的选择性，促进学生全面而有个性的发展。积极开展研究性学习、社区服务和社会实践。鼓励普通高中办出特色，支持店前中学打破普通高中办学的同质化局面，打造艺体特色品牌，推进培养模式多样化，探索发现和培养创新人才的途径，满足不同潜质学生的发展需要。

严格执行普通高中招生政策。积极探索普职融通渠道，合理分流初中毕业生。扩大办学自主权，积极探索创建新型综合高中，努力构建普职融通的“立交桥”，促进普通高中与职业高中在校学生比例保持在合理水平。全面实施国家专项计划、高校专项计划、地方专项计划，2014 年以来，3 个专项计划本科段全县共录取 1052 名。

（2）创新发展职业教育

职业教育作为高中阶段教育的重要组成部分，一方面承担普及高中阶段教育的责任，另一方面也负有适应经济发展培养一线劳动者和技能人才的重任，特别是在广大农村和贫困地区，职业教育还具有精准扶贫、精准脱贫的作用。安庆市大别山科技学校作为岳西县内唯一一所职业学校，该校适应地方经济和特色产业发展需要开设专业，为培养人力资源的内生动力和能力，助推岳西经济发展进行了探索和创新。

推进职业教育基础能力建设。推进大别山科技学校省级示范特色学校创建和茶叶生产加工、计算机电机电器制造与维修、计算机应用 3 个省级示范实训基地建设，完成农林（茶）基地与园林绿化项目建设，提升基础能力，改善实训装备水平，提升实训能力。深化选择性课程改革，开设与本土经济发展相关的专业或培训班，培养符合区域经济发展需要的人才，全面提高人才培养质量，为招商引资和地方经济发展提供大量人才支持，全面提升产业融合、校企合作水平。

以服务为宗旨，以就业为导向，改革培养培训模式和方法，改革招生和教学模式，大力推行订单式培养培训，开展以“招工即招生、入厂即入校、校企双师联合培养”为主要内容的现代新型学徒制试点，主动与大中型企业和产业园区开展合作，促进新技术、新工艺、新材料、新装备的应用，加快先进技术转化和产业转型升级。推进教育教学改革，全面提高教育质量，坚持学校教育与职业培训并举，全日制与非全日制并重。

发挥培训优势，助力岳西脱贫。结合岳西县脱贫攻坚的工作需求，大别山科技学校充分发挥职业学校资源优势，为区域经济社会发展服务，面向贫困地区农村未升学初、高中毕业生和农村转移劳动力开展就业技能培训，提高他们就业创业和脱贫致富的能力，促进人口迁移，推进城镇化建设。

表 7-4　2016—2017 年大别山科技学校社会培训服务情况

年度	职业培训总数（人次）	企业员工培训（人次）	就业创业技能培训（人次）	农村实用技术（人次）	扶贫脱贫培训（人次）
2016—2017	2025	254	1150	248	373
2017—2018	2081	251	1028	417	385

大别山科技学校结合岳西经济发展的条件，注重增加涉农专业的建设，同时大力开展公益性新型职业农民培训，其中 2016 年、2017 年脱贫培训人次分别为 373 人和 385 人，所占培训总人次的比重为 18.4%、18.5%，在助力贫困人口脱贫致富中起到了应有的作用。

案例 7-2　大别山科技学校发挥自身优势助力教育脱贫

在助力岳西脱贫攻坚中，大别山科技学校对口帮扶对象是和平乡太阳村。全校 117 名教师分别结对太阳村 117 户贫困户，进村入户开展调研时，力求找准村域经济发展的瓶颈，因地制宜，寻找适合本村产业发展的道路，并探索出以下几种方式帮助贫困户脱贫致富：一是教育帮扶。太阳村学生到大别山科技学校就读，免去所有费用，并对贫困户子女给予生活补助。2018 年，该村在校就读学生 12 人，均落实免费和补助政策。累计免去学杂费、住宿费和给予生活补助费 3.5 万元。二是技能帮扶。太阳村自然资源优越，农优特产丰富，蚕桑、茶叶、茯苓、天麻、灵芝及养殖产业发展基础好，学校安排种养殖专业和电商专业老师对农户进行技能培训。先后举办培训班 2 次，培训人数近 200 人。通过培训，农户种植、养殖技能提升较快，为农户增加收入奠定了基础。三是就业帮扶。安庆大别山科技学校拥有大量优秀企业资源，并和大批优秀企业建立校企合作关系，太阳村、云峰村有意向外出务工人员，学校组织对其进行培训，掌握一定技能后，安排到这些优秀企业务工。四是产业帮扶。太阳村驮尖旅游项目发展前景好，安庆大别山科技学校旅游专业积极和两村旅游项目做好对接，安排旅游专业学生到景区顶岗实训，帮助景区培养优秀管理人员和服务人员，力争把景区建成安庆大别山科技学校旅游专业实训基地，并根据学校实际情况给予一定帮助，帮助太阳村多方筹措资金，支持太阳村集体经济发展，先后在光伏发电、护林防火、防汛抗旱等方面给予帮扶资金近 7.8 万元。从 2016 年至今，学校教职工先后 40 次到户帮扶，其中学校集中组织 18 次到户帮扶，教职工自行安排 22 次到户帮扶，累计送去帮扶资金和其他费用达 50 余万元。

（三）改善薄弱的办学条件，促进城乡教育均衡发展

党的十九大报告强调，推动城乡义务教育一体化发展，高度重视农村义务教育，努力让每个孩子都能享有公平而有质量的教育。在加快缩小城乡教育差距、促进基本公共服务均等化方面岳西县重点贯彻落实了国家的“全面改薄”工程和营养改善计划。“全面改薄”是指全面改善贫困地区义务教育薄弱学校基本办学条件，提高农村地区的办学水平，对实现教育公平意义重大。营养改善计划是我国自 2011 年实施农村义务教育学生就餐问题的一项健康计划，是进一步改善农村学生营养状况，提高农村学生健康水平，加快农村教育发展的一项民生工程。

1.“全面改薄”工程

2014 年以来，岳西县累计投入义务教育学校改善办学条件资金 13764.8 万元，建成项目 403 个，维修校舍 99575 余平方米，完成校舍和运动场建设 29406 平方米，购置设备 7839 台（件、套），完成率 100%，全省排名并列第一。在“全面改薄”项目中，许多村小、教学点位置边远，山高路陡，项目实施成本很高，其地质结构和地形、地貌复杂，地质勘查和工程设计无法十分准确，很多工程基础部分超预算，还有消防规范逐年提高标准，一些工程备案时符合规范，竣工时标准已经提高，需要整改，造成部分工程造价超出规划预算，却也取得了进度快、质量高、影响好的大好局面。主要经验如下：

（1）政府协调，部门联动，为“全面改薄”工作高效实施提供强大保证。政府加强领导，充分协调，各部门齐抓共管，确保项目每一个环节落到实处，同时与党风廉政建设紧密结合，一起部署、一起落实、一起检查、一起考核，做到一级抓一级，层层抓落实，确保项目有序有效推进。制定《岳西县“全面改薄”项目工作监督检查办法》和《岳西县“全面改薄”工作年度考核目标体系》，对工程管理监督工作进一步细化，强化效率意识，按照倒排工期要求，全力以赴加快工程进度，实现“工程优质，干部清廉，资金安全”的目标。

（2）摸清底数，科学规划，精心设计，实现“全面改薄”工作的效益最大化。岳西县组织了一支从教育局、发改委、财政局等部门抽调的业务精、责任心强、能吃苦的专门队伍，深入全县所有义务教育公办学校，纵向到底，横向到边，实地查看，登记造册，一丝不苟，绝不允许漏查误登，确保第一手资料精准真实。根据摸底情况，规划“全面改薄”具体的时间表、路线图，分年度、分类型、分学校，按照“缺什么补什么”的原则，精心设计，广泛征求意见，编制每校建设计划书，确定“一校一方案”，再将方案拿到领导小组组织的专门会议，结合经济发展规划，充分论证，统筹协调。

（3）广泛宣传，跟踪服务，为“全面改薄”工作顺利完成提供保障。“全面改薄”的宣传工作一直坚持深入基层，利用班会和黑板报、宣传栏，向学生并请学生向家长宣传“全面改薄”的重大意义和进展情况。组织“全面改薄”相关工作人员开展质量业务培训，翻印下发《安徽省中小学校舍安全工程质量管理手册》，请专家对照该手册做详细的解读辅导，进一步增强大家的质量意识，提升质量管理的能力。建立岳西县“全面改薄”工作档案室，抽调专人、划定专门场所对全县所有项目学校建立工程档案。按工程档案管理要求，工程档案按综合卷、规划经费卷、监督检查卷、学校总卷、项目分卷进行分类归档。实施中，按年度分别归档。开工项目实施过程中的动态信息录入，校园、单体建筑物的图片、视频资料完整上传，确保工程资料和信息系统的及时性、完整性。

岳西县在“全面改薄”工作中，坚持教育硬件和软件并重的原则，不仅在改善教育基础设施和基本公共服务方面下功夫，同时全面实施乡村教师支持计划，加强师资队伍建设，通过开展城乡结对帮扶，促进优质资源共享来提升整体的教学质量，具体做法如下：

（1）建立教师补充和流动长效机制

岳西县实行省考县管校聘的方式补充教师，在新任教师和特岗教师招聘工作中，每年吸收一定数量高校毕业生到农村小学任教，定向培养乡村教师，招生工作中接受免费师范生到县里任教，不断完善校长、教师交流机制，鼓励音、体、美及计算机等课程老师走教、跨校授课，解决学校学科教师结构性空缺问题。2014—2018 年累计招聘新任教师 554 人、特岗教师服务期满入编 81 人、招聘特岗教师 182 人，定向培养乡村教师服务期满入编 81 人、定向培训乡村教师 122 人，城区教师到边远农村学校支教 59 人，教师、校长交流轮岗 1231 人次，有效地缓解了农村地区教师紧缺矛盾。针对紧缺学科，2018 年发布了《岳西县教育系统公开引进高层次人才和紧缺专业人才公告》，引进高中专业教师 20 人。

（2）完善教师全员培训制度

积极选派校长、教师参加“国培计划”“省培计划”项目和市教育局安排的培训，同时开展自主培训，依托县级教师培训学校，按照每年一个专题的方式对全县义务教育阶段的教师进修培训。教育局对培训情况进行考核、跟踪督查，从而促进教师水平提高，全面提高全县中小学教师的师德水平和业务素质。2018 年，全县组织教师、校长参加国培 1396 人次，省市级培训 162 人次，县级心理健康培训 2750 余人，幼儿教师培训 382 人次，新任教师岗前培训 490 人次。安庆市区专家名师 20 名到岳西送培送教，选派教师 50 名、校长 80 名到安庆城区学校跟班学习，引领乡村教师专业成长。

（3）依法保障并逐步提高教师待遇

岳西县从 2013 年起建立乡村教师生活补助制度，2015 年进一步对规范发放补助提出明确要求，重点向村小学和教学点倾斜，合理确定补助标准。根据学校环境和岗位的艰苦性，把全县乡镇划分为四类，同时根据学校所在地距乡镇政府的远近，在每类乡镇内划分五类学校，实施 100—1000 元不等的补助标准，并根据各乡镇交通状况的发展变化适时调整乡镇类别，精心组织实施，建立发放信息库，实行实名制管理，实施动态监管，坚持“以岗定补，在岗享受，离岗取消”。坚持公开公示，公布监督举报电话，强化监督检查。强化绩效考核和监督检查，明确各中心学校校长是第一责任人，由各中心学校制定适合本校实际的发放细则，规范申报和发放过程。

2018 年，岳西县共发放农村艰苦地区教师津贴 2510.3 多万元，切实保障特岗教师在工资待遇、职称评聘、评优评先、年度考核等与在编教师同等对待，在全市率先提前批次发放2017年教师一次性工作奖励。岳西县在乡村教师生活补助和待遇上的政策一定程度上稳定了乡村教师队伍，调动了乡村教师的工作积极性，提高了乡村学校和教学点的岗位吸引力，留任率达99%以上，使得乡村教师“派得到，留得住，教得好”，极大促进了县域内义务教育均衡发展。

（4）开展学校结对帮扶和学生互访互动行动

安庆市教育局早在2008年就启动了中小学“领雁工程”，通过县区、乡镇中心学校的校长去城区学校挂职锻炼的方式，与城区学校结成一对一的帮扶对子，为教育质量的提升打下了坚实的基础。在此基础上，2017年安庆市教体局出台了《2017—2018学年度帮扶岳西县基础教育实施方案》，举全市之力支持岳西教育脱贫工作、增加帮扶力度，全县24个乡镇近百所初中、小学、幼儿园与安庆市市区13所学校全面开展“双轨制全面覆盖”结对帮扶活动，在提高教师专业水平、教学质量方面有了很大的提升。

2. 全面实施农村义务教育学生营养改善计划

根据国家和省出台的相关政策，除城区的实验小学、中洲小学、天堂初中和思源学校以外，全县农村义务教育学校全部实施营养改善计划，按每生每天4元的营养膳食补助（全年195天），截至2018年11月，实施农村义务教育营养改善计划学校100个，教学点160个，享受营养改善计划学生23924人，所有农村义务学校已全部实施食堂供餐，供餐率达110%。

岳西县制定了《岳西县2017年农村义务教育学生营养改善计划实施办法》，明确了食品安全管理和资金管理的具体办法，在食品安全管理方面，县教育局成立营养办，安排两名同志办公，各中心学校安排一名副校长或校务委员分管营养改善计划工作，各供餐学校均配备专（兼）职营养改善计划管理员，并兼任食品安全管理员。县教育局印发了《岳西县营养改善计划学校食堂管理工作手册》，统一规范了学校食堂操作及工作流程、卫生要求等。为了保证资金使用的合规性，岳西县农村食堂财务管理坚持“统一管理、独立建账、成本核算、收支平衡”的原则，实行中心学校统一专户管理，各供餐学校分账核算。各中心学校设置专职或兼职营养餐会计一名，负责审核、记录所属供餐学校营养改善计划转账，每月10日前向县教育局学生营养办申请专项资金，报送各校上月资金使用情况统计表，各供餐学校设置专职或兼职出纳一名，每天记录本校学生营养改善计划台账，于每月5日前向中心学校集中上缴食堂收入，报销上月本校支出，有效避免了项目资金违规使用的问题。

（四）建立健全教育扶贫工作的实施与督查机制

1. 健全与扶贫系统信息交换共享机制，确保资助精准落实

国务院扶贫办信息系统和教育系统均对资助对象进行记录和认定，但是由于两个系统的工作年度不同，出现数据统计存在不一致、不能同步更新的情况。为提高对贫困对象的识别精度，教育局坚持以扶贫系统信息为准的同时，建立乡镇、村、学校三级基础信息库，并与各乡镇扶贫办建立信息对接机制，动态调整录入新增贫困户，确保不漏一个建档立卡户、不漏一个贫困生，两个系统同步更新，确保教育扶贫工作稳步实施。具体做法如下：

第一，“双回路”精准识别资助对象。

首先，要核实是否符合教育部门认定的各类在校生（含幼儿园）标准，如果符合标准，每年的8月31日前要将在校生信息导入学生资助管理系统，与国办扶贫信息系统同步更新。如果经比对发现贫困生信息需变

更的，由教育部门出具《变更函》至乡镇扶贫办，乡镇扶贫办签字确认并于1周内进行系统内信息更改并回复教育部门；扶贫系统中如有新增、直脱等变动情况时，乡镇扶贫办也要在1周内致函中心学校，中心学校进行动态调整。其次，在各级各类学校对全部在校生信息逐一复核排查之后，要于每年的9月7日前调整好系统数据与相关信息，并保持学籍、扶贫和资助三个系统的信息精准一致，将最终确定的资助对象名单分别上报资助中心（学前和高中阶段）和计财股（义务教育阶段），11月1日至30日，学生资助系统将第二次开放，各校可在此期间将新增建档立卡贫困户家庭学生资助对象、资助项目进行数据录入，从而提高对贫困对象的精准识别程度。最后，各学校完成《建档立卡贫困户与脱贫户家庭在校学生基础信息统计表》和《建档立卡贫困户与脱贫户家庭在校学生基础信息分类汇总表》，并做到统计信息精准，不漏一个贫困户、不漏一个贫困生，根据自身的实际情况进行动态管理。

第二，“双通道”反馈学生在校受助情况。

春季学期于3月30日前、秋季学期于9月15日前完成发放工作，在春、秋季资助金发放1周之内，各级各类学校将《教育资助金发放告知书》送达受助学生家长（或其他监护人）手中，并放入扶贫包内，做到学生资助系统内本省户籍建档立卡贫困户家庭学生资助人数、项目、金额与实际发放情况完全一致。同时，每个乡镇的中心学校于每年9月底前汇总本地户籍学生受助信息反馈到当地的扶贫部门，并督促乡镇扶贫办在收到中心学校提供的反馈信息后，在10个工作日内将学生受助情况完整地记入扶贫手册。

2. 实行教育扶贫网格包保长效机制，严抓工作落实

为了进一步加强对教育扶贫工作的领导、谋划和协调，岳西县教育局成立由党委书记任指挥长的教育脱贫攻坚作战指挥部，建立健全党委领

导下的教育扶贫网格包保长效机制，指挥部下设 12 个工作小组，倒排工期，挂图作战。各中心学校成立总支（支部）书记任组长的教育扶贫领导小组，组建教育局包全县、中心学校包乡镇、校干部包村、教师包户的四级网格包保格局（见图 7–1）。领导小组经过多次与结对村"两委"座谈、调度，在原帮扶干部包保贫困户不变的基础上，合理安排新增 2 个非贫困村包保力量，自领导班子至全体职工均实行 AB 岗，一岗在学校主持教育教学工作，一岗进驻到村开展工作，同时抽调一些教育教学富余岗位人员、责任心强的人员和年轻且各方面灵活的人员到村里帮助工作，确保始终有三分之二的人员、三分之二的时间进村入户，聚焦聚力脱贫攻坚。

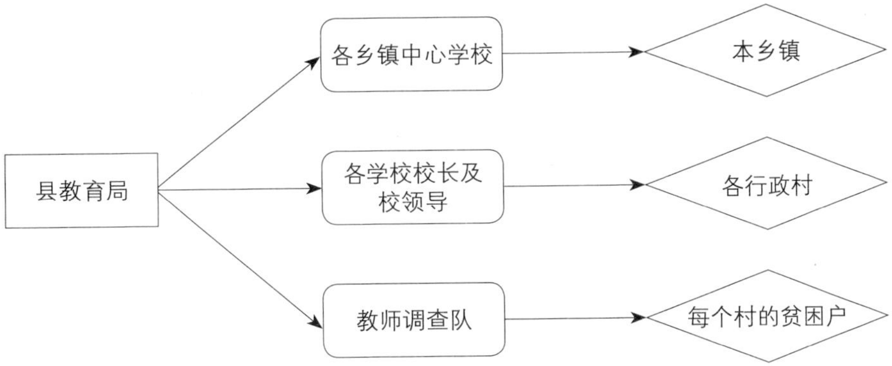

图 7–1　岳西县教育扶贫网格包保结构

在包保之前，加强对包保干部的业务培训。先后召开进村入户工作布置会和培训会，岳西县教育局副局长领学县级文件，宣读教育局方案，明确包保分工和职责。邀请县脱贫攻坚指挥部富有经验的扶贫干部进行业务培训，让每一位包保干部进一步熟知教育扶贫政策，知晓贫困生享受的资助情况，能解释贫困户子女不符合资助条件的原因，引导贫困户准确反馈受助资金金额，熟练掌握进村入户工作流程。

进村包保之后，各网格包保干部配合中心学校和老师，参与走访、信息核准、资助政策宣传、扶贫手册验收等教育扶贫工作。在核实贫困对象信息工作中，包保干部通常利用寒暑假的时间，开展上门信息摸底工作，深入包保村贫困户家庭，对照户口簿认真核对扶贫手册内基本信息，与一卡通存折逐项比对核实帮扶成效记录内容，及时发现、深入了解存在的问题，重点摸清各学段毕业年级和毕业年级学生变化状况，普高招生录取同时对贫困新生进行识别，准确掌握下学年度资助对象。同时，走进非贫困户家庭，实行走访全覆盖，调查了解扶贫政策知晓、落实等情况，广泛征求意见和建议，认真填写入户清单，每天及时汇总上报。

岳西县 2224 名教职工总共结对帮扶了 7576 户贫困户，教育部门还利用教师群体威望高、受尊重等优势助力全县脱贫攻坚，上门宣传国家扶贫政策，增强群众脱贫攻坚内生动力。通过“小手拉大手”，引导中小学生回家宣传，与家长一起对照“四净两规范”的标准（室外净、室内净、厕所净、个人卫生净，生活家居配套规范、生产生活资料摆放规范），参与农村环境整治，净化美化家庭及周边环境，一个孩子带动一个家庭，一所学校影响一片群众，全县师生积极参与“四净两规范”工作，使农村的人居环境得到了极大改善。

3. 落实教育扶贫的督导和验收机制，巩固提升教育扶贫成果

强化督查考核，划分教育扶贫工程督查包保责任区，分别由局领导包片、机关干部包校，确保教育扶贫工作落实。为了全面推进教育扶贫工作，岳西县面向全县 24 个乡镇发布了《岳西县教育扶贫工程督查考核办法》，主要内容包括：岗位职责 15 分（组织保障、明确职责、材料上报），宣传告知 30 分（明白卡、宣传单发放全覆盖、资助资金发放告知书全覆盖、学生及家长知晓率、帮扶干部知晓率、信息录入精准），精准施测 55 分（建立学生基础信息库、数据动态调整以及各阶段学生的资助），每两个月分片区进行一次督查。2016 年以来，开展教育扶贫专项督查考核 4

次，结果均纳入对各学校的年度考核。

强化验收认定，为确保符合资助条件的建档立卡贫困户子女享受教育资助全覆盖，最大限度地提升政策知晓率和群众认可度，自2016年起，岳西县教育局开展对建档立卡贫困户教育资助政策落实情况验收认定工作，县教育局组建了12个验收认定组，每组4名人员，负责2个乡镇的验收认定工作。每个验收认定组下设4个入户验收三人小组，由县验收认定组成员担任三人小组组长，验收认定的内容包括教育扶贫政策知晓率、覆盖面和精准度，按照整乡镇推进的方式入户核查，认真、细致、全面地做好记录，发现问题立即通报到村，敦促整改到位。

2017年底，派出48个入户验收认定组，分赴全县24个乡镇，走访16391户，涉及在校学生21151人，对2016年以来教育资助情况进行拉网式、地毯式入户验收认定，实现精准资助无差错、记入手册无遗漏、资助过程全记录、资助政策全知晓。

三、岳西县教育脱贫的经验总结

自教育扶贫开展以来，岳西县坚持以脱贫攻坚为统揽，围绕教育扶贫考核指标，狠抓学生资助、项目工程、控辍保学三项工作，围绕资助全覆盖、群众全知晓、过程全记录，重点突破扶贫系统数据不够精准、资助过程记录不完整、大学生受助底数不清等工作难题，在缩小城乡教育差距上开展全面“改薄工程”、进行教育资源投入、教师队伍建设等工作，使得教育扶贫工作取得了较好的成效，其脱贫经验总结如下：

（一）树立理性认识，在教育扶贫工作中坚持“以人为本”

教育是一项长期而又细致的工程，岳西县在教育扶贫工作中有绣花一般的精心、耐心和恒心，从教育本源育人的角度出发，遵循人和社会的发展规律，对教育的关注不局限于教育与经济的关系，更注重教育之于人、之于社会的功效和价值，把教育给人的发展带来的效益作为全县教育的工作目标。岳西县的教育工作之所以取得优异的成绩，得益于一番精心设计、别具匠心构好的教育“绣图”。在进行教育精准扶贫之前，首先分析当地教育在脱贫攻坚的基础及存在的问题，如资金短缺、偏远地区教学资源分配不均、办学条件落后、师资力量不足等。岳西县的教育扶贫对这些短板精准考量，除了深入学习并领悟国家和省市出台的教育扶贫政策之外，还结合岳西自身情况出台了一些政策“补丁”，针对不同类型、不同人群、不同问题精准施策、综合施治，在扎实推进工作的基础上力求满足广大群众的切身需求，严格责任落实相关政策，同时严肃追责问责，高质量、高标准完成各项教育扶贫工作。

（二）将“精准”理念运用到教育扶贫当中，保障资助政策有效落实

岳西县在教育扶贫的过程中，对扶贫对象的识别注重精准，这直接影响后续扶贫行动的瞄准度和针对性，同时也是从源头上杜绝传统扶贫方式中存在的“大水漫灌”现象的有效做法。在政策实施和落实的过程中，设立了教育包保责任机制和与扶贫系统信息共享机制，由专门的工作小组对贫困学生的个人信息、家庭生活情况、受助情况、贫困退出的动态进行核查，以此精准识别贫困学生，及时了解他们在个人成长过程中的发展变化，为开展有针对性的教育帮扶工作奠定基础。在识别贫困学生的前提下，进一步分析其贫困程度和主要致贫原因，深入了解贫困家庭子女受教育存在的问题，并针对诸多失学原因对症采取帮扶策略，使教育救助精准惠及需要扶持的每位贫困学生。同时，为了巩固教育扶

贫成果，岳西县还对教育扶贫效果进行精准评估和验收，多部门联动按照教育局提供的量化考核标准对教育扶贫的力度、广度和精确度进行打分，考核并督查减贫脱贫的落地效果，为后续精准扶贫工作的有序进行指明前行方向。

（三）保障教育的起点公平，更追求教育的过程公平

岳西县的教育工作有着扎实的基础，多年来的工作成果保证了每个适龄的孩子享有同等的受教育权。根据当地城乡义务教育的发展情况，向农村义务教育倾斜，并将更多的教育资金投放到农村地区，确保办学经费足以推进农村义务教育健康发展。随着九年义务教育工作的基本完成，教育公平转向追求“公平而有质量”的公平，培养有质量的人力资源，即实现教育过程公平。在学校管理理念上，实现从追求升学率和学生学习成绩到促进学生的全面发展的转变，培养学生理想人格和实现人生价值，以此为理念进行教育改革，为实现教育结果公平提供实质保障。改善教育基本公共服务，缩小城乡教育资源差距，通过改善农村薄弱地区的办学条件，为农村地区的学校提供良好的校园校貌、校园文化，同时加快教育信息化建设，实现优质教学资源的全覆盖。为促进城乡教育均衡发展，通过结对帮扶的方式，促进农村教师和城市之间的交流合作，提高农村地区的教学水平。

（四）提高教学质量，重点加强教师队伍建设

发展农村教育事业，师资力量是关键。提高农村教育教学质量，最基本的问题是教师“留得住”“愿意留”“能安心”的问题。岳西县通过政策倾斜给偏远地区的教师提供生活补助、实行教师轮岗交流、定向培养教师的方式吸引或分配教师到农村贫困地区的学校任教，补充和调配偏

远地区师资来实现公平而有质量的教育。在此基础上，还要保证学校开齐课、提高质量，大致与乡村建设相匹配的理想效果，这就需要一支高水平的师资队伍，要求本土教师通过国培、省培、市培计划不断强化自身学习，提高知识水平和教学能力。县级培训结合实际情况，结合教育扶贫举措中大力支持城乡教师互动、信息及时传达、教师良性互动能有效促进乡村教师队伍教学方式和教学水平的改进，保障教师队伍有质量、教得好。

四、岳西县教育扶贫的政策启示

岳西县在教育扶贫工作中取得了显著的成效，不仅为实现2020年打赢脱贫攻坚战的目标做了大量的工作，而且继续创新思路、开拓进取，继续推进县域教育的可持续发展。脱贫攻坚以来，岳西县实施的教育扶贫政策不仅旨在通过教育帮助贫困人口和某些贫困地区减贫脱贫，更关注教育的起点公平、过程公平和结果公平，最大限度地实现贫困地区和贫困人口教育的公平正义。在实施乡村振兴战略的背景下，认识到义务教育优质均衡发展是一项有利于义务教育持续发展的系统工程，保障实现教育扶贫对社会公平正义的价值追求，就要优先发展农村教育事业，大力普及学前教育和高中阶段教育，建好、建强乡村教师队伍。

（一）政策设计上充分发挥教育的扶贫功能

教育扶贫首先意味着“扶教育之贫”，即教育始终都是扶贫开发的主要阵地和关键领域，将教育作为扶贫的目标、任务、内容或领域，通过政策倾斜、加大投入、调整结构等各种手段及方式以最终实现教育领域的减贫与脱贫。脱贫攻坚以来，岳西县在教育领域全面落实精准扶贫、精准脱贫的基本方略，采取超常规政策举措，精准并全面聚焦全县的每一所学校、每一名教师、每一个学生，启动实施教育扶贫全覆盖行动，提高各级教育入学率和各类教育质量，并先后组织实施了国家和地方出台的几十项教育惠民政策措施，实现了贫困地区义务教育普及、学校基础设施建设、学生资助体系、教师队伍建设等领域的教育扶贫全覆盖。岳西县在“扶教育之贫”方面已走在前列，率先实现了教育的公平。

教育扶贫同时还包含着“依靠教育扶贫”，即教育也是实施扶贫开发的重要手段和有效途径，将教育作为扶贫的手段、工具、途径或方式，通过发展教育来带动贫困地区及贫困人口的脱贫致富。因此，教育在扶贫过程中兼具目标与手段、任务与工具的双重属性，两种属性互相依存、密不可分。岳西县在教育发展方面具有长远的战略眼光，进一步强化可持续发展教育的根本价值，在普及基础教育的同时向职业教育倾斜，大力发展建设大别山科技学校，通过开发人力资本、提升人口素质、扭转贫困文化、培养人的内生动力和能力等多种方式也极大地改善了贫困地区的整体面貌，起到了持久脱贫致富的功效。

（二）优化助学结构，保证资助政策的可持续性

岳西县的教育助学政策，在保障建档立卡家庭全覆盖的基础上，也给予普通家庭经济困难的学生资助，资助范围较广，保障了适龄学生受教育权利的同时也成功地避免了获得资助家庭与边缘性家庭有着巨大的福利鸿沟，防止产生新的社会不公平。2020 年实现脱贫攻坚的目标以后，从教育扶贫资源的优化配置以及教育扶贫的多元目标来看，应该优化教育资助结构，既能防止教育返贫，又能保障贫困家庭学生享受教育福利。如贯彻落实国家政策“两免一补”和营养改善计划补助充足的情况下，可以考虑在寄宿生生活费补助基础上给予贫困生适量普惠性生活费补助。中职教育

和普通高中免学费政策和国家助学金政策已经基本满足需要，但是随着生活费用逐渐增加，可以通过县里其他部门联系的赞助单位，如县扶贫办的“雨露计划”为贫困生适当提供助学金。大学教育阶段的国家资助政策体系中生源地信用贷款政策已经比较完善，地方政府可以考虑教科书补贴、励志奖学金等补充政策。

（三）巩固提高基础教育的同时，加快发展现代职业教育

农村职业教育在我国农村经济社会结构中处于重要位置，对推动农村经济发展和农民脱贫致富起着关键作用。据统计，农村职业教育对农村家庭收入有着显著的作用，平均回报率约 27%（年平均回报率 9%），与国际上 10% 的年平均回报率基本一致。[①] 从时间维度来看，基础教育扶贫的效果具有一定滞后性，需要经过稳定持续的时间才会显现并发挥作用，而职业教育是关注贫困人口发展的民生教育，有着强大的人力资源补偿优势，并会在短时间内呈现出显著的效果。职业教育培养生产第一线的高等技术应用型人才，具有明显的职业化、专门化特征，对贫困地区人力资本的开发和培养有着极其重要的影响。推进贫困地区发展职业教育，依据当地的经济发展条件开设服务三农的专业及培训，与当地的生产劳动紧密结合，“教一产”与“产一教”的双向结合，为社会培养输送更多优秀人才，为乡村振兴培养储备一批优秀本土人才、对实现贫困地区的根本脱贫起到至关重要的作用。

（四）推进县域教育由基本均衡向优质均衡发展

岳西县教育工作的重点不仅仅是义务教育阶段，早在 2014 年通过国

① 周亚虹、许玲丽、夏正青：《从农村职业教育看人力资本对农村家庭的贡献——基于苏北农村家庭微观数据的实证分析》，《经济研究》2010 年第 8 期。

家义务教育发展基本均衡之后，把工作的重点拓展到学前教育和高中阶段教育，实现全县的教育基本公共服务均等化，也就是基本普及从学前到高中阶段的十五年基本教育以及县域十五年教育基本均衡，这对于解决区域性整体性贫困以及消除贫困代际传递有根本性意义。首先，要大力增加对农村发展薄弱地区的教育投入，改善贫困地区薄弱的办学条件即“全面改薄”工程、保障农村贫困地区身体健康及营养改善计划。其次，要分类确定教育政策的工作重点。对于学前教育，主要是加大乡村公办幼儿园的建设力度，以民办公助的普惠性幼儿园为补充，尽快实现学前教育资源的基本普及；巩固提高义务教育，主要是遵循现有政策框架，继续加强义务教育控辍保学；高中阶段教育的普及，主要解决城乡资源不平衡问题，职业技校结合本地经济发展特色专业的同时还要在提供人才智力支撑、培育农民人力资本中发挥重要作用。最后，全面提高教学质量是各阶段教育的工作重点，即加强教师队伍建设，从保证教师数量、质量上下功夫。

第八章 风险防范与全过程健康管理：健康扶贫的岳西经验

岳西是大别山区唯一一个同时具有革命老区、国家重点贫困地区、纯山区、国家级生态示范区、国家重点生态功能区“五区”特征的县份。脱贫攻坚以来，岳西县在克服自身重重发展限制条件之后，成为安徽省率先脱贫的地区。因病致贫在岳西县的致贫因素中占据首位，始终是阻碍贫困人口脱贫的一个重要问题。岳西县在开展健康扶贫过程中，稳步落实上级政府健康扶贫目标任务，同时结合本地情况先行先试、实施了一系列创新性的健康扶贫举措。岳西县在健康脱贫中建立起的综合性健康脱贫政策体系取得了良好的政策效果，有效解决了因病致贫和返贫问题，这对于其他贫困地区今后脱贫、进一步推动乡村振兴战略实施乃至中国继续为世界反贫困事业做出贡献来说，都有一定的参考和借鉴意义。

一、岳西县开展健康扶贫的政策背景

一个地区公共政策的制定和执行与本地区的实际情况紧密相连。由于岳西县脆弱的自然环境、闭塞的交通条件以及特定的历史条件的限制，长期以来，农村居民对疾病风险的抵抗能力较弱，因疾病导致的贫困问题较为突出。

（一）疾病与贫困密切相关

贫困与疾病之间具有较为紧密的关联。健康作为个体特有的一种资本，可以带来经济和社会收益。如果将贫困作为个体面临的初始状态，则越是贫困和低收入的人群，健康资本的积累越少，因此越难以抵抗外界对本身健康水平的冲击。这反过来又进一步削弱了贫困人群的能力投资，从而导致较为明显和持续的贫困脆弱性。[①] 从疾病的形成与发展的历程来看，个体的生活环境、饮食起居习惯是疾病形成的初始条件；在疾病发生后，个体会经历一个从疾病发展到疾病治疗再到疾病康复的阶段，在不同的阶段采取手段对疾病进行干预，成本和效果都会有所不同。通常认为，疾病越早被发现和治疗，对患者造成的经济和身体上的损伤就越小。有学者从贫困的恶性循环理论出发对农村"贫困—疾病"陷阱的形成机制做了分析，认为当非贫困的农村居民患病后，会首先经历金融资本与物质资本减少的阶段，再者会因为疾病导致人力资本发生永久性受损和对教育投资的终止，最后当患者家庭主观丧失改善生活质量的动力时，由疾病导致的长期性贫困就会出现。此时生病个体及所在的家庭就处在了从"贫困"到"疾病"的发展过程的开端，"疾病—贫困"的恶性循环形成了完整的闭环。[②] 以上可以看作对农村居民因病致贫形成机制较为完整的阐释。

而在谈及一个区域的疾病发展情况时，除了考虑横向维度中同一时间段该地区的自然和社会特征以外，更需要将纵向维度的历史发展考虑在内——地区发展的历史对于该地区疾病的发生种类、发生频率都会产生一定程度的影响。如今一个区域内最为普遍发生的疾病，很可能是各历史阶

---

① 邹薇、方迎风：《健康冲击、"能力"投资与贫困脆弱性：基于中国数据的实证分析》，《社会科学研究》2013 年第 4 期。

② 徐小言：《农村居民"贫困—疾病"陷阱的形成分析》，《山东社会科学》2018 年第 8 期。

段多种因素累积的结果。

（二）岳西县健康扶贫的基本条件

岳西县地处大别山脉腹地，具有较为特殊的气候、地理、历史、经济发展特征，这些特殊性都是岳西县开展健康扶贫的重要初始条件。

1. 岳西县所在的大别山区在历史上经历过几次重要的阶段。在新中国成立前，大别山区是重要的革命根据地。在整个新民主主义革命中，岳西人民共有 38000 余人为革命事业献出了宝贵的生命，占当时全县总人口的四分之一，其中县团级以上干部牺牲了 100 多名。[①] 在这种历史背景下，岳西县人口结构也受到了影响，老、弱、病、残者在岳西县人口中占比相对于其他地区来说较高，这部分人对医疗服务的需求较之健康人口来说更高。因此，岳西县对于医疗基础设施和医疗服务的需求水平较高。

新中国成立后，岳西县丰富的林木资源，在“大炼钢铁”时期受到了近乎破坏性的开发。据县志记载，至 1959 年 1 月，从枞阳、怀宁、望江、宿松 4 县来到岳西“大炼钢铁”的民工有 13 万人。[②] 1961 年，一年间岳西当地政府曾在春、夏、秋三次发动群众，开荒扩种了 54900 亩。[③] 大量的树木在短时间内被砍伐，不仅造成了木材资源的极大浪费，还为岳西县山区大面积的水土流失留下了隐患。此后，该地区水土流失频发，使得原本就交通不畅的山区道路更容易损毁，不论是对山外资源输入山区内，还是山区内居民走出大山，都造成了较大的交通阻碍，同时也进一步导致了山区内医疗资源的供给不足。

2. 在自然条件方面，大别山山区地形的特殊性同样在岳西县居民的日

---

① 《岳西县成立红色文化传承促进会》，人民网，http://ah.people.com.cn/n/2015/0414/c351171-24497549.html。

②③ 《〈岳西县志〉大事记》，追学网，http://lishi.zhuixue.net/2017/1031/108126.html，(2017-10-31)2018-12-21。

常生活中处处得到体现。首先，由于过去山区闭塞，近亲结婚的现象就较为普遍。近亲结婚导致子女患病的概率大大上升，因此岳西县先天性残疾的人口数量较多。其次，由于山区居民经常食用咸菜、腌肉等硝酸盐含量较高的食物，心血管疾病、高血压在当地属于高发疾病。有学者于2008年对来榜镇3500余名农村家庭户主进行了健康状况调查，发现受调查者NCD（非传染慢性病）患病率较高，疾病普及症状多样，同时患有多种NCD的农村家庭户主较多，[①] 其中高血压和冠心病同时在家族疾病史和高发病种中处于前5位。[②] 再次，由于信息闭塞、交通不便，居住在山区内的居民即使患了病，由于没有“早发现、早治疗”的健康管理意识和客观条件，往往会发生“小病拖成大病”的情况，而到此时再进行治疗，巨额的医疗支出往往又会给家庭带来沉重的经济负担。最后，陡峭的地形使得居民出行遭遇意外事故的概率增大，由意外事故导致的伤残事件同样也使得岳西县对于医疗资源的需求高于非山区地区。

3. 在巨大的医疗需求的背景下，岳西县由于特殊的发展条件，在很长一段时间内无法为居民提供充分的医疗资源供给。由于山区交通条件闭塞、长期发展不足，包括岳西县在内的大别山区长年困于区域性贫困中无法自拔。2016年，大别山区仍有贫困人口252万，贫困发生率7.6%，在14个连片特困地区中贫困人口数量处于第5位（从高至低排列）。[③] 区域性贫困不仅使得地方政府无法负担起山区高昂的基础设施建设与维修成本，也使得该地区医疗人才流失严重；加之山区居民居住分散，因此，稀缺的医疗人才和医疗机构基本无法有效覆盖全部居民。2014年，岳西县全县医院、

①② 于玉领：《岳西县来榜镇农村家庭户主健康状况及卫生服务需求调查》，安徽医科大学学位论文2010年。

③ 国家统计局住户调查办公室：《2017中国农村贫困监测报告》，中国统计出版社2017年版。

卫生院总计仅有26个，[①]每千人拥有卫生技术人员3.6人。[②]较大的医疗需求与匮乏的医疗资源供给形成了巨大的鸿沟，导致岳西县的贫困人口中因病致贫者、弱劳动能力者数量较多。2014年，岳西县有建档立卡贫困人口32585户108687人，其中因病致贫返贫11082户36983人，因病致贫户数占贫困人口总户数的34%，疾病是岳西县农村贫困问题的主因之一。

二、岳西县健康扶贫政策体系

从全国的贫困地区来看，疾病也是当前中国农村脱贫攻坚中较为主要的贫困原因。在我国7000万农村贫困人口中，因病致贫人口占总贫困人口的比重为42%，[③]是最主要的致贫原因。为此，中国政府从中央至地方，均对健康扶贫工作给予较高程度的重视。早在2015年，《中共中央、国务院关于打赢脱贫攻坚战的决定》中就提出：要保证贫困人口的“教育、医疗和住房”有保障；在2018年6月公布的《中共中央、国务院关于打赢脱贫攻坚战三年行动的指导意见》中又再次提出：“保障贫困人口基本医疗需求，确保大病和慢性病得到有效救治和保障。”2018年12月，国家卫健委财务司与发改委、国家医保局等多部门联合印发了《关于印发健康扶贫三年攻坚行动实施方案的通知》（国卫财务发〔2018〕38号），同年国卫办宣传司发布了《关于印发贫困地区健康促进三年攻坚行动方案的通知》（国卫办宣传函〔2018〕907号），为2018—2020年三年健康扶贫工作指明了方向。国家关于保障贫困人口基本医疗需求、阻断因病致贫的目标始终清晰明确。

---

① 岳西县统计局：《2014年岳西统计年鉴》。

② 每千人卫生技术人员数据由笔者根据岳西县人口数以及岳西县卫生技术人员数计算，数据来源：《2014年岳西统计年鉴》。

③《扶贫办：中国尚有7千万贫困人口6年内全部脱贫》，新浪网，https://finance.sina.com.cn/china/20151012/111423448268.shtml?qq-pf-to=pcqq.group。

（一）安徽省健康扶贫政策体系建设情况

因病致贫同样是安徽省农村贫困中的主要问题，在安徽省所有建档立卡贫困人口中，因病致贫比率达57.2%。针对此突出问题，安徽省于2016年颁布了《安徽省人民政府关于健康脱贫工程的实施意见》，其中强调“形成贫困人口基本医保、大病保险、医疗救助和兜底保障相互衔接”的“三保障一兜底”政策体系；2017年，安徽省制定实施了《健康脱贫兜底“351”工程实施办法》、印发了《安徽省健康脱贫综合医疗保障实施细则》等；此外还包括一系列健康扶贫政策规划、指导意见，旨在完成“提高综合保障水平”“优化医疗服务”“加强疾病防控”以及“加强医疗卫生能力建设”四类重点任务，避免贫困人口因病致贫返贫。

1. 在提高综合保障水平方面，安徽省基本确立了针对建档立卡贫困人口的“三保障一兜底（即351兜底）一补充（即慢性病180政策）”综合医疗保障政策体系，以及针对贫困人口医疗费用报销“两免两降四提高”等具体措施：

（1）降低贫困人口使用医疗资源的门槛，贫困人口参合费用由财政代缴；同时免除贫困人口住院预付金。

（2）提高贫困人口在基本社会医疗保障制度中的受益程度。在新农合、大病保险以及民政医疗救助方面，扩大医保报销范围，同时对新农合以及大病保险采取降低起付线、提高补偿比例的措施，加大民政医疗救助力度、扩大医疗救助范围。

（3）实施“351”医疗兜底保障。贫困人口通过基本医保、大病保险、医疗救助等综合补偿后，在县域内就诊个人年度自付费用不超过0.3万元，在市级医疗机构就诊个人年度自付费用不超过0.5万元，在省级医疗机构就诊个人年度自付费用不超过1万元，剩余合规医药费用实行政府兜底保障。市、县政府承担兜底保障责任，并设立健康脱贫医疗专项补助资金，省财政给予补助。

（4）实行贫困人口慢性病门诊补充医疗保障，贫困慢性病患者1个年度内门诊医药费用，经“三保障一兜底”补偿后，剩余合规医药费用（包括限额内、限额外自付费用等）由补充医保再报销80%（以下简称“180”补充医保）（见图8-1）。

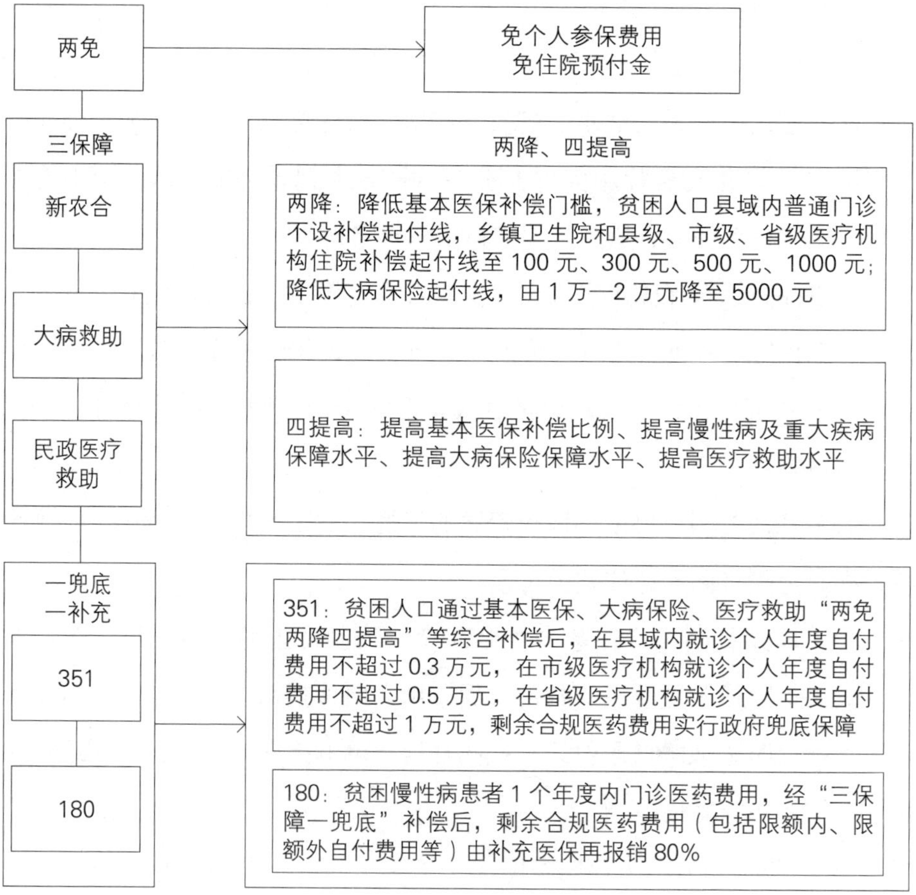

图8-1　安徽省健康脱贫综合保障政策体系

资料来源：笔者根据《安徽省人民政府关于健康脱贫工程的实施意见》（皖政〔2016〕68号）、《安徽省人民政府办公厅关于印发健康脱贫综合医疗保障实施细则的通知》（皖政办秘〔2017〕56号）整理。

2. 在优化医疗服务方面，安徽省积极提高对于保障对象识别的精准性；积极开展贫困人口健康签约服务；实施大病慢性病分类救治；贫困人口看病实现“先诊疗后付费”，建设完善“一站式信息结算平台”，加强医疗行为监管，减少医疗资源不规范使用的情况。

3. 在加强疾病防控工作方面，安徽省积极实施公共卫生项目，一方面落实国家基本卫生和重大公共卫生服务项目，另一方面加强重点传染病防治。

4. 在医疗卫生服务能力建设方面，同时推进医疗机构对口帮扶以及医疗机构的标准化建设。组织全省三级以上医院与重点县医疗机构建立稳定持续的“一对一”帮扶关系，将“医联体”建设落到实处；加强贫困地区县级医院（含中医院）、妇幼保健机构、乡镇卫生院、村卫生室标准化建设，让贫困人口享受更为便利、及时、优质的医疗资源。

案例 8–1 贫困人口享受“351”“180”政策报销

建档立卡贫困人口李某（案例编码：340828P1）居住在岳西县古坊乡上坊村，今年58岁。2018年6月，李某因患基底节出血在岳西县医院住院治疗，住院天数约50天，医疗总费用为69701.31元（合规费用）。根据岳西县健康扶贫政策规定，李某可以享受在“三保障一兜底一补充”的费用优惠基础上，再享受“351”政策。此次李某住院总费用中，新农合报销52043元，大病保险报销7595元，民政救助6970元，“351”政府兜底234.77元，最终个人自付2858.54元，实际补偿比为95.90%。

贫困慢性病患者汪某（案例编码：340828P2）今年39岁，居住在岳西县河图镇凉亭村。2018年3月，汪某因高血压在岳西县医院门诊治疗，总费用为365.35元（合规费用）。汪某所患疾病属于慢性病，可以享受“180”政策，在此次总费用中，新农合报销274元，“180”政策报销73元，最终个人自付18.35元，实际补偿比为94.98%。

（二）岳西健康扶贫政策体系建设与创新性实践

一方面，岳西县贯彻落实中央以及安徽省对于健康脱贫的目标要求和政策安排；另一方面，岳西县针对本地特殊情况，制定实施了符合该县具体情况的健康脱贫补充性政策。

1. 关注已脱贫人口的健康需求，实行“小351”工程。为确保2014—2015年已脱贫贫困人口继续享受综合医保政策、不因病返贫，兑现“脱贫不脱政策”的承诺，岳西县政府制定了《岳西县贫困人口大病医疗再救助补充方案》（岳政办秘〔2017〕198号），规定2014—2015年脱贫的贫困人口，在县内医疗机构住院一律实行先诊疗后付费、免住院预付金；在省内定点医疗机构住院的，其住院合规医疗费用按普通人群享受新农合基本补偿、新农合大病保险补偿后，在县域内、市级、省级医疗机构就诊的，个人年度自付款封顶额分别为3000元、5000元和10000元（简称“小351”），年度内个人自付合规费用超过个人自付款封顶额时，超过的合规费用实行政府医疗再救助。切实减轻了已脱贫贫困人口的医疗负担，减少了因病返贫现象的发生。

案例8-2　2014—2015年已脱贫的建档立卡人口享受“小351”政策

2014—2015年脱贫的贫困人口刘某（案例编码：340828P3），今年67岁，居住在岳西县姚河乡马石村。2017年11月，刘某因脑出血在岳西县医院住院治疗，住院时间约为 70 天，此次住院医疗总费用为 105217.33 元（合规费用）。由于刘某家 2015 年时已经脱贫，所以无法享受安徽省级“351”政策，但可以享受岳西县制定的“小 351”政策。此次治疗总合规费用中，新农合报销 66881 元，大病保险报销 16582 元，“小 351”报销 18754.33 元，最终个人自付 3000 元，实际补偿比达 97.15%。

---

2. 防止贫困边缘人口因病致贫。为防止非贫困人口因大病住院发生大额医疗费用而造成新的贫困，岳西县制定了《岳西县健康脱贫工程综合医疗保障补充办法（暂行）》（岳政办秘〔2017〕51 号），为非贫困参合对象，按每人 15 元的标准，购买大病医疗补充商业保险。对非贫困大病住院患者个人自付合规部分超过 1 万元的，实行分段按比例再补偿（简称“1579”再补偿），即 1 万元以上的 0 万—2 万元部分再报 50%，2 万—5 万元部分再报 70%，5 万元以上部分再报 90%，全年 20 万元封顶。“1579”再补偿政策切实减轻了非贫困人口大病医疗费用负担，让非贫困人口不因巨额医疗支出陷入贫困，从而减少因病致贫的“增量”。

案例 8-3 非贫困人口享受“1579”政策

家住岳西县包家乡石佛村的吴某（案例编码：340828FP1）今年 68 岁，与已经工作的儿子一起生活。2018 年 5 月，吴某在岳西县医院被查出颅内异常，随后赴合肥市安医大附属医院进行进一步检查，确定为“颅内占位”并进行住院治疗。在住院 32 天以后离开合肥返家，术后 3 个月，还需要到岳西县医院进行复查。此次患病吴某家总计支出医疗费约 6.5 万元（含非合规费用），新农合报销合规医疗费用 3.41 万元。由于吴某家是非贫困户，因此无法享受贫困人口在新农合、大病保险及医疗救助上的升级补偿以及“351”等针对建档立卡贫困户的报销政策。吴某家中平时主要依靠务农和儿子打工产生收入，仅能勉强收支平衡，但在吴某患病后，家中农活儿以及儿子的工作基本处于停滞状态，如果没有其他补偿性措施，吴某此次产生的医疗费用将给家庭造成十分沉重的债务负担。

由于岳西县实施了面向所有参合人口的“1579”再补偿政策，吴某此次医疗费用得以再报销 1.01 万元，最终自付费用为 1.49 万元，各项医保政策报销补偿总额占合规费用的补偿比为 68.0%，比“1579”报销前的补偿比提高 21.8%。“1579”政策有效减轻了非贫困家庭的看病负担。

---

3. 对所有参合农民实行“重特大疾病医疗再救助”。2017 年，岳西县印发实施了《〈岳西县临时救助实施办法（试行）〉的补充规定》（岳政办秘〔2017〕143 号），全县参合农民不论是否贫困，一旦患重特大疾病，在综合医疗保障后，实事求是地计算其家庭实际收支现状，当家庭实际支出仍然过高导致入不敷出可能会致贫返贫或者造成难以脱贫的，均可申请“重特大疾病医疗再救助”，经乡村评议张榜公示，上报县民政等部门审核再公示后，按一定标准给予医疗再救助。对于贫困人口因故在省外发生的合规医疗费用，同样可以给予进一步的费用报销。对符合再救助条件的人员，经各种救助后，按个人年度自付合规费用减去 1 万元起付线后再分档救助：0 万—5 万元，按 50% 计算；5 万—8 万元，按 60% 计算；8 万元以上按 70% 计算（简称“1567”再救助）；救助金额 10 万元封顶。

案例 8–4　贫困人口省外治疗大病享受“1567”重特大疾病医疗再救助政策

2014 年建档立卡贫困人口汪某（案例编码：340828P4），毛尖山乡红旗村人，特发性脊柱侧凸（弯），2017 年在苏州大学附属第二医院治疗，省外就医总费用 198365.2 元。在经新农合、大病保险、医疗救助补偿后，个人自付费用仍达 68348.2 元，对于家庭基本生活产生了明显影响，甚至有可能因病返贫。经个人申请、乡村评议公示后，“1567”政策对其医疗费用再救助 35009 元，最终个人自付费用 33339 元，实际补偿比为 83.2%。

---

4. 完善城镇居民医保政策。对 2015 年底农村建档立卡贫困户中参加城镇居民医保的人员，从 2016 年 10 月 1 日开始，比照《岳西县农村贫困人口综合医疗保障实施办法》，享受综合医疗保障“351”兜底和常见慢性病补充医疗保障“180”、医疗再救助等综合医保政策。

5. 鼓励贫困人口购买意外伤害险。采取结对单位支持、包保干部帮助等方式，鼓励支持贫困人口自主购买意外伤害险作为补充。

岳西县实施的以上五项措施与国家、省健康脱贫政策互相衔接支撑，对于已脱贫人口、未脱贫人口以及非建档立卡人口实现了农村居民政策目标的全覆盖和阶梯式政策福利，这种做法有利于同步解决因病致贫返贫的“存量”和“增量”问题。

表 8–1　岳西县健康扶贫各项政策覆盖人群分类对比

项目	人群			
	2015 年底未脱贫人口	2014—2015 年脱贫人口	非贫困人口	
医疗补偿	新农合	√	√	√

续表

项目	人群			
	2015 年底未脱贫人口	2014—2015 年脱贫人口	非贫困人口	
医疗补偿	农合大病保险 *	√	√	√
	民政救助 **	√	√	特殊人群
	两免两降四提高	√	√	×
	(一兜底)“351”	√	×	×
	(一补充)“180”	√	√	×
	“小 351”	×	√	×
医疗补偿	“1579”再补偿	×	×	√
	“1567”重特大疾病再救助	√	√	√
	参加城镇居民医保比照享受综合医保政策	√	×	×
医疗服务	先诊疗后付费	√	√	×
	一站式结算	√	√	√
	一站式信息系统追溯补偿医疗费用	√	√	√
	家庭医生签约	√	√	自愿签订
疾病防控	12 类基本公共卫生服务	√	√	√
	传染病防治	√	√	√

注：1. 表中仅列出主要的岳西县现行（截至 2018 年底）的健康扶贫政策，而不是所有的健康扶贫政策。

2.* 是指在 2015 年由中央统一实施的城乡居民大病医疗保险，区别于地方政府探索实施的补充性商业大病医疗保险。

3.** 是指顺位报销排序在新农合以及城乡居民大病保险之后的、由中央在全国统一实施的民政医疗救助，常见的救助，例如，为贫困人口代缴参合费用。

资料来源：笔者根据岳西县现行健康扶贫政策整理。

三、岳西县健康扶贫政策实施情况以及经验总结

（一）实施情况及成效

岳西县健康扶贫工作开展以来，积极落实国家各项健康扶贫政策、探索适宜本地实际情况的创新性做法，在完善综合医疗保障体系、提升医疗服务水平、增强贫困人口疾病预防和健康管理意识以及提升地区医疗服务能力等多方面取得了显著成效。

1. 落实国家“三个一批”和安徽省“三保障一兜底一补充”健康脱贫政策，保障岳西县健康脱贫综合医保体系资金投入充足。岳西县印发并实施了《岳西县健康脱贫兜底“351”工程实施办法的通知》（岳民保〔2018〕96 号）、《岳西县健康脱贫兜底“180”工程实施办法》等县级健康扶贫专项文件，2017 年全年，扶贫资金财政资金投入“351”工程 458.52 万元，有 6677 户 7993 人 12032 人次的贫困人口享受了“351”政策；2017 年全年“180”补偿 3707 户 4224 人 20523 人次，综合补偿 562.78 万元；2017 年财政投入“小 351”再救助资金 273 万元，投入“1579”大病再补偿资金 453 万元，“1567”重特大疾病医疗再救助资金 500 万元。截至 2018 年 8 月底，岳西县贫困人口“351”住院补偿累计 9199 人次 4901.53 万元，补偿比达 89%；“180”综合补偿累计 30074 人次 999.5 万元，补偿比达 92.68%；“小 351”补偿 3932 户 5109 人 5911 人次，综合补偿累计达 2484.47 万元，补偿比达 70.6%，非贫困人口“1579”住院再补偿累计达 1727 人次 3418.9 万元，补偿比达 76.06%。

2. 为尽可能地保障贫困人口切实享受到医疗补偿优惠政策，岳西县

将政策补偿的时间节点进一步向前追溯。对 2015 年底建档立卡农村贫困人口享受“三保障一兜底一补充”综合医疗保障的时间，由 2016 年 10 月 26 日向前提至 2016 年 10 月 1 日。“180”政策执行时间追溯到 2017 年 1 月 1 日。2014—2015 年已脱贫贫困人口“小 351”政策执行时间追溯到 2016 年 10 月 1 日。对“一站式”信息系统建立前应享受补偿的对象，及时手工结算追溯补偿，至 2017 年底，共发放追溯补偿资金 919.43 万元，其中追补“351”补偿金 583.2 万元、“180”补偿金 7.24 万元、“1579”补偿金 102.5 万元、“小 351”补偿金 226.48 万元。

3. 大病专项救治工作得到扎实推进，贫困人口大病住院实际报销比达 91.05%，大病救治率达 100%。岳西县卫计委于 2017 年印发了《岳西县农村贫困人口大病专项救治工作实施方案的通知》（岳卫计〔2017〕7 号）和《关于新增农村贫困人口大病专项救治病种的通知》（岳卫计〔2017〕169 号），对摸排出的 9 种大病患者 384 人和新增 6 种大病患者 227 人，明确指定定点医院、建立专家救治团队、组织专家集中会诊、制定一对一个性化救治方案、分批分期进行救治，15 种大病集中救治率 100%、执行临床路径 100%、实行按病种收费和付费率 100%。

4. 在提高医疗服务水平与服务能力方面，岳西县积极提高基层医疗机构的建设水平。2017 年县财政投入村卫生室标准化建设资金共 308.5 万元，至 2018 年 12 月，所有行政村都配备了一个标准化的村卫生室，县域内就诊率提升至 90.07%，综合补偿比达 91.23%。同时，岳西县强化了家庭医生签约服务工作，建立了县级医院专家、乡镇卫生院全科医生、村医“1+1+1”师徒组团式的家庭医生签约服务模式，截至 2017 年 12 月，贫困户家庭医生签约 108687 人、服务签约率 100%、慢性病签约服务管理率 100%。全县贫困人口高血压控制率 85.57%，糖尿病控制率 92.48%，严重精神障碍控制率 94.97%，结核病控制率 98.78%。

5. 在提升健康扶贫政策知晓度和政策满意度方面，岳西县广泛开展宣传引导工作。岳西县为全县所有建档立卡贫困人口都发放了健康扶贫政策宣传册，并通过村医上门宣传、扶贫夜校专题宣传等多种方式，使贫困人口对健康扶贫优惠政策听得进、会使用。2017 年，岳西县开展县级健康脱贫政策培训 15 次，培训全县行政干部 21000 多人次；播放电视字幕 3240 条，发送健康脱贫政策短信 30 万条，登报刊登政策宣传解读 16 篇，主流网站发布信息 60 余次，微信公众平台发布信息 100 多条。此外，岳西县还将健康脱贫政策编成顺口溜，将标语印在脸盆、茶杯、扇子等物品上，通过问答竞赛等发给群众，以提高贫困人口政策的知晓率。

2014—2017 年，岳西县贫困人口因病致贫户数下降了 93.8%，因病致贫人口数减少了 94.8%；卫生机构数增加了 29 个，公共财政支出中医疗卫生与计划生育支出环比增长了 44%，婴儿死亡率环比降低 44%。2018 年，岳西县获得了“全国健康扶贫示范县”称号、“国家妇幼健康优质服务示范县”称号。农村健康扶贫的开展不仅减少了岳西农村贫困人口因病致贫问题的发生，还为本县居民提供了更加丰富的医疗卫生资源，从而促进了全县经济社会的整体发展。

表 8-2　2014 年、2017 年岳西县卫生事业部分指标对比

指标	2014 年	2017 年	2017 年比 2014 年增量
卫生机构数（个）	216	245	0.13
公共财政支出（万元）	222812	313151	0.41
医疗卫生与计划生育支出（万元）	27129	38957	0.44
卫生技术人员数（人）	1477	1520	0.03
婴儿死亡率（‰）	5.09	2.84	−0.44

资料来源：根据岳西县 2014 年、2017 年统计年鉴整理。

案例 8–5　岳西县包家乡 2010—2018 年健康扶贫工作成效

健康扶贫工作开展以来，岳西县包家乡的医疗卫生事业得到了显著发展。

包家乡公共卫生与医疗事业机构，2010—2018 年设置为 5 个，包括 1 所卫生院及 4 个村卫生室。2010 年村卫生室人员为 4 人、卫生院人员为 7 人，2018 年村卫生室人员 4 人、卫生院人员 10 人，目前仍在积极扩充招聘优秀医疗人才。

2010—2018 年，包家乡配备的公共卫生经费逐年提高，自 2009 年的人均 15 元，提高到了 2018 年的人均 50 元。自 2010 年起，包家乡各村均建立了标准化村卫生室，配备了相应的设备，至 2018 年逐年均在原配备基础上添置更新部分设备设施，如高压蒸汽消毒锅、紫外线灯、电脑、打印机等。尤其在实施健康脱贫以来，上级管理机构对卫生院及各村卫生室房屋、基础设施进行了整体改造，添置了一批新的设备。同时各项经费得到了大力支持，卫生院及各村卫生室各项经费已有保障。

2014—2018 年，包家乡农村居民享受到的社会医疗保障费用补偿力度逐年增加，2018 年与 2014 年相比，贫困人口、非贫困人口享受的各种医疗报销政策的人次增加了 45.39%，可报销的医疗费用占合规费用比例从 71.8% 提高到 93.2%，农村居民从社会医疗政策体系中受益更多。

2016—2018 年，包家乡逐步推开了家庭医生签约服务，2018 年已实现贫困人口家庭医生签约服务全覆盖。通过对慢性病规范管理、预防接种、妇幼保健、贫困人口妇女“两癌筛查”等工作的开展，该乡公共卫生服务能力逐年提升，广大群众满意度进一步提高。通过开展公共卫生服务和慢性病管理，加大健康教育宣传力度，使群众自觉养成健康的生活方式，人民健康水平有所提高。

（二）岳西县健康扶贫经验总结

总体来说，岳西县的健康扶贫工作注重在"保治防提创"上同步发力，通过综合医疗保障，让群众"看得起病"；开展医疗机构标准化建设，不断提升服务能力，让群众"看得上病、看得好病"；全面落实12类46项基本公共卫生服务项目，深入开展爱国卫生运动，加强疾病预防控制工作，全面开展健康教育，普及健康素养知识，让群众"少生病、不生病"。这些措施，保障了国家、省级出台的健康扶贫政策在岳西县得到有效落实，健康脱贫工作取得明显成效。

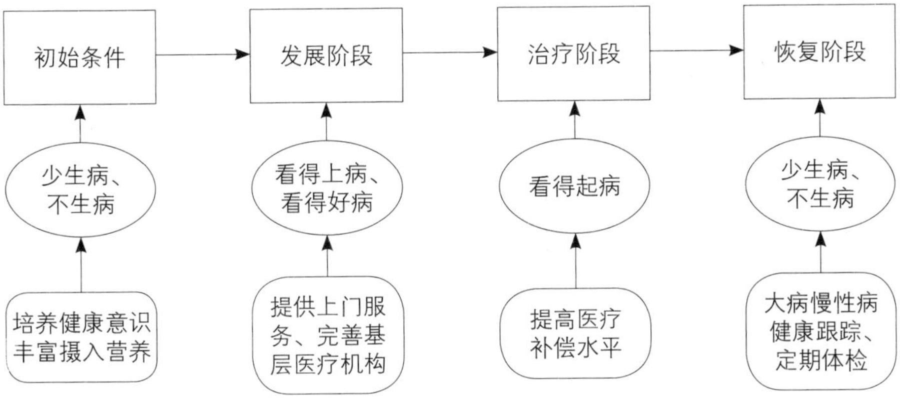

图8-2　健康扶贫对疾病各阶段的干预

资料来源：笔者根据岳西县健康扶贫措施经验整理绘制。

1.聚焦解决因病致贫中的巨额经济支出问题，使农村居民"看得起病"。如果按照疾病发展的过程"初始—发展—治疗—恢复"来看，岳西县健康扶贫政策主要着力点在于让群众在疾病的"治疗"阶段"看得起病”，并出台了“351”“180”“小 351”等医疗费用补偿政策。对于因病致贫的贫困人口来说，医疗费用在短时间内突然增加会使得家庭收入出现“跳水式”下降，而岳西县多项医疗费用补偿政策恰好缓解了这种落差，从而增加了患病人口应对巨额疾病支出的能力。

2. 聚焦山区山高路远、居民难以获得医疗服务的问题，送“医”上门，使贫困人口“看得上病”。由于岳西县地处大别山区，居住在此的农村居民居住分散、医疗服务可及性较差，对于患病的贫困人口来说，只有优惠的费用报销政策而没有便利的医疗服务获取途径，同样无法解决因病致贫问题。为了解决医疗卫生服务可及性不足的问题，岳西县健康扶贫中诸如家庭医生签约服务、县镇村三级医疗人才“打包”上门服务以及大病慢性病康复追踪服务等政策较好地解决了这一问题。这种医疗上门服务提高了医疗资源向贫困人口输送的主动性，弥补了贫困人口对于医疗资源获取能力较弱的短板，将医疗卫生资源更多地惠及该县的农村贫困人口。

3. 落实农村基本公共卫生服务建设、培养农村居民健康意识、做好大病慢性病健康跟踪，使得贫困人口乃至所有农村居民“少生病、不生病”。要从根本上解决农村居民因病致贫、已脱贫人口因病返贫问题，就需要从根本上对疾病风险的产生进行控制。为此，岳西县开展的基本公共卫生服务（包括对于妇女和儿童健康管理的关注）工作、健康扶贫政策入户宣传以及对患大病慢性病的贫困人口进行治疗后的健康跟踪管理等措施，都能够较好地改善贫困人口健康预防意识弱的问题。其中，培养山区居民疾病预防意识、改善山区居民营养摄入情况不仅会减少疾病的产生，也能够增强贫困人口的健康意识和人力资本，同时还能提高其自我发展能力；治疗后的健康跟踪有利于加速患病人口劳动能力的恢复，减少疾病对其家庭经济的影响，从而在长期内增强其对于疾病风险的抵抗能力，政策作用积极、意义深远，正外部性较强。

4. 关注非贫困人口以及贫困边缘人口的健康需求，从人口规模上阻断因病致贫。脱贫攻坚工作开展以来，各级政府对于农村脱贫攻坚工作投入了大量的资源。脱贫攻坚工作的开展，提高了农村最贫困人口对于中国改革开放发展成果的共享程度，使得大量发展落后的农村地区从经济水平、基础设施、村风民风等多个方面获得了整体性的质的飞跃发展。另外，随着绝对贫困现象在中国农村地区逐渐减少，收入临近贫困线的贫困“边缘人口”受到越来越多的关注。同一个地区内，贫困边缘人口由于在就业形式、生活水平以及价值观念方面与贫困人口都有较高的相似性，一旦家中发生变故，边缘贫困家庭同样很有可能会因承受不住风险冲击而成为贫困人口。因此，从公共政策领域给予边缘贫困家庭和人口更多关注，对于降低贫困发生的可能性来说也十分重要。对此，岳西县在健康扶贫方面结合本县实际出台了一些优惠政策，如在医疗费用报销方面制定的面向已脱贫人口的“小 351”政策，以及面向非贫困参合人口的“1579”政策；在村卫生室建设、村级医疗人员和医疗设备配备方面对贫困村以及非贫困村给予同等的政策支持。岳西县这种兼顾贫困人口与非贫困人口医疗需求的做法，既实现了公共政策覆盖面的公平性以及医疗资源配置的公平性的双线提升，也使得当前未脱贫人口在未来脱贫后，依然能够享受到便利的、优质的、普惠性的医疗资源，这样不仅能够减少贫困户脱贫时由扶贫政策福利所产生的阻力，也有利于在医疗卫生服务供给方面提升农村居民的整体满意度和公平感，同样具有较高的正外部性，体现了一种益贫式的、发展性的公共政策理念。

四、岳西县健康扶贫的理论及政策启示

岳西县坐落于大别山腹地，具有复杂的自然气候地理特征，曾饱经战

火洗礼，开展农村反贫困工作所要克服的困难可谓不少。然而，这些年通过扎实的政策推进、精准的政策目标、广泛的政策覆盖以及发展性型的政策理念，岳西县健康脱贫综合保障体系直指本地区因病致贫的问题要害，解决了贫困人口迫切的医疗需求，从而使健康脱贫工程取得了良好效果。岳西县健康扶贫工程的实施，不论对于其他未脱贫地区今后的扶贫工作、对于其他公共政策的实施还是对于丰富中国独特的反贫困经验来说，都具有一定的借鉴意义。

（一）降低农村居民疾病风险以减少因病致贫风险

我国农村扶贫经历了数十年的发展，基本解决了农村地区绝对贫困的问题，对于大多数贫困地区来说，中央在 2015 年确定的使贫困人口“两不愁三保障”的基本目标能够实现。但与行业扶贫相比，教育问题具有阶段性，住房问题具有单次性，而疾病问题更具有不确定性和长期性。换句话说，疾病“问题”更多地表现为伴随个体一生的疾病“风险”。解决因病致贫问题，不仅需要解决短期内患病人口的巨额医疗支出问题，还需要在长期内做好预防和保健工作，考虑让个体少生病、不生病，降低患病风险。

当前，中国扶贫进入了脱贫攻坚的冲刺阶段，剩下还未实现脱贫的贫困人口、贫困地区，其贫困问题较多地表现为区域上的低可开发化、人口结构上的老龄化、劳动能力上的弱能化以及人口健康资本上的低健康水平。经历过大病、重病的贫困人口，如果没有进行完整和健全的康复过程，则有可能会使自身在相当长的一段时间，甚至永久保持在一个较低的劳动能力水平上，因此，这些人在未来通过劳动换取家庭收入的能力必然被削弱。这种“剩余贫困”问题的特征也在一定程度上解释了：为什么从占比结构来看，因病致贫的贫困人口占总人口比重并没有显著下降——

“因病致贫”的，本身就有可能成为将来需要依靠社会保障兜底脱贫的人口。

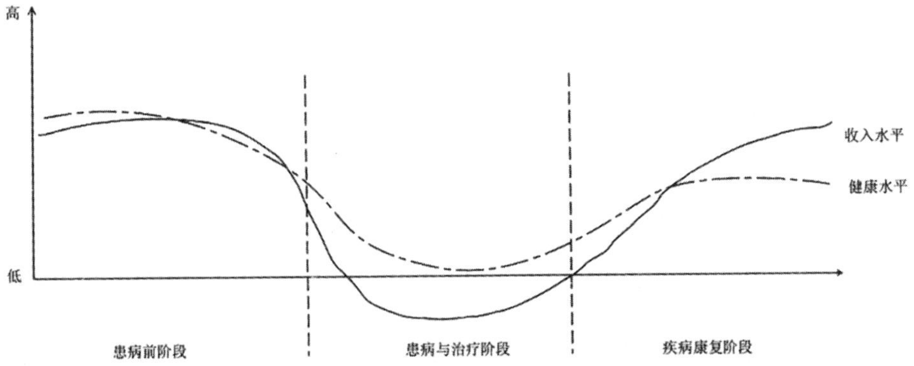

图 8–3　患病人口不同阶段经济水平与健康水平变化

资料来源：笔者根据调研期间与患者访谈获得的体会绘制。

因此，对于还未脱贫的贫困地区来说，即便当前因病致贫还没有成为贫困的主因，但在今后则有可能会逐步成为脱贫攻坚中的主要任务，地方政府应当及早对本地区的健康扶贫工作给予足够的重视。在岳西县实施的健康扶贫的诸多措施中，增强农村基层医疗卫生机构建设和人才培养、提高医疗服务输送入户的主动性等健康扶贫措施，都是降低区域地理劣势对于居民健康的阻力、提高农村居民抵抗疾病风险能力、从源头阻断因病致贫发生的重中之重。只有将增强医疗费用补偿力度这种“立竿见影”式健康扶贫措施，与提升医疗服务水平和供给能力这种“韬光养晦”式措施结合起来，才能使农村扶贫工作成效更稳固、边缘贫困人口跌落为贫困人口的概率更小。

（二）以发展性的制度建设推动乡村振兴战略实施

在中共中央、国务院2018年9月印发的《乡村振兴战略规划

（2018—2022年）》中明确提出，要“推进健康乡村建设”“加强农村社会保障体系建设”。由此可见，提升农村地区医疗卫生服务水平是乡村振兴战略落地的重要举措。

如今，精准扶贫精准脱贫与乡村振兴二者之间如何实现衔接越来越受到关注。有学者认为，精准扶贫的开展为乡村振兴的实施打下了基础。在精准扶贫中，不仅原本因全球化和社会转型冲击而受损的乡村社会发展的有机循环系统得以重建，而且还使得农村贫困问题与反贫困的意义在新时代“三农”发展中发生了重大转变——农村反贫困工作上升为全面建成小康社会路上“一个不掉队”的重要保障。精准扶贫既是乡村振兴的前提，也是其重要的组成部分，因此，稳定脱贫的长效机制也显得尤为重要。①

岳西县健康扶贫工程的开展可为精准扶贫与乡村振兴的衔接提供一种实例参考。《乡村振兴战略规划（2018—2022年）》中提出“每个行政村都有1个村卫生室”“加强乡村医生队伍建设”以及“开展和规范家庭医生签约服务”等目标要求，这些要求在岳西县当前的健康扶贫工程中都得到了一定程度的实现。通过健康扶贫，岳西县目前已经实现了每个行政村都有1个标准化的村卫生室；贫困人口已经全部完成了家庭医生的签约服务；此外，地区农村医疗卫生服务的能力也获得了整体提升。

从岳西县健康扶贫的实施效果来看，大部分农村居民在一定程度上享受了健康扶贫的政策优惠，针对已脱贫人口、未脱贫人口以及非贫困农村居民，形成了较为完整的综合保障体系。不同于只将政策目光聚焦于解决贫困人口医疗问题上的做法，岳西县采取的健康扶贫政策中，在实现农村全部贫困人口的脱贫任务后，大部分仍然具有政策存续的必要性和合理性，能够持续地服务于防止因病致贫返贫的目标。

① 陆益龙：《乡村振兴中精准扶贫的长效机制》，《甘肃社会科学》2018年第4期。

可以说，岳西县的健康扶贫政策体系是一种发展性的政策体系。在今后推动乡村振兴战略实施的过程中，不论是岳西县还是其他地区，都应当同样坚持这种发展性的政策导向，尽量减少为了解决短期阶段性问题而重复制定多个政策，从而避免增加因重复制定政策而产生的资源成本，以及政策对象接受新政策的心理成本。

（三）以多样化和地方主动性推动国家反贫困事业发展

贫困问题在世界各国均有不同程度的体现。继千年发展目标之后，联合国于 2015 年提出了“可持续发展目标”（Sustainable Development Goals），193 个联合国成员国承诺，到 2030 年时，努力实现包括“消除一切形式的贫穷”“消除一切形式的饥饿和营养不良”以及“结束艾滋病、肺炎、疟疾及其他传染性疾病的蔓延”等 17 个可持续发展目标。中国在推动本国实现 2030 可持续发展目标进程中做出了举世瞩目的贡献，城乡社会保障政策覆盖面显著提升。中国在提升农村贫困人口健康福祉方面的经验在于：在全国范围实施的健康扶贫工程将过去分散在公共卫生（14 项基本公共卫生服务、传染病防治等）和社会保障（医疗保险与医疗救助）领域的医疗卫生资源，以“问题导向”而非以“部门导向”整合起来，并通过家庭医生签约计划和三级基层医疗机构联动机制把整合后的医疗卫生资源精准送至每一个贫困户手中。

岳西县正是在这种理念的指导下开展着本地区的健康扶贫工作，并通过一个个具体措施将理念落到实处。进一步说，岳西县提升贫困人口健康福祉的经验之一就是在中央确定的健康扶贫的宏观理念指导下，巧妙设计且坚定执行的微观措施将社会发展产生的医疗福祉普惠于每一个贫困人口身上，并以全过程的健康管理计划覆盖于贫困人口整个生命历程的疾病医疗风险。

通过岳西县健康扶贫工作的经验总结，可以看到中央统筹与地方自主之间的顺畅契合。岳西县在健康扶贫中能够取得良好效果，一方面得益于国家总体脱贫攻坚战略的高瞻远瞩，另一方面得益于地方政府瞄准本地区社会、自然、经济特征，因人因地制宜开展工作。在中国这样国土辽阔、各地风土人情差异巨大的国家，地方贫困问题不一而足，过于强调中央“一刀切”式的反贫困，具体政策设计不仅会分散其在制定宏观战略方面的精力，也会降低政策落实时的适应性。国家总体农村贫困人口的减少以及贫困发生率的下降有赖于各地区实施的坚定而有效的农村扶贫措施，而各地农村贫困问题的解决有赖于实施与本地实际情况相符合的政策举措。因此，应当给予地方政府充分的自主决策与发展的空间，鼓励地方政府主动发现问题、制定对策、解决问题，从而建立稳固的内生发展机制。

第九章 兜底与预防并重：岳西县社会保障减贫和社会救助兜底扶贫

贫困是一个长久存在的难题，减贫也是国家和政府的重要工作内容之一。党的十八大以来，中国农村扶贫工作进入攻坚拔寨阶段，以习近平同志为核心的党中央高度重视扶贫工作，把脱贫攻坚作为全面建成小康社会的底线任务，对脱贫攻坚做出一系列新的部署。社会保障制度作为一项基础性社会制度，对减贫和解决民生问题具有重要作用。社会保障体系建设既是国家减贫发展的目标之一，也是重要的减贫发展政策工具。社会保障制度不仅能保障个体的基本生活，还可以助力于相对公平、稳定的社会环境的构建，进而促进个人的长远发展。岳西县围绕“社会保障兜底一批”做出一系列工作实践和探索。

一、社会保障减贫的理论阐释

社会保障支出水平与贫困发生率呈负相关关系，即社会保障支出水平高的国家，其贫困发生率较低；而社会保障支出水平较低的国家，其贫困发生率较高。社会保障作为一系列公共产品的集合，能够满足人们的基本需要，保障人民的基本生活，具有不可替代的反贫困功能。

（一）社会保障与减贫发展的理论阐释

社会保障经历了从古代的主要解决社会成员身陷生活困境的一些非制度性安排，到现代社会的一项基础的制度性安排的发展演变。现今，社会保障已经发展成为一个包含社会救助、社会保险和社会福利等多个子项目的制度体系，而不同子项目的减贫作用各有侧重。社会救助制度是一种面向困难群体的制度，该制度中有相对稳定保障的低保制度和特困人员供养制度，也有救急性的临时救助制度，以及医疗、教育、住房等方面的专项救助。社会救助制度旨在托底线，保障困难群体的基本生活水平，往往发生在贫困状态已经形成之后，即在贫困发生后对个体的贫困进行干预，是一种兜底性的社会政策。社会救助的内容和扶贫的“两不愁三保障”目标有较高的契合度，具有减贫的直接性和兜底性。

风险无处不在，风险是贫困的重要诱发力之一。社会保险就是通过风险共担而降低个人的风险损耗。目前，中国农村地区主要有两大基本保险制度，即城乡基本医疗保险制度和城乡基本养老保险制度（部分地区为新型农村合作医疗保险制度和新型农村养老保险制度）。部分地区的政府或村集体为农户部分或全额代缴参保金，因此，这两项社会保险制度具有一定的福利性。两项保险制度的准入门槛低且具有一定的福利性，参保率较高。其中城乡基本医疗保险制度在脱贫攻坚中发挥着突出的减贫功效，很大程度上降低了贫困户的医疗支出。而从生命历程角度而言，养老保险也可算作一项预防性减贫政策。

社会福利政策旨在提高个人的福祉，其形式多样，既可以是能直接转化为个人经济收入的福利，也可以是间接性的、发展性的福利，还可以是降低风险的预防性福利。社会福利的基本目的在于促进社会的稳定、公平和再生产，能为社会经济的正常运转创造良好的环境，从而使国民经济得以持续、稳定、均衡和协调发展。其制度初衷并不聚焦于贫困问题，但具有重要的减贫意义。社会福利既可以在贫困状况产生前进行干预，如免费体检，也可以缓解已发生的贫困，还可以提高个人人力资本、提升个体跳出贫困陷阱的能力。此外，一些社会福利项目往往瞄准对象特征展开政策设计，此类社会保障政策的减贫效果会更精准，如高龄补贴政策、重度残疾人护理补贴政策、免费午餐等。特殊群体有突出的生理特征，而随着扶贫工作的推进，剩余贫困人口的生理性特征越发凸显，瞄准对象特征的社会保障政策更切合政策对象的实际需求，有利于更精准地预防和缓解贫困。

（二）岳西县农村社会保障减贫的现实需求及制度建设

岳西县的地理环境和社会环境决定了居民对社会保障制度的强烈需求，随着社会的逐步发展，岳西县农村地区建立起了相对完善的社会保障制度体系。

1. 农村自然环境和社会生活特征对社会保障的现实需求

岳西县位于大别山腹地、皖西南边陲，境内有天养山脉、青四山脉和多丛山脉三条山脉。岳西县地跨长江、淮河两大流域。由于地形、地貌复杂，山区小气候明显，且极易发生洪涝、台风、山体滑坡、低温、冷冻等自然灾害。据历史记载，自 1931 年以来，岳西县至少经历了 16 次山洪灾害、12 起干旱灾害、9 次冰雹灾害、4 次大雪灾害、11 次虫害、8 次大风灾害、7 次青封灾等众多自然灾害，造成大量损失，严重影响居民生产生活。岳西县自然灾害频发，种类多，易造成重大损失。这一自然环境特征决定了当地社会发展对防灾减灾、救助以及保险等保障性措施有强烈的需求。

再者，保障需求较强的特殊群体也促使着保障性政策的建立与完善。

岳西县交通不便，与外界沟通不畅，历史上存在相对较多的近亲结婚现象，导致精神残疾发生率较高。同时，岳西县也存在严重的老龄化现象。统计数据显示，2017 年底，岳西县有 60 周岁及以上的老人 66285 人，老龄化比例达 16.03%。而且，随着扶贫工作的推进，剩余贫困人口中特殊群体的比重还会大幅度上升，成为最难脱贫的主要对象。统计数据还显示，2014 年以来剩余贫困人口（包括返贫人口）中 60 周岁及以上的老人以及残疾人的比重有上升趋势，并在 2016 年之后稳定在约 25% 和约 15% 的比例。这些特殊群体对保障性政策的需求往往较高（图 9–1）。

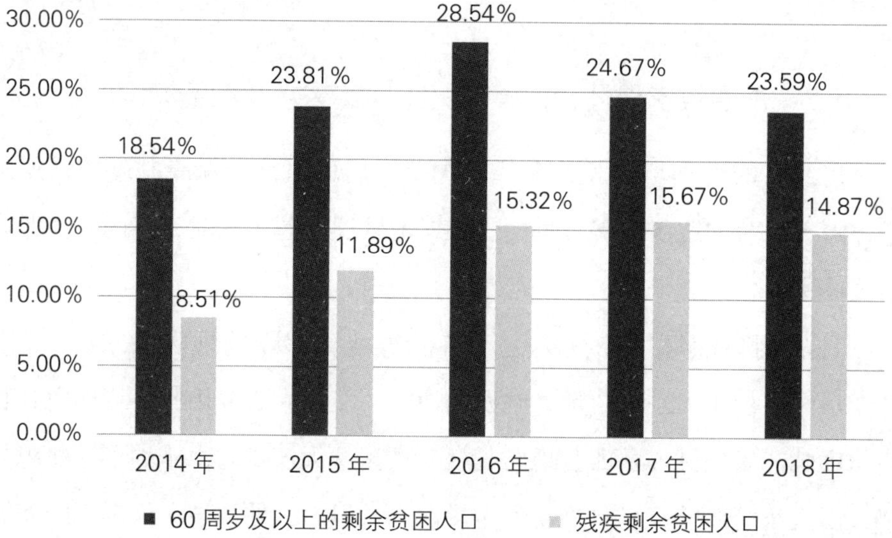

图 9–1　2014—2018 年岳西县剩余贫困人口中特殊群体占比情况

2. 脱贫攻坚前后岳西县农村社会保障制度建设

中国社会保障制度最初建立于城市地区，21 世纪以后开始逐步向农村地区“移植”。岳西县在此大背景下开始建立农村社会保障制度，到脱贫攻坚战打响之前，岳西县已经逐步建立起一套具体包括以特困人员供养制度、农村最低生活保障制度、临时救助、医疗救助为主要内容的社会救助，以新型农村居民医疗保险制度、新型农村居民养老保险制度为主的社会保险，以及高龄补贴、残疾人生活补贴等社会福利的农村社会保障制度体系。

2007年，中国农村广泛建立最低生活保障制度。2009年9月，岳西县农村低保开始实施分类施保，并继续实施提标扩面和年度动态调整工作。2009年，国家开始推行农村最低生活保障制度和扶贫开发政策有效衔接试点。岳西县作为两项制度衔接的试点县之一，试图探索两项制度衔接工作，相继建立起医疗救助制度和临时救助制度。在社会保险方面，岳西县紧跟中央的制度设计步伐，建立了新型农村合作医疗保险制度和新型农村社会养老保险制度。岳西县重视保险制度的实施，在两项基本社会保险制度之外，于2014年开始试点“山区库区农房保险”。虽然农房保险本质上是商业保险，但在实际推行中，政府帮农户代缴保障金，农户不用履行缴费义务而能享受保障权益，因此，该政策具有很强的福利性。此外，岳西县针对特殊群体实施了一系列福利性质、半福利—半救助性质、半福利—半保险性质的社会保障政策，这些社会福利政策和福利性社会政策主要针对特殊人群。例如，岳西县对具有本县户籍、年满80周岁以上的老年人发放高龄津贴；2014年，岳西县启动低收入老年人居家养老服务补贴试点。

2015年11月底，随着中央扶贫开发工作会议的召开，中国吹响了脱贫攻坚战的冲锋号。脱贫攻坚战打响后，“社会保障兜底一批”成为中国当前重要的扶贫路径，社会保障制度的减贫功能逐渐被强化。岳西县进一步完善农村社会保障制度建设，突出表现在社会福利政策和福利性社会政策发展方面。如2017年，低收入老年人居家养老服务补贴政策在全县推开；2018年，岳西县鼓励多主体给60周岁以上的居民购买人身意外伤害保险，助推全县“关爱老年人活动”工作持续、健康、稳定发展；面向一户多残的残疾人家庭实施家庭补助等。

二、岳西县社会保障减贫和社会救助兜底扶贫的制度建设现状

数年来，岳西县在国家基础性社会保障制度建设的基础上，因地制宜地探索地方特色的保障性政策建设。这些制度共同构成了岳西县农村社会保障制度体系，在岳西县的脱贫攻坚中发挥着重要作用。

（一）织密织牢社会救助兜底网

岳西县适当提高兜底性低保制度的覆盖面和兜底水平，提高特困人员供养水平，专项救助配合其他相关社会政策解决居民的专项问题，并探索制度运行机制，强化临时救助制度的救助功能，织密织牢社会救助兜底的政策网络。

1. 适当提标扩面实现两项制度衔接

总体上，岳西县保持了稳定的农村低保覆盖率。2010年农村低保的覆盖率为6.8%，2018年保持6%的覆盖率。脱贫攻坚以来，低保人均补差水平明显提升，2017年岳西县农村低保人均补差与上年相比增幅达36.73%（见表9-1）。农村低保制度分类实施，岳西县按照低保对象的困难程度分为A、B、C三类，A类低保通常为稳定的政策兜底对象，B、C两类动态调整更灵活。在管理方面，三类低保对象分别按照季度、半年和年度三个时间周期进行复查复核和动态管理，以便更大程度确保应保尽保，同时也提高了行政效率。

表 9-1　2010 年以来岳西县农村低保覆盖面及补助水平状况

年份	总户数（户）	总人数（人）	覆盖面（%）	发放资金总量（万元）	人均补差（元 / 月）	人均补差与上年增幅（%）
2010	7042	24647	6.8	2173.91	73.50	暂缺
2011	9622	24649	暂缺	2775.92	93.85	27.69
2012	10213	24653		3551.4	120.05	27.92
2013	10699	24672		3908	132.00	9.95
2014	10485	24710		4300	145.02	9.86
2015	9063	24545		4272.5	145.06	0.03
2016	9277	24323		4782.7	163.86	12.96
2017	9149	22912		6160	224.05	36.73
2018	9373	22135	6	6676	251.34	12.18

资料来源：课题组根据调研资料整理所得。

2009 年，国务院扶贫办、民政部等部门开始推行农村最低生活保障制度和扶贫开发政策有效衔接试点，岳西县成为两项制度衔接的试点县之一。2016 年，中央再次提出两项制度衔接的要求，岳西县积极探索，一方面，对符合扶贫条件的农村低保家庭按规定程序纳入建档立卡范围，并根据不同致贫原因予以精准帮扶。另一方面，岳西县计划对完全或部分失能人口实现农村低保全覆盖，对返贫的家庭按照规定程序审核后，相应纳入临时救助、医疗救助、农村低保等社会救助制度和扶贫开发政策范围。积极探索对不在建档立卡范围内的农村低保家庭的脱贫帮扶政策以及救助或扶持办法。此外，岳西县不断提高低保标准，低保标准紧追并赶超贫困标准。课题组统计 2010 年以来岳西县每年年底的低保标准，数据表明，自 2010 年以来，岳西县农村低保标准逐年提升，2011 年的标准就已经达到该年贫困标准的 70%。随着两项制度衔接的推行，岳西县低保标准于

2016年赶超贫困标准，并且持续稳步提升。2018年岳西县农村低保补差水平又进行一次普遍提升，仅B类低保的补差水平已基本达到当年贫困标准，C类低保补差水平也大幅度接近贫困标准（见图9-2）。由此可见，岳西县农村低保在补助水平方面能实现有效兜底。

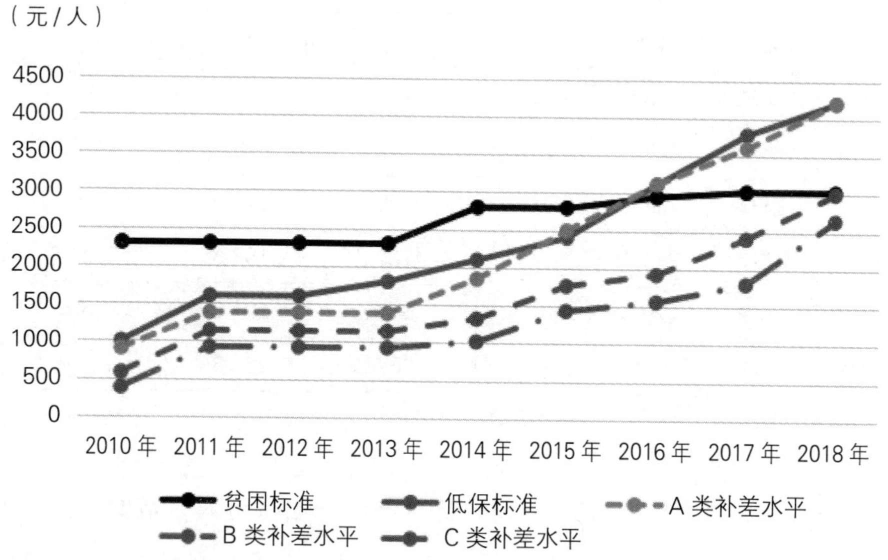

图9-2 岳西县2010年以来低保标准与贫困标准

数据来源：贫困标准来源于国务院扶贫办网站，岳西县低保标准的数据由当地民政局提供。

脱贫攻坚以来，低保制度的减贫贡献不断提升。数据统计显示，脱贫攻坚以来，脱贫人口中低保贫困人口的比例不断上升（见表9-2），剩余贫困人口中低保兜底的人口比例也大幅度上升（见表9-3）；截至2018年12月初，岳西县有未脱贫建档立卡贫困人口2145人，其中低保对象1682人，占比78.41%（见表9-3）；同时，岳西县共有低保户22135人，其中属于建档立卡贫困对象的共17280人，低保对象纳入建档立卡的占低保总量的78%，二者重叠率较高。

表 9-2　2014—2018 年岳西县脱贫人口结构状况

年份	人数合计	脱贫人口（人）					
		低保脱贫人口		特困人员脱贫人口		一般脱贫人口	
		人数（人）	占比（%）	人数（人）	占比（%）	人数（人）	占比（%）
2014	26437	3463	13.10	17	0.06	22957	86.84
2015	59328	4287	7.23	45	0.08	54996	92.70
2016	92166	17076	18.53	2754	2.99	72336	78.48
2017	105742	24369	23.05	4584	4.34	76789	72.62
2018	106896	22909	21.43	4674	4.37	79313	74.20

资料来源：课题组根据调研资料分析所得。

表 9-3　2014—2018 年岳西县未脱贫贫困人口结构状况

年份	人数合计	未脱贫人口（包括返贫人口）					
		低保贫困人口		特困人员贫困人口		一般贫困人口	
		人数（人）	占比（%）	人数（人）	占比（%）	人数（人）	占比（%）
2014	78419	24019	30.63	4786	6.10	49614	63.27
2015	46769	19655	42.03	4935	10.55	22179	47.42
2016	17396	11465	65.91	2253	12.95	3678	21.14
2017	3535	2558	72.36	206	5.83	771	21.81
2018	2145	1682	78.41	69	3.22	394	18.37

资料来源：课题组根据调研资料分析所得。

2. 提升特困人员供养水平

特困人员供养对象是国家兜底保障的对象之一，也是建档立卡贫困人口的重要构成部分。岳西县实施了多种措施提高特困人员的供养水平。一方面，政府提高特困人员的补助标准：分散供养和集中供养的补助标准分别从 2010 年的 1443 元 / 年・人和 1776 元 / 年・人提升至 2018 年的 3960 元 / 年・人和 4800 元 / 年・人，均提升了两倍多。同时，特殊的特困人员同时可以享有特困供养生活补助之外的其他补贴，例如，岳西县实施对持有一、二级残疾人证的 1098 名分散五保户对象按照 60 元 / 月・人的标准发放护理补贴。

另一方面，岳西县采取多种措施提高对特困人员的服务水平和特困人员的生活水平。一是开展特困人员供养服务机构等级评定，实施特困供养服务机构综合定额补助管理，进一步提高特困人员供养机构的管理运营水平。集中供养服务机构按星级高低划分为一星 4800 元 / 年・人、二星 6000 元 / 年・人和三星 7200 元 / 年・人。二是实施五保户生活质量提升工程。岳西县政府一次性安排资金 418.2 万元，按 1000 元 / 人标准实施五保户生活质量提升工程，资金拨付至乡镇，由乡镇在精准摸排基础上统筹使用。三是依托特困人员供养机构探索医疗卫生与养老服务相结合的工作。按照省、市、县三级政府分别印发的关于推进医疗卫生与养老服务相结合的相关文件，由乡镇卫生院义务为乡镇特困人员供养机构提供更为便利的医疗服务。四是逐步提升失能、半失能特困人员的护理服务能力。2018 年已建成一所失能特困人员供养服务机构，并计划于 2019 年建立两所区域性失能特困人员供养服务机构。此外，岳西县积极推进医养结合发展，以鸿福养老服务中心为依托，创建省级医养结合示范项目。

岳西县逐步扩大养老机构的覆盖面，在保证每个乡镇至少有一个敬老院的基础上，积极探索依托敬老院建立养老院服务中心（见图 9–3），适度向乡镇内的非特困人员提供。截至 2018 年 12 月底，全县共有养老机构 40 所，包括 32 所乡镇敬老院和 8 所公建民营养老院，可提供养老床位 3227 张。

图 9-3　岳西县温泉镇汤池敬老院

3. 在运行机制的探索创新中强化临时救助功能

突发性的困难得不到及时的帮助，很可能会进一步恶化。轻度的、临时的困难未得到及时解决也容易滋生贫困风险。临时救助制度被视为社会救助兜底网的最后一道防线。为了有效保障困难群众基本生存权利和人格尊严，最大限度防止冲击社会道德和心理底线事件的发生，2014 年民政部决定在全国开展“救急难”工作试点。岳西县山高路远、地广人稀，为更好地发挥临时救助的功能，确保困难群众“急难”事项能得到及时的救助，岳西县政府因地制宜地适当提标放权，最大限度地发挥临时救助资金使用的可及性。从 2013 年开始，岳西县将紧急情况下的小额临时救助资金审批权限委托乡镇人民政府实施，由乡镇人民政府在紧急情况下先行救助，后补齐审批手续。2015 年，县政府出台《岳西县临时救助实施办法（试行）》，明确救助金额在 1000 元以下的，县民政部门可委托乡镇人民政府审批，乡镇人民政府将审批决定按季报县民政部门备案，县民政、财政根据各乡镇常住人口数量等，按因素分配法下拨委托审批的临时救助资金给各乡镇，设立临时救助备用金。各乡镇（街道）设立临时救助资金专户，按每年不低于 5 万元设立临时救助备用资金池，政府适时补充资金池，以时刻保持 5 万元的备用资金总量。2018 年，为决战决胜脱贫攻坚，最大限度发挥临时救助政策的灵活性、及时性和救急性特点，县民政部门将乡镇临时救助资金审批权限由 1000 元提高至 2000 元。

同时，岳西县政府充分发挥企事业单位、公益性组织等社会力量参与救助，壮大社会救助的力量，提高社会救助的及时性和效果。2017 年，岳西县出台《同舟工程项目委托服务方案（试行）》，探索开展社会救助委托服务，将“同舟工程”救助资金切块 50 万元，委托县内社会组织开展社会救助服务，拉开政府委托社会救助服务的序幕。中国石化积极参与岳西县“救急难”工作，2015 年以来，已累计救助 242 户 949 人，发放救助资金 410 万元，单笔最高救助金额达 15 万元。此外，中国金融投资公司对岳西县一户多残的残疾人家庭捐赠 50 万元，解决他们的生活保障问题。岳西县充分发挥公益组织成员分布广、信息快、干预早的特点，探索创新救助方法，尝试切块资金委托服务。截至 2018 年 7 月，五家公益组织共救助对象 203 户，发放“同舟工程”救助资金 43 万余元。

4. 专项救助配合其他相关社会政策解决居民的专项问题

岳西县在常规医疗救助之外还实行了重特大疾病医疗再救助。对因患重病在省内（贫困人口拓展到省外）就医自付合规医疗费用，经各种报销及救助后，仍超过 1 万元的，分档救助。其中，扣除 1 万元起付线外，个人自付合规费用在 0 万—5 万元的按 50% 救助，5 万—8 万元的按 60% 救助，8 万元以上的按 70% 救助，最高 10 万元封顶。资助五保、低保等困难人员参保参合是社会医疗救助的重要内容。自 2017 年开始，资助五保、低保等困难人员参保参合的覆盖面快速扩大，人均资助水平也大大提升（见表 9-4）。同时，为降低贫困人口以及边缘人口的医疗负担，岳西县将社会救助的对象从低保对象、特困人员、孤儿等重点救助对象扩大至低收入家庭的老年人、未成年人、重度残疾人、重特大疾病患者及因病致贫家庭重特大疾病患者等。此外，岳西县也鼓励贫困户就业，开发公益岗位，托底安置就业困难人员；给予企业公益性岗位补贴，补贴标准为每人每月 100 元；对企业缴纳的单位部分的社会保险费给予全额补贴；给予贫困劳动者公益性岗位补贴，补贴标准为每人每月 300 元。具体的医疗救助、住房救助、教育救助和就业救助在本书其他相关章节有详细论述，本章节不再赘述。

表 9-4　2010 年以来岳西县医疗救助资助参保参合状况

年份	资助人次（人）	资助资金（万元）	人均资助水平（元）
2010	32000	110	34.38
2011	30130	90.39	30.00
2012	30142	178	59.05
2013	30153	181	60.03
2014	30345	212.4	70.00
2015	30090	164.7	54.74
2016	32197	218.6	67.89
2017	50561	912	180.38
2018	56516	1017	179.95

资料来源：课题组根据调研资料整理所得。

（二）其他保障性制度建设及其减贫成效

岳西县在不断完善社会救助政策体系的同时，也强化保险和福利等其他保障性制度的建设，在贫困发生的不同阶段同时减缓贫困问题。

1. 保险性社会政策分担风险

从2018年起，对符合城乡居民养老保险参保条件的建档立卡享受政策的贫困人口、低保对象、特困人员、重度残疾人、计划生育特别帮扶对象人群，由县政府代缴城乡居民养老保险参保费100元，按规定给予补贴，代缴城乡居民养老保险费期限暂定到2020年。为巩固脱贫成果，城乡居民扶贫代缴涵盖了2014年以来全部建档立卡贫困户。截至2018年12月5日，岳西县城乡居民养老保险参保人数为22.67万，其中缴费人数为16.79万，符合代缴对象的有55696人，代缴人占全县城乡居民缴费人数的35%，代缴资金共556.96万元，应享受待遇的贫困人员达22681人，老人每人每月至少可领取近百元的基础养老金（见表9–5）。此外，《岳西县农村社会保障工程实施方案》中提出，对因残疾及计生手术并发症、独生子女死亡或者伤残等因素致贫的人员，由主管部门核实后，给予补贴或代缴。

表9–5 岳西县2018年城乡居民基本养老保险扶贫现状

分类	建档立卡贫困人口	低保对象	特困人员	计生人员	重度残疾人	合计（人）
应代缴贫困人数（60周岁以下）	42547	10235	346	73	2495	55696
应享受待遇的贫困人员数（60周岁以上）	12199	5155	1670	72	3585	22681

数据来源：岳西县人社局提供，表中数据统计截止于2018年12月5日。

岳西县多山，农村居民多依山建房，受自然灾害的影响严重，当地广传“住前不住后，住上不住下”的防灾谚语。住房有保障是贫困户脱贫的重要指标之一。2014 年 3 月，安徽省开始试点“山区库区农房保险”，选择 27 个山区库区抗灾能力弱、贫困程度深、自然灾害频发多发的县（市、区）开展。该政策由民政厅牵头，相关部门参与，通过购买商业保险进行风险管理，保险费由省和市县级财政按 4∶6 的比例分级负担，农户不需缴一分钱。2014 年以来，岳西县累计参保 48.31 万户次，投入参保资金 773 万元，累计理赔 1824 户，支付理赔资金 499.96 万元，户最高保险理赔金达 13.23 万元，保险理赔金占保险费比例达 64.7%。农房保险有效地减少了农户住房的损失。

同时，岳西县在农村地区大力推行其他保险项目。如与“银龄安康行动”相结合实施的国寿老年人意外伤害综合保险，保障范围包括意外伤害医疗补偿、意外残疾等。《关于做好 2018 年度“银龄安康行动”工作的通知》中明确，2018 年老年人意外伤害保险承保率要达到 50%，以后每年按照一定的比例增长，逐步实现全覆盖。同年，岳西县实施治安保险，保险内容包括因自然灾害造成的家庭损失等，这有助于帮助居民在事故发生后尽快恢复日常生产生活。

2. 社会福利和社会服务政策提高居民生活水平

岳西县实施低收入老人居家养老服务政策，改善低收入老人生活状况。2014 年，岳西县启动低收入老年人居家养老服务补贴试点，对 70 周岁以上的五保户、城乡低保户、无工作单位的优抚对象，由养老机构提供居家养老服务，月补贴标准 60 元 / 月・人，资金拨付至服务机构。当年在毛尖山乡试点，服务 47 名老年人，支付补贴资金 17640 元。2016 年，居家养老服务补贴试点拓展到天堂镇，全年服务对象 204 人，拨付补贴资金 11.028 万元。2017 年，居家养老服务在全县推开，将低保、五保、建档立卡贫困户家庭中70周岁以上有服务需求的老年人，纳入居家养老服务范围，四季度服务对象4518人，支付资金81.3万元（见表9-6）。此外，2014年，岳西县对具有本县户籍、年满80周岁以上的老年人发放高龄津贴，标准为80—99周岁每人每年300元，100周岁以上每人每年3600元。2018年，高龄补贴覆盖了6752人。该制度对缓解老年人贫困有一定作用。

表9-6　岳西县低收入老人居家养老服务基本情况

年份	实施范围	服务对象条件	服务数量（人）	补贴资金（元）
2014	毛尖乡试点	对70周岁以上的五保户、城乡低保户、无工作单位的优抚对象	47	17640
2015			61	81400
2016	毛尖乡、天堂镇		204	110280
2017	全县	低保、五保、建档立卡贫困户家庭中70周岁以上的有服务需求的老年人	4518	813000
2018			3965（前三个季度）	2437000

资料来源：根据岳西县民政局提供的资料整理所得。

残疾是重要的致贫原因。从建档立卡系统来看，截至2018年6月14日，岳西县建档立卡系统32548户109257人中，残疾人共6728户7327人，因残致贫户占20.67%，贫困残疾人占总贫困人口的6.7%，占残疾人总数的57.49%。岳西县贯彻中央政策，先后建立残疾人生活补贴和重度残疾人护理补贴。2016年，岳西县政府对需要长期照护、残疾等级为一、二级的对象，按照60元/月·人的标准，发放护理补贴资金311.2万元。2018年末，全县有享受重度残疾人护理补贴对象4821人，发放补贴资金335.4万元；享受困难残疾人生活补贴对象6308人，发放补贴资金374.2万元；全县享受重度残疾人护理补贴对象5211人，发放补贴资金 364.6 万元；享受困难残疾人生活补贴对象 6776 人，发放补贴资金 407.8 万元。

同时，岳西县对残疾人进行三个维度的立体扶贫措施：一是将失能、半失能的残疾人纳入低保，实现兜底保障；二是对具有一定劳动能力的残疾人，通过技能培训，让他们掌握一技之长，鼓励其自主创业或介绍就业，实现自强自立，同时加大项目和资金、政策扶持力度；三是不断提高残疾人基本公共服务水平，在巩固已有的扶残助残政策的同时，实施“普惠+”政策。2017 年 12 月，县残联及时布置，在全县所有乡镇、村挂牌设立乡镇“残疾人之家”、村“残疾人工作站”，为残疾人提供日间照料、就业指导、技能培训、康复等服务，在全省率先实现全覆盖。

三、岳西县社会保障减贫和社会救助兜底扶贫的经验及挑战

自 20 世纪 80 年代以来，岳西县始终将扶贫工作作为全县的重要工作内容之一。经过多年的努力，岳西县已满足“两不愁三保障”的指标性脱贫任务要求，于 2018 年顺利摘帽。近年来，岳西县的社会保障减贫和社会救助兜底扶贫工作更多地考虑长远性要求，在织牢织密兜底网的同时，采取多种措施预防居民陷入贫困状况，引导居民积极发展致富。

（一）岳西县社会保障减贫和社会救助兜底扶贫的主要经验

岳西县在社会保障减贫工作中关注预防和兜底并举，注重织密社会救助兜底网，强化保险和福利等预防性社会保障扶贫政策的建设和完善，逐步向综合性保障扶贫发展。

1. 多元主体协同，适当提标扩面，织密织牢社会救助兜底网

政府引导下的社会力量协同参与社会救助兜底扶贫。社会救助兜底

被视为民政部门的主要职责，但救助类型多样，单一部门的救助效果有限。岳西县在社会救助兜底的扶贫路径建设中，逐步形成了以民政为主要机构，人社、老龄委、残联等相关政府部门以及社会力量协同参与的“大救助”格局。各部门发挥自身优势，不断强化部门业务在扶贫中的作用发挥。同时，岳西县充分发挥和利用社会力量参与扶贫，积极吸收企事业单位、社会公益性组织、村庄集体等其他主体的作用，分担社保政策成本压力，提高保障的稳定性和保障水平，突出表现在社会救助制度建设方面。一方面，岳西县政府为企事业单位搭建空间，以便于社会力量更有效地参与社会救助兜底扶贫工作。中国石油化工集团有限公司对口帮扶岳西县，中石化领导挂职副县长，与县民政部门牵头抓总。另一方面，岳西县充分发挥社会组织信息渠道多、人员分布广、社会爱心强的优势，对社会救助的早发现机制进行了有益补充，以委托服务为契机，有效规范了社会组织的服务开展，激发了社会组织参与社会救助工作的热情，更多地吸收社会资金，有效弥补了当前基层从事社会救助工作人手不足、力量不强的短板。

案例 9-1 社会力量积极参与社会救助

岳西县田头乡辅导小学 11 岁的女孩崔某某，自 2012 年开始就经常感觉耳鸣、眩晕、听不清别人说话。2016 年初，崔某某被省立医院诊断为双耳极重度感音神经性耳聋，需实施人工耳蜗植入手术，费用高达 40 万元。为了帮助崔某某重返校园，重回正常生活，“同舟工程”领导小组办公室立即帮助其申请了“同舟工程——中石化救急难行动”资金 15 万元，并组织映山红爱心协会、岳西义工联盟、天仙河爱心协会等县内各爱心协会捐赠 23230 元，帮助崔某某接受活体耳蜗移植手术。2017 年初，崔某某左耳活体耳蜗手术共花费 202380 元，医疗保险、大病救助等健康脱贫政策报销了大部分费用，剩下的爱心捐款将用于其右耳活体耳蜗手术及以后的康复。

此外，岳西县探索临时救助制度的适当提标、放权的做法。2018 年，岳西县农村低保补差水平又进行一次普遍提升，仅 B 类低保的补差水平已基本达到当年贫困标准，C 类低保补差水平也大幅度接近贫困标准。至 2018 年底，岳西县农村低保标准远超贫困标准，而且最低补差水平的 C 类低保的实际补差水平也很大程度地接近贫困标准。同时，岳西县适当拓宽保障性政策的覆盖面，降低低收入人口的社会保障成本。《岳西县农村社会保障工程实施方案》明确了“社会保障兜底脱贫一批”的工作安排，保障对象不仅包括特困人员、重度残疾人（一、二级）等完全或部分丧失劳动能力的特殊人群，还包括短时间内无法依靠产业扶持、就业帮助、移民搬迁等措施实现脱贫的贫困家庭；医疗救助对象从低保对象、特困人员等重点救助对象扩大至低收入家庭的老年人、未成年人、重度残疾人、重特大疾病患者及因病致贫家庭重特大疾病患者等；岳西县还建立低保和扶贫建档边缘家庭、困难留守人员以及遭遇突发事件导致家庭困难人员的台账；对缺乏购买能力的家庭符合低保条件的纳入低保，不符合低保条件但家庭确实困难的，通过临时救助解决；对整户家庭缺乏自理能力的，纳入五保对象，动员入住敬老院进行集中供养，对非五保对象，通过政府购买服务和社会帮扶等措施进行帮助（见图 9–4）。

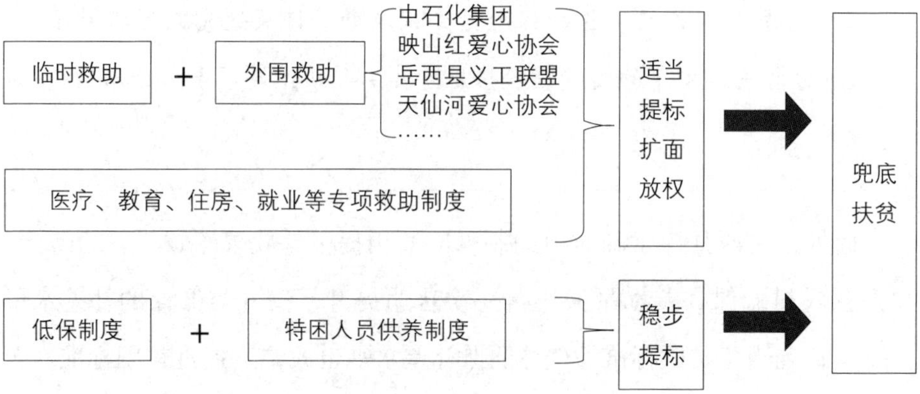

图 9-4 岳西县社会救助兜底扶贫

此外，县政府一次性安排乡镇400万元资金，支持边缘户家庭发展。岳西县实施临时救助备用金制度，该制度实质上是赋予乡（镇）政府一定的财政自由裁量权，有利于提高救助的灵活性和及时性，更能有效缓解居民突发性、临时性的生活困境，发挥社会救助的民生保障功能。

2. 多措并举，强化基层社会服务建设，积极预防边缘群体陷入贫困状况

岳西县贯彻中央政府的社会保障制度体系设计，建立了相对完善的社会救助制度体系，尤其还强化了社会力量参与救助等外围救助的作用。在此基础上，岳西县突出发挥保险的风险共担功能，在两项基本社会保险之外，还积极探索政府购买商业保险进行风险管理的新模式，大力推广农房保险、治安保险、老年人人寿保险等。虽然这些保险实属商业保险，但政府在保险推行过程中的参与程度较高，由政府或村集体代缴部分保险金，因而也具有一定的福利性，对缓解家庭经济负担、减轻救助兜底压力有重要作用。此外，岳西县也积极探索社会福利减贫政策，如低收入老人居家养老政策和残疾人服务等，这些社会福利性的减贫政策更能瞄准后扶贫时代的扶贫特征，具有一定的前瞻性。

社会保障措施多样化，政策所能覆盖的人群范围也会随之扩大，政策对农户家庭的影响程度也进一步提升。具体以农户住房来分析，若农户的住房在自然灾害中受损，农户可享有“农房保险政策 + 危房改造政策 + 临时救助政策 + ‘同舟工程’救助政策”等多重政策的保障，能有效减轻农户房屋重建的经济压力，避免农户因住房受灾而致贫。

案例 9-2　组合实施多样保障性政策有效应对贫困风险

岳西县中关镇的刘某某靠开三轮车赚钱，他于 2007 年建造了一栋砖混结构的房子。2008 年，刘某某驾驶三轮车发生意外，导致腰部和腿骨多处骨折。2012 年，母亲罹患胃癌，全家举债治疗一年多，仍没有挽回生命。女儿才 10 岁，儿子刚出生，全家四口人依靠低保金过日子。后来，刘某某在亲戚朋友的资助下购买了一辆农用运输车，日子稍有好转。但好景不长，2015 年正在读初中的女儿突患眼疾，刘某某便又带女儿四处求医。2017 年青岛市眼睛专科医院为其女儿做了眼角膜移植手术，基本花光了整个家庭的积蓄。

2018 年 3 月 7 日，他家屋后山体突然滑塌，压塌三间房屋。国元保险岳西分公司经调查、走访、评估、公示，拟订出 8.23 万元的赔偿方案。经相关负责人商讨，最终以农房保险为支撑，整合现行扶贫和救灾政策，支持他立即重建住宅，确保其不因重建住宅而返贫。经整合，刘某某获得农房保险理赔资金 8.23 万元，“同舟工程”救助资金 1 万元，镇政府补助危房改造资金 1.5 万元，退宅还耕补偿资金 1 万元，合计 11.73 万元，基本能够满足房屋重建所需经费。11 月中旬，刘某某一家已搬进新居，在多种保障性政策的组合作用下，该农户因灾致贫的风险得到有效遏制。

为了提高基层社会保障工作服务水平，岳西县用三年时间进行村级工作站示范服务建设，建立“一根线、两个点、三个不出村”的服务模式，便于村民在行政村办理相关事务。在行政村安置“便民保”，便于居民及时查阅社会保险相关政策和个人账号信息等。民政部门在乡镇建立“一门受理、协同办理”工作机制。同时，岳西县在行政村建立便民服务中心，实施“一站式服务”，为居民综合性地提供救助、保险等社会保障的具体业务，提高社会保障基层工作的行政效率，降低行政成本，促进居民获取政策信息，提高居民的服务可及性和便利性。政府考虑山区交通不便的特征，因地制宜地使社会保障相关部门将服务下沉至行政村，以便居民更便利地获取社会保障服务，更有利于发挥社会保障减贫和社会救助兜底扶贫的功能。

岳西县强化生理性剩余贫困人口的政策设计，为2020年以后的扶贫工作奠定基础。随着脱贫攻坚战接近尾声，剩余贫困人口的生理性特征越发凸显。剩余贫困人口的贫困程度深、脱贫难度大，对非资金性的政策需求更突出。而且特殊贫困人口对家庭正常生产生活的影响较大，解决特殊贫困人口的贫困问题和特殊需求有利于减轻贫困家庭负担，解放家庭劳动力，促进家庭充分生产或就业。为了提高特殊人群的贫困人口和低收入人口的保障，岳西县出台了一系列政策。例如，针对低收入老人实施的居家养老服务政策，向社会适当开放特困供养机构，针对残疾人建立康复中心等。

3. 在综合保障性基础之上鼓励劳动发展致富

传统意义上的“劳动能力”被狭隘地理解，大众普遍将“劳动能力”等同于体力劳动，将残疾人群和老年群体等同于无劳动能力者。然而，身体残疾和年老并不意味着劳动能力的完全丧失。岳西县在给特殊群体提供相对完善社会保障的同时，为弱劳动力者创造工作环境，鼓励弱劳动力者获得市场份额，既巩固扶贫成效，又避免福利依赖。例如，设立残疾人就业扶贫基地、扶贫工厂安置残疾人以及有部分劳动能力和劳动意愿的老年人参与工作，获得收益。

案例 9-3　社会兜底保生存，农业生产奔小康

包家乡包家村农户储某，在外务工时发生意外而残疾。其妻子有天生缺陷，右小腿、右手掌缺失，父母年迈，无劳动能力，大女儿 7 岁，小女儿 4 岁，家庭生活十分困难。2012 年，因夫妇二人残疾，政府将其二人纳入 B 类低保。2016 年将其两个女儿纳入低保，4 人享受 B 类低保。2018 年，低保调整，将该户 6 人全部纳入低保，调整为 C 类，享受低保金 13387.8 元。储氏夫妇二人为二级肢体残疾，从 2014 年开始享受重度残疾人生活救助金。

在保障性政策的支持下，该农户也积极发展生产。2016 年，储某在政府扶持下安装了光伏发电站，年收入 3000 元。通过小额信贷资金扶持扩建了自家茶园，开办了自己的家庭农场，建起了 100 多平方米的鸡舍，并引进 500 只鸡苗开始养殖。包家村驻村扶贫工作队和帮扶人帮助储氏夫妇申报项目、收集信息、筹措资金，解决生产困难，如鸡舍的搭建、饲料的科学搭配、疫情的有效防治、产品的销路等，鼓励他把农场办成一个带动周边农户致富的样板。此外，储氏夫妇还购买葛根加工机器加工葛根粉，大大提高了家庭的整体收入，家庭总收入从以前一年四五千元，变成了 4 万多元。

2018 年，储氏夫妇在山上放养土鸡达到 2000 只，加工葛根粉收入 2 万元，加上光伏发电收入，2018 年储某家庭人均纯收入已达到 1 万元，彻底摘掉了贫困户的帽子。储某摆脱贫困后也没有忘记其他贫困户，给周边有发展养鸡意愿的农户提供技术培训。储某

不仅用自己的双手养活了自己和家人，摆脱了贫困，而且还帮助他人脱贫致富。

（二）岳西县社会保障减贫和社会救助兜底扶贫的困难与挑战

岳西县社会保障减贫和社会救助兜底扶贫的制度建设虽然有良好的发展，但在农民工群体的保障性制度建设以及农村地区社会服务发展等方面还稍显不足，亟待进一步改善。

1. 农民工群体的社会保障欠缺，致贫风险高

农民工群体是中国一种特殊且数量庞大的“两栖群体”。2017 年安徽省农民工总人数为 1918.1 万，其中外出农民工有 1415.4 万，是全省从业人员的重要组成部分。岳西县鼓励发展产业或就业脱贫致富，也存在普遍的农民工现象。有资料显示，工资性收入在贫困户总收入中的比重直线增长，农民工为中国当前脱贫攻坚工作做出了重要贡献。由于农民工长期以“高损耗、低积累”的模式生存，所以面临着疾病、工伤和失业等多重风险。农民工群体从事着非农职业，但该群体的社会保障体系仍是农村社会保障制度体系，保障项目少，保障水平较低。当前，政府对农民工的关注主要集中于工资支付方面，农民工服务保障方面的建设，尤其是社会保障方面还较为欠缺，提高农民工群体的保障性政策建设，提升该群体的保障水平，降低这一群体因保障缺失而陷入贫困的风险是党和政府需要关注的问题。

2. 农村地区社会服务发展滞后，社会服务水平较低

岳西县积极探索提升农村居民特殊群体的服务水平，但目前所能提供的服务内容有限，且是低水平的服务供给。中国农村地区的社会服务工作发展滞后，从低收入老人居家养老服务措施来看，居家养老服务队的成员

主要是敬老院的服务人员和村庄内普通村民，成员数量有限，且能提供的服务水平很有限，专业性较低。随着政策效果逐渐显现，后期需要服务的老人数量会增加，老人对服务内容和服务水平需求也可能会有所提升，既有服务队伍成员数量和服务水平供给明显不足。这更需要强化农村地区社会工作的发展，大力培养社会工作队伍，满足农村贫困人口的发展需要，吸引社会工作专业人员参与活动，一方面给既有服务成员提供培训，另一方面通过直接参与服务，在服务内容、服务方式、服务团队等多方面强化基层的社会服务能力，使发展结果更好地惠及贫困老人。

四、岳西县社会保障减贫和社会救助兜底扶贫的启示

脱贫攻坚是当前阶段性的工作目标，但减贫却是一个持久不衰的话题，致富奔小康也是全社会共同努力追求的目标。岳西县在社会保障减贫和社会救助兜底扶贫方面的探索和实践，不仅对其他尚未脱贫的地区具有重要借鉴意义，而且能为后续的乡村振兴奠定制度基础。

（一）在强化贫困事后兜底的同时，发挥社会保障的贫困事前预防功能

社会救助制度具有直接性减贫的功能，是缓解贫困问题的最后一道防线。在社会救助兜底扶贫的建设中，依然要强化“8+1”社会救助体系的贯彻和落实，同时加强低保制度与扶贫开发制度有效衔接，实现对深度贫困人口的切实兜底，防止遗漏贫困人口。通过社会救助缓解贫困状况，是一种贫困发生后的政策干预，本质上是一种被动型的扶贫方式，政府需要承担较高的财政压力。然而，在社会保障体系中，部分社会福利政策具有一定的贫困发生前的风险预防功能，能提高个人资本和抗逆力；社会保险

政策则具有贫困发生中的风险分担功能，能减少家庭或个人的支出和损失。这两种方式都是通过对个人贫困状况产生前的积极干预而避免贫困状况的最终产生或者降低贫困程度，而且此类政策成本相对要低，是一种更为积极的保障性减贫举措。因此，在强化社会救助兜底扶贫的同时，也要强化对社会福利和社会保险的积极保障性减贫的探索与建设，从而更有效地发挥社会保障的减贫功能。

（二）强化生理性贫困人口的保障性政策设计，为 2020 年之后的扶贫工作奠定基础

2010—2017 年，我国贫困人口从 16566 万减少至 3046 万，贫困发生率从 17.27% 降低至 3.1%。大部分地区的贫困发生率已相对较低，目前统计意义上的绝对贫困人口大多数已实现脱贫，但相对贫困问题依然客观存在。2020 年农村贫困人口全部实现脱贫后，相对贫困人群也会成为重点保障对象。相对贫困人群主要有两类：一是短期发展失败而陷入贫困的人群；二是劳动能力薄弱的群体。随着减贫工作的继续开展，第二类群体在贫困总人口中的比重会逐步上升。对于相当一部分的贫困人口而言，开发式扶贫措施是失效的，影响家庭劳动力劳动生产需要通过强化社会保障体系建设实现脱贫，尤其是与这些群体特征相吻合的保障性政策的设计。

习近平总书记始终将人民置于发展的主体地位，提出“以人民为中心”的发展思想。这指导着扶贫工作要更贴近贫困人口所需要的服务内容。《中共中央、国务院关于打赢脱贫攻坚战的决定》中明确要健全留守儿童、留守妇女、留守老人和残疾人关爱服务体系，服务体系建设向贫困地区和贫困群体倾斜。健全农村社会服务体系是解决扶贫“最后一公里”问题的关键，符合基本公共服务均等化的原则，也为城乡一体化奠定基础。在脱贫攻坚阶段，政府也要紧紧围绕这一发展理念，设计更符合贫困

人口需要的服务内容，尤其是面向老人、残疾人等特殊人群强化相关服务建设，更好地为后扶贫时代的扶贫工作做准备。具体而言，不仅要提升便利的公共服务内容供给，同时还要强化公共服务的团队建设。

（三）基于长期稳定的减贫目标完善社会保障体系建设，助力乡村振兴

社会保障制度是一个现代化国家最基础的社会制度之一，制度建设状况关乎国家民生。良好的社会保障制度有利于营造良好的社会发展环境，保障居民最基本的生活水平。单一的开发式扶贫模式难以解决新的贫困问题，这就要求包括社会保障、社会权利救济在内的社会保护式扶贫发挥作用。但社会保障体系不应该只是中国当前的扶贫措施之一，更重要的是应该服务于长远的反贫困目标，甚至是为今后的乡村振兴奠定制度基础，营造良好的社会环境。因此，农村社会保障制度的建设不应是短时间内简单的财政投入的阶段性保障，社会保障制度的设计和体系的建设要具有稳定性和长远性，在此过程中地方政府需要考量大量的财政投入是否持久，并且探索其他的更具长效性的保障性政策。同时，地方政府可以充分激发社会力量和发挥村集体的功能。

第十章 安居与乐业并重：岳西县易地扶贫搬迁和危房改造的实践与启示

岳西县是安徽省贫困人口较多、贫困面较大、贫困程度较深的县份之一，却能在全省率先脱贫摘帽，与该县在易地扶贫搬迁和危房改造两项民生工程上的成功实践密不可分。本章先介绍易地扶贫搬迁及危房改造的政策背景，阐释住房保障对于实现农村贫困人口稳定脱贫的重要意义，然后分析岳西县“十二五”期间在住房保障方面做出的工作基础及面临的主要形势，进一步重点叙述“十三五”以来该县在易地扶贫搬迁和危房改造方面的主要措施，最后总结该县成功实践的宝贵经验和可供参考借鉴的政策启示。

一、易地扶贫搬迁及危房改造的政策背景

改革开放40年以来，中国在减贫之路上取得了非凡的成就。国家统计局公布的数据显示，按照中国政府2011年新确定的收入绝对贫困线衡量，中国农村贫困发生率从1978年的97.7%下降到了2017年的3.1%。随着贫困发生率的不断下降，剩余农村贫困人口越来越集中于环境极端恶劣地区。这些地区资源环境承载能力不足、自然灾害频发，以及交通不便、信息不畅、人才短缺、市场不完善，形成了“贫困—经济社会发展落后—贫困程度加深”的恶性循环。传统的“就地扶贫”方式在这些地区实

施成本高、难度大、政策投入效益微弱，即使依靠政府等力量实现脱贫，也容易因自然条件的限制和自然灾害的影响而返贫。为了使这些生活在“一方水土养不起一方人”地区的贫困人口实现稳定脱贫，中国从 1983 年“三西”地区开始探索扶贫搬迁。多年实践证明，易地扶贫搬迁有助于改变地区或个人资源强约束状态，是一种打破空间制约、突破资源投入约束、实现地区或个人社会经济跨越式发展的有效扶贫途径。

《中共中央、国务院关于打赢脱贫攻坚战的决定》的发布，标志着中国扶贫开发事业进入了脱贫攻坚的新阶段。按照精准扶贫、精准脱贫的基本方略，各地组织开展了大规模的扶贫对象精准识别工作，基本摸清了全国贫困人口分布、致贫原因、脱贫需求等信息，其中有约 1000 万农村贫困群众仍生活在“一方水土养不起一方人”的地区中。与此同时，有的农村地区属于丘陵平原地区，生态环境和生产生活条件不一定十分恶劣，但是很多住户的房屋结构已严重损坏或承重构件已属危险构件，随时有可能丧失结构稳定和承载能力，不能保证居住和使用安全。为了保障 1000 万搬迁愿望强烈的农村贫困群众打破空间制约，同时满足居民住房安全和发展需要，国家在“十三五”期间加大了易地扶贫搬迁和危房改造政策投入力度，这两项重大民生工程在实现农村长期、全面、可持续脱贫的进程中扮演着不可或缺的角色。

二、岳西县“十二五”期间住房保障的工作基础及面临的挑战

岳西县位于大别山腹地，地跨长江、淮河两大流域，总面积 2398 平方千米，人口 40.6 万，现辖 24 个乡镇，182 个行政村，6 个居委会。105 国道、济广高速、岳武高速贯穿县境。由于历史、自然等因素，岳西县一直是安徽省贫困人口较多、贫困面较大、贫困程度较深的县份之一。

1985年被列为首批国家级重点贫困县，当时绝对贫困人口24.7万，占总人口的72.3%。进入21世纪后，再次被列为国家扶贫开发工作重点县，2000年，贫困人口24.3万，其中绝对贫困人口5.2万，占全县农村人口的15%。经过30年的“大扶贫”，岳西县贫困人口的生产生活条件得到了较大的改善。但是，根据全省年收入2736元的新贫困监测调查线的标准，2014年底，全县仍有农村贫困人口8.2万。

（一）工作基础

岳西县在住房保障方面的工作任务非常艰巨。作为大别山区的一个纯山区县，历史上是一个偏、远、穷的县份，革命战争年代，岳西县人口伤亡和财产损失严重，很多老百姓居无定所；新中国成立初期，老百姓住的基本是茅草房；19世纪60年代，逐步建起了土坯房，老百姓基本上有了一个遮风挡雨的“窝”；随着改革开放的深入，老百姓居住条件有所改善，但农村楼房率还非常低，直到2013年岳西县楼房率还不到70%，“住上不住下、住前不住后”“小雨不休息、大雨走亲友”等标语依旧出现在岳西县农村房屋墙壁上，以此提醒住房困难群众提防暴雨、泥石流等自然灾害。由此可见，岳西县在住房保障方面的工作任务十分艰巨。

“十二五”期间，岳西县易地扶贫搬迁主要是通过两个工程项目来实施的：以工代赈易地扶贫搬迁工程项目和巩固退耕还林成果生态移民工程项目。一方面，2011—2015年国家以工代赈在石关乡、五河镇、和平乡等14个乡镇实施了14个易地扶贫搬迁项目，共搬迁安置农村贫困人口1646户6872人，国家投入易地扶贫搬迁专项资金4060万元，地方配套资金900万元。主要建设内容为新建安置点水泥道路17.775千米，移民住房173970平方米，给排水管道24520米，供水站7座日供水420吨，供电、电信管线4500米，绿化21050平方米，公厕23座、垃圾池5处、垃圾桶

320个，幼儿园600平方米，文化站3500平方米等。另一方面，2011—2015年国家共安排岳西县巩固退耕还林成果生态移民工程项目5个，共搬迁安置退耕贫困人口100户375人，国家投资187.5万元，地方配套93.75万元。中央投资每人补助5000元。具体实施情况见表10-1。

表10-1　岳西县“十二五”易地扶贫搬迁实施情况统计

	搬迁贫困人口规模（人）	资金来源（万元）						
		中央专项补助投资或切块到省的中央相关资金	省本级财政相关专项资金	地市和县级政府专项配套资金	省级层面整合相关渠道资金	地市和县级政府整合相关渠道资金	搬迁群众自筹资金	其他
发展改革部门牵头实施的易地扶贫搬迁工程	6872	4060	0	0	0	900	15100	0
发展改革部门利用巩固退耕还林成果专项资金实施的生态移民	375	187.5	0	0	0	93.75	675	0
扶贫部门利用下达到省的中央财政专项扶贫资金实施的扶贫搬迁	0	0	0	0	0	0	0	0
国土部门牵头实施的地质灾害避险搬迁	1195	0	528	0	0	0	6023	0
合计	8442	4247.5	528	0	0	993.75	21798	0

资料来源：课题组根据调研资料整理所得。

岳西县“十二五”易地扶贫搬迁工程取得了良好的成效。取得的成效主要体现在以下四个方面：第一，有效防控自然灾害可能带来的风险，搬迁群众的住房安全得到了保障；第二，有效解决了搬迁群众行路难、喝水难、看病难、子女入学难等问题，搬迁群众生活质量显著提高；第三，安置区的房屋统一规划、统一设计，配套完善，搬迁群众人居环境有效改善；第四，易地扶贫搬迁是结合退耕还林和天然林保护工程进行的，迁出区生态环境得到保护。尽管岳西县在“十二五”易地扶贫搬迁中取得了良好的效果，但是依然有三个问题亟待解决：一是还有很多贫困群众虽然搬迁愿望强烈，但受自身能力和收入水平限制无力搬迁；二是集中安置区基础设施建设资金缺口大，地方政府需要承担较大的资金缺口压力；三是贫困户搬迁后的就业问题没有得到有效解决。

（二）面临的挑战

党的十八大以来，为打赢脱贫攻坚战，中央明确了精准扶贫、精准脱贫的基本方略，提出了“五个一批”精准扶贫工程。易地扶贫搬迁是“五个一批”中的重要内容之一，这为岳西县进一步开展易地扶贫搬迁工程提供了重大政策机遇。国家发改委、国务院扶贫办、财政部、国土资源部、中国人民银行等部门《关于印发“十三五”时期易地扶贫搬迁工作方案的通知》等政策文件为易地扶贫搬迁工作提供了政策支持和资金保障。同时，岳西县通过“十二五”易地扶贫搬迁试点工程项目的实施，在易地扶贫搬迁政策制定和执行方面积累了一定的经验，摸索出了符合该县实际情况的发展模式。此外，广大干部和群众充分认识到易地扶贫搬迁对于深山区贫困户摆脱贫困发挥的重大作用，干部和群众的积极性很高。

同时，岳西县在实施“十三五”易地扶贫搬迁过程中也面临着诸多挑战。第一，贫困户居住分散，生产方式还停留在自给自足，商品经济知识缺乏，信息交流不畅。第二，房屋结构简陋，砖混结构的住房不足75%。居住条件差，大多数居民房屋通风、采光条件差，阴暗潮湿，土砖墙体和瓦屋面易遭风暴、冰雹等自然灾害损坏，抗灾能力弱。2005年“九二”洪灾导致房屋倒塌12129间，死伤100多人。第三，居所周边环境差，生活水平低下。第四，偏远山区农户子女上学困难，一旦遇到恶劣天气，很多学生就无法正常上学。此外，易地扶贫搬迁绝不是一蹴而就的简单工作，搬迁群众融入新社区、适应新环境、开始新生活依然面临诸多挑战，随着搬迁人数的增多，工程组织实施、搬迁群众稳定增收等方面也面临不少考验。

三、岳西县易地扶贫搬迁和危房改造的主要措施

（一）易地搬迁采取的主要措施

岳西县“十三五”易地扶贫搬迁总规模6398人，居安徽省第三位。通过全县人民的共同努力，到2017年底，岳西县已提前超额完成省下达的目标任务。特别值得关注的是，岳西县在贫困群众瞄准、安置区建设、贫困户就业创业、资金筹措与监管等方面采取的一系列措施，切实做到“搬得出、稳得住、有事做、能致富”，确保搬迁一户脱贫一户，实现了“安居与乐业并重，搬迁与脱贫同步”，从根本上解决了贫困人口的生存与发展问题。

1. 加大宣传动员力度，瞄准特定贫困群众

县、乡、村层层召开易地扶贫搬迁工作动员会、培训会、现场推进会，进行全面安排部署。全县共发放“易地扶贫搬迁一封信”45000份、政策明白纸2500份，广泛宣传政策，全面宣传动员，反复摸底核实，确

保易地扶贫搬迁政策家喻户晓、人人皆知，确保符合易地扶贫搬迁政策条件的建档立卡贫困户应搬尽搬，不漏一户、不丢一人。同时，考虑到部分生活在同一村庄的非贫困群众同样缺乏发展空间，是返贫的高风险人群，在资源条件和安置容量允许的情况下同步实施了搬迁，并与贫困群众共享基础设施和公共服务设施。对于不符合易地扶贫搬迁条件的住房困难群众，不管是贫困户还是非贫困户，全部落实危房改造政策，彻底摆脱了“住上不住下、住前不住后”“小雨不休息、大雨走亲友”的困境。

2. 科学统领安置区建设，确保系统工程质量

（1）因地制宜选择安置方式。安置点的选择，是易地扶贫搬迁工作的一大难点。为了让深山区贫困群众能够“挪出穷窝”，岳西县坚持梯度安置的原则，因地制宜选择安置方式、科学规划安置点。主要采取在县城、开发园区、乡镇政府驻地、中心村安置4种安置方式，形成县、乡、村“三级梯度”搬迁安置模式。根据搬迁户意愿，对搬迁贫困群众中有劳动能力的，安置到县城或开发园区；对要求留在乡镇的，安置到乡镇；对没有离乡意愿和自身条件较差的，安置到中心村。尽可能引导贫困群众进城镇、进园区，为搬迁后稳定脱贫创造条件。在安置点选择上，坚持做到“四个不选”：有地质灾害隐患的不选、无发展空间的不选、基础设施配套难的不选、群众不满意的不选。

（2）引导搬迁群众积极参与安置区建设。为充分调动搬迁群众的积极性和主动性，进一步激发搬迁群众内生动力，出台《关于进一步激发贫困户脱贫致富内生动力的意见》，广泛开办扶贫夜校，树立“扶贫先扶志，扶贫必扶智”的工作理念，大力倡导“扶贫不扶懒、扶干不扶看、扶志不扶靠”和“贫困不可耻，安于贫困才可耻”的思想。在组织实施易地扶贫搬迁过程中，岳西县始终坚持做到“四个参与”，即房屋户型群众参与选、住房群众参与建、工程质量群众参与管、新区环境群众参与护。安置点的

安置住房多数采取搬迁户组建理事会自建或统建的方式，公共基础设施采取招标的方式统一建设；在户型设计、施工建设、材料采购、质量监管等方面，引导搬迁群众全程参与，确保群众的知情权、参与权和监督权，充分调度群众的积极性。同时，预留住房续建空间。出台《关于规范易地扶贫搬迁户安置房扩建管理的通知》，采取预留人口面积、地基“打二建一”“打三建一”[①] 等办法，为搬迁户预留今后扩建的空间和条件，待贫困户稳定脱贫后自主决定是否扩建。

（3）实现搬迁入住及项目验收认定全覆盖。为实现贫困户搬迁入住验收全覆盖，县易扶办先后印发《关于对 2016 年易地扶贫搬迁户搬迁入住情况进行验收确认的通知》和《关于扶贫手册中贫困户已实施易地扶贫搬迁项目验收认定工作的通知》。各乡镇按两个《通知》的要求，组织村对易地扶贫搬迁户逐户自验，逐户填写《岳西县___乡（镇）___年度易地扶贫搬迁户搬迁入住验收确认单》，经易地扶贫搬迁户户主、村及乡镇负责人签字、盖章确认后，将自验结果报县易地扶贫搬迁各验收组。在此基础上，各验收组会同乡镇、村逐户查验，核实确认后，按各贫困户已实施易地扶贫搬迁项目年度在其《扶贫手册》的“项目（政策）实施验收认定记录”页的“验收内容”栏加盖“岳西县易地扶贫搬迁项目验讫”印章，在“验收单位”栏签署“县发改委”，在“验收责任人”栏由具体验收人签字。全部验收结束后，县发改委将验收结果（贫困户已实施易地扶贫搬迁项目具体到村到户名单）以正式文件印发各乡镇人民政府。

为实现项目验收全覆盖，一是印发《关于开展 2016 年易地扶贫搬迁项目验收工作的通知》（发改代赈〔2017〕40 号）和《岳西县人民政府办公室关于印发岳西县易地扶贫搬迁工程竣工验收工作方案的通知》（岳政

① 打二建一、打三建一：搬迁安置房打两层地基或者三层地基，只建设一层，为搬迁群众脱贫后加盖房屋预留条件和空间。

办秘〔2017〕197号），明确项目验收范围、依据、条件、内容、标准及规程，规定2016年、2017年各乡镇易地扶贫搬迁工程计划项目（含集中安置点安置和购房安置）在工程建设内容全部完成后1个月内完成初验和各项资料准备，向县易扶办提交项目验收申请报告。二是岳西县成立了项目验收工作组。从县易地扶贫搬迁工作领导小组成员单位抽调人员，分工程、财务及脱贫成效3个验收小组。三是规范项目验收。在具体项目验收时，首先，按职责分工，各验收小组分别查阅工程档案、财务账目及其他相关资料，实地查验工程建设和搬迁入住情况；其次，召开验收会议听取项目各参建单位的有关项目建设工作报告；最后，由验收工作组集体研究形成项目验收意见，撰写项目竣工验收报告，对验收中发现的问题，提出整改意见，限期整改。搬迁入住及项目验收认定的实行，有力保障了安置住房、基础设施和公共服务设施建设的质量。

3. 多措并举改善人居环境，量身打造就业创业机会

（1）多措并举改善人居环境。一是满足基本生活需要。在有条件的安置点尽可能为搬迁群众提供菜地、光伏发电等生产生活设施。二是提升配套设施功能。按照“五通”的要求，统筹推进安置点道路、水电、教育、卫生、文化广场、环卫等公共配套设施建设，让每个安置点环境美起来、路灯亮起来、垃圾装起来、公共服务优起来。三是明确“四净两规范”的标准。岳西县结合农村“三大革命”，在农村全面开展“共建洁净农家，助力脱贫攻坚”专项整治活动，重点加大贫困户家庭室内室外环境整治，创建清洁卫生农家。明确了“四净两规范”的标准，即室外净、室内净、厕所净、个人卫生净，生活家具配置规范和生产生活资料摆放规范。要求搬迁贫困户住入新宅后，严格执行“四净两规范”的要求，切实改善居住环境，帮助搬迁群众尽快融入新社区。

（2）“挪穷窝”与“换穷业”同步。按照“挪穷窝”“换穷业”的要求，

对每一户搬迁农户确定一名帮扶干部，有针对性地帮助他们制订脱贫计划，选准致富门路，拓宽增收渠道，加快脱贫步伐，确保搬迁群众有稳定的收入来源，确保搬得出、稳得住、逐步能致富。一是采取“易地搬迁＋发展种植（养殖）”“易地搬迁＋就近务工（扶贫车间）”“易地搬迁＋城镇就业”“易地搬迁＋农家乐”四种模式对搬迁农户量身定制致富产业。二是光伏扶贫项目覆盖到所有搬迁贫困户。三是支持搬迁贫困户带资入股新型农村经营主体发展特色产业。四是大力实施创业就业脱贫工程，加强有劳动能力的搬迁贫困人口就业和劳动技能培训，帮助创业就业。五是优先向搬迁贫困人口提供公益性岗位。

案例 10–1 来榜镇钟形安置点“易地扶贫搬迁＋生态农产品种植”

来榜镇钟形安置点是岳西县级易地扶贫搬迁示范点，由来榜镇政府投资 1300 万元，征用建设用地 21 亩，流转产业用地 132 亩，建房 54 套，共安置来自各村的贫困群众 54 户 193 人。钟形安置点采用高标准规划设计，统一建设住房、产业基地、服务中心、文化广场、卫生室，并配套水、电、路、通信、绿化设施。实行退宅还耕和“三变”改革，引导搬迁户将迁出地土地资源变资产，小额信贷变股金，让贫困户变股东，做到“无牵挂”。易地扶贫搬迁工作，在解决搬迁户安居基础上，围绕“能致富”打出“组合拳”：通过土地流转、大户带动，壮大产业基地，培育“新农民”；通过就业培训、安排就近务工，培育“新工人”；通过退宅还耕、“三变”改革，培育“小股东”，切实解决搬迁户的后顾之忧。

创新“易地扶贫搬迁＋生态农产品种植”模式，即“2+2+2”产业发展模式，由镇政府统一在安置点周边流转土地 132 亩，建设易地搬迁产业基地，为每户搬迁户定制“2 亩果 +2 亩茶 +2 万棒实用菌”，每户年均可增收 2.8 万元；建设光伏电站，实现搬迁户光伏发电全覆盖，每户年增收 3000 元；实施就业扶贫，联系相关部门对搬迁户进行就业培训，帮助每户掌握一门实用技术，联系安排其到扶贫车间、企业务工，参与茶叶采摘、中药材加工等工作，实现每户年均增收 1 万元。农户可以通过资金入股分红金、流转土地得租金、打工就业挣薪金、租棚生产赚现金，这种“一地生四金”的新型扶贫模式，助力来榜镇圆满完成由“输血”变“造血”的脱贫任务。同时，为了强化服务和管理，推动搬迁户融入“大家庭”，集中安置点所在村“两委”牵头成立了社区管理委员会，组建相关管理、服务机构，引导搬迁户自我管理、自我教育、互帮互助，让搬迁户融入大家庭，开启新生活。

2017 年 6 月，该镇来榜村贫困户鲁铜陵一家搬进钟形安置点的新家。过去他家住在大山里，父母的医药费、孩子的上学问题都压得鲁铜陵喘不过气来。为补贴家用，他只能把老人和女儿交给刚刚怀孕的妻子照顾，自己外出打零工。那时候心理压力很大，在外面又担心家人，回来了又担心挣不到钱。来榜镇实施“易地扶贫搬迁 + 特色农产品种植”模式后，当地产业得到发展，不但发展桑枝黑木耳等特色农产品种植，还建设了光伏扶贫项目，这让不少村民看到脱贫的希望。不但如此，村里还成立了产业发展合作社，并向贫困户做出承诺，不管经营状况如何，优先保障贫困户的收益。鲁铜陵决定在安置点开一间小卖部。“政府的小额扶贫信贷帮助我搞了小额信贷，这样我心里有底了，现在一年算下来收入有两万多块钱。”现在，鲁铜陵父母的慢性病有了健康脱贫兜底，孩子上学有教育脱贫的好政策帮扶，夫妻俩也都有了致富增收的产业，2017 年光荣脱了贫。不久前，这家人又迎来了新成员，取名为鲁小迁。

“纪念我们搬迁下来的生活，这么好的政策，我觉得很有纪念意义。”鲁铜陵感激之情溢于言表。

案例 10-2　天堂镇石桥源泉集中安置点“易地搬迁 + 扶贫工厂”

天堂镇是县委、县政府所在地，是全县的经济和文化中心。天堂镇坚持将易地扶贫搬迁工程与美丽乡村建设、创建全域旅游示范区相结合，与农民建房、征地搬迁安置相结合，坚持把易地扶贫搬迁作为解决贫困、改善民生、统筹城乡、推进重点工程建设和促进镇域经济社会发展的重要引擎。其中，石桥村源泉集中安置点是天堂镇美丽乡村建设点，距城关 3.5 千米，交通便利，环境优美，发展潜力巨大。房建工程由 4 幢楼构成，总建筑面积为 4099 平方米，其中一楼门面面积 1182 平方米，住宅面积 2917 平方米。该工程全部采用框架结构，一楼门面可以引进扶贫工厂，租金用于搬迁点公益开支和搬迁点分红。二楼、三楼安置搬迁户，严格把握人均不超过 25 平方米的标准，按搬迁户实际人口量身设计对应户型。现在已安置 30 户 81 人。

在后续脱贫措施方面，镇党委、镇政府积极落实后续跟进政策，除了为每户搬迁户集中安装一座 3 千瓦光伏电站之外，还积极创新“易地搬迁 +”模式。注重对搬迁户自我发展能力的培养，点对点进行劳动力转移培训，让每个有劳动能力的搬迁户至少掌握一门实用技术；介绍搬迁户进搬迁点扶贫工厂（车间）务工就业，扶贫工厂（车间）优先录用搬迁户，形成“企业 + 贫困户”模式，实现家门口就业增收；探索实施“三变”模式，集中安置点一楼门面整体对外出租，经营收益返还给搬迁户，让搬迁户成为股东；分户识别施策，按照不同的人员，介绍安排不同的就业岗位。2017年9月，引进成金箱包创办石桥村扶贫工厂，该工厂生产箱包外销澳大利亚，年产值达2000万元，用工70人，吸纳县内贫困户35人，镇内贫困户23人，帮助贫困户实现月增收800—3500元不等，实现一人上岗，全家脱贫，有效解决了搬迁户的后续生计问题。扶贫工厂在人力资源充足促进生产的同时还能享受到政府的一些优惠政策，实现了共赢。

“四点”同创敲开“致富门”。结合新型城镇化建设和美丽乡村建设，加大特色产业发展，将安置点着力打造成产业发展增长点、乡村旅游风景点、集体经济发展点、美丽乡村建设示范点。其中比较典型的做法：一是园区安置。依托县经济开发区存量房资源和园区企业就业优势，创新“易地扶贫搬迁＋经济开发区＋就业”安置方式。住房全部达到拎包入住条件；统一为搬迁户办理户口迁移手续，参加城镇企业职工基本养老保险和基本医疗保险，子女可在安置地学校就读；每个搬迁户至少有1人在园区企业实现就业，获取稳定收入。二是景区安置。发挥国家级生态县资源优势，建成国家级旅游景区，在景区周边建设集中安置点，让搬迁群众吃上“旅游饭”，敲开“致富门”，追逐“小康梦”。

案例10-3 黄尾镇黄龙村依托景区实现贫困户增收

“风景好有什么用，能当饭吃吗？还不是穷。”在安徽省大别山区，很长一段时间里，村民在外人赞美其家乡自然环境时总会习惯性地抱怨。年近五十的贫困户刘大闯，一直被“困”在大山里。妻子身体欠佳，女儿在外上学，自己又因中风干不了重活儿，“没啥文化，体力也不行，出去能干什么？”很长一段时间里，刘大闯家里入不敷出。

黄龙村虽交通不便，风景却不差。彩虹瀑布景区距离刘大闯家只有8000米，目前已是国家4A级风景名胜区。为了让更多群众特别是困难群众分享旅游带来的好处，黄尾镇用好产业扶贫政策，发动困难群众在参与休闲农业基地建设的同时，利用零星地块和房前屋后因地制宜地发展“五小园”经济：小菜园、小茶园、小果园、小田园、小养殖园。如今，随着旅游业的发展，这些昔日的贫困地区开始依托景区进行发展，“能人”开起了农家乐，越来越多的贫困户搭上了旅游扶贫的顺风车，家里的土鸡、干豆角、土布鞋都变成了抢手货，走上了脱贫致富的新路。“黄尾镇组织景区、农家乐经营户和种养户手拉手结对子，签订互帮协议，景区食堂和农家乐按照‘优先采购、保底收购、优质优价’的原则，采购群众‘五小园’农特产品作为食材，并设立专柜向游客销售。”黄尾镇党委书记介绍说。

通过乡镇和村“两委”的牵线搭桥，2015年，刘大闯开始走上“产业＋旅游”的双重脱贫之路。“政府给了我不少帮助，我开始养鸡，都是吃玉米、稻谷的跑山鸡，销路很好。”2016年国庆长假，靠卖自己家的土鸡，刘大闯已经收入2000多元。同样，在彩虹瀑布景区游客服务中心不远处，绿水雅阁农家乐的主人王秀珍一闲下来就要整理自家的“旅游扶贫商品”货架，上面摆放着干豆角、干河鱼等农特产品。“这个干豆角就是刘大闯拿过来的，25块钱一斤收过来，放在这里卖。”王秀珍说，她家平时和刘大闯家有不少合作，店里需要土鸡就会让刘大闯送过来，一般老母鸡一斤35元，公鸡一斤25元。

大力推广景区带村、能人带户、“合作社 + 农户”“公司 + 农户”旅游扶贫示范项目建设，将示范项目作为开展旅游精准扶贫工作的重点，依托示范项目建设带动贫困人口精准脱贫。黄龙村的很多贫困户在这种发展模式下实现了脱贫增收。据不完全统计，彩虹瀑布景区接待中心、农家乐和农特产品总收入超过 3000 万元，其中，为贫困户增收 300 余万元。

---

4. 规范资金运作方式，坚持“先审计后结算”

（1）明确资金来源、使用和偿还方式。在资金来源方面，主要通过以下四种渠道筹措解决：一是申请中央预算内专项投资和引导农户自筹资金共 4000 万元，用于建档立卡贫困户住房建设补助；二是调整地方政府债券结构，由县级投融资公司承接省级投融资主体注入项目资本金 4000 万元，用于建档立卡贫困户住房建设补助；三是通过农业发展银行发行专项建设债券设立的专项建设基金，县级投融资公司承接省级投融资主体注入项目资本金 2000 万元，其中 2016 年 1190.5 万元，主要用于建档立卡贫困户住房建设和集中点安置区配套基础设施、公共服务设施建设；四是县级投融资公司承接省级投融资主体提供易地扶贫搬迁长期贷款 14000 万元，其中 2016 年 8333.5 万元。资金偿还来源主要包括以下三个方面：一是土地增减挂钩收入偿还贷款；二是土地出让收入偿还贷款；三是由县政府出台相关政策，统筹地方可支配财力，支持易地扶贫搬迁工程投融资主体还贷。

（2）工程审计坚持“先审计后结算”的原则。为规范全县易地扶贫搬迁项目审计工作，一是出台《岳西县人民政府办公室关于规范新一轮易地扶贫搬迁工程结算审计工作的通知》（岳政办秘〔2017〕137 号），明确规定 2016 年、2017 年全县所有易地扶贫搬迁工程（含集中安置点安置和购房安置），一律实行竣工结算审计制度，坚持“先审计后结算”的原则，未经审计合格的项目，建设单位和资金支付部门不予结清工程价款。二是出台《岳西县2016年、2017年易地扶贫搬迁项目审计工作方案》，召开易地扶贫搬迁项目审计工作专题会议，就全县易地扶贫搬迁项目审计工作进行周密安排部署，对参加易地扶贫搬迁项目审计工作人员进行业务培训。三是委托常驻该县有审计资质的9家中介机构作为协审机构，各协审机构抽调精干人员，集中时间和精力专门从事易地扶贫搬迁项目审计工作。四是明确易地扶贫搬迁项目审计工作于2017年12月底全面启动，要求2018年1月底全面完成。

岳西县的上述做法保证了其在“十三五”易地扶贫搬迁中取得显著的政策效果。贫困户住房安全得到有效保障，安全饮水、出行、用电、通信等基本生活需求得到基本满足，享有便利可及的教育、医疗等基本公共服务，迁出区生态环境明显改善，安置区特色产业加快发展，搬迁对象有稳定的收入渠道，生活水平明显改善，全部实现稳定脱贫。其中，特色产业扶贫主要是以茶叶、蚕桑、蔬菜、林药、养殖、构树、旅游、劳务、电商、光伏“十大产业扶贫”为抓手，推进“四带一自”模式，创新产业扶贫机制，实现村村有基地、户户有产业、人人有增收，每个贫困户有两项以上“长短结合”的稳定增收项目，每个贫困村有两个以上特色产业基地，贫困户特色产业收入达到脱贫总收入的50%以上。其中，两个乡镇、两个村成为全国一村一品示范乡镇（村）。

岳西县在易地扶贫搬迁方面的做法不仅取得了显著的成效，而且形成了较大的社会影响力。第一，省委书记、省长等领导先后赴岳西县检查指导易地扶贫搬迁工作，并给予充分肯定。岳西县易地扶贫搬迁工作于2016年、2017年先后在全省电视电话会、全省现场推进会和全省经验交流暨工作研究班上作经验交流。第二，2016年和2017年岳西县易地扶贫搬迁工作受到省政府通报表彰，岳西县是全省唯一连续两年获得表扬激励的县份，省易扶办把岳西县定为全省易地扶贫搬迁工作典型县，全省首个易地扶贫搬迁现场推进会也在岳西县召开。第三，《岳西县“四个到位”扎实推进易地扶贫搬迁工作》在省易扶工作简报2016年第一期刊发，2017年岳西县易地扶贫搬迁工作顺利通过省级核查，《岳西县实施“六个全覆盖”全面提升易地扶贫搬迁工作质量和成效》在省易扶工作简报2018年第一期刊发，工作经验全省交流推广。第四，2017年全国扶贫日期间，岳西县参加全国易地扶贫搬迁论坛活动，并作为全国唯一一个县级政府代表参加了圆桌论坛讨论。第五，岳西县易地扶贫搬迁工作经验写入《中国的易地扶贫搬迁政策》白皮书中。该书指出：安徽省岳西县根据搬迁群众的实际情况，采取“易地扶贫搬迁+种植养殖、就近务工、城镇就业、农家乐”等多种模式，“一户一策”量身制定脱贫方案，促进搬迁群众增收。

（二）危房改造采取的主要措施

岳西县根据中央、省市农村危房改造工作指示精神，结合当地实际，制定了《岳西县2017年农村危房改造实施方案》，从指导思想、基本原则、目标任务、建设时限、改造方式及要求、资金补助与筹集、保障措施七个方面对危房改造进行了整体布局。通过易地扶贫搬迁、危房改造、退宅还耕三种举措，切实解决农村住房问题，易地扶贫搬迁2147户6838人，危房改造16464户，退宅还耕25391户，全县农村楼房率96%以上，复垦土地14636亩。岳西县2014—2018年农村危房改造实施情况如表10–2所示。

表 10-2　岳西县 2014—2018 年农村危房改造实施情况统计（单位：户）

危房改造类型	总户数	非建档立卡户	一般贫困户	五保户	低保户	贫困残疾家庭户
D 级重建	13202	2714	5087	1855	2960	586
C 级修缮	3613	930	1525	699	403	56
土坯房修缮	937	599	227	14	93	4
总计	17752	4243	6839	2568	3456	646

资料来源：课题组根据调研资料整理所得。

1. 调研优秀经验，建立责任机制

一方面，岳西县成立了以分管副县长任组长的农村危房改造工作领导小组，将农村危房改造工作作为脱贫攻坚头号工程来抓。县委、县政府主要领导高度重视，分别到江西省井冈山、吉安，重庆市秀山、黔江、武隆，甘肃兰州等地学习农村危房改造工作。据不完全统计，仅 2017 年县委书记、县长和分管县长主持召开专题推进会 20 余次，带队督查 30 余次，暗访 100 余次。另一方面，建立了“月督查、月调度、月通报”的责任倒逼机制。每月督查结果在县委常委扩大会议上进行通报，给工作进度连续三个月排名靠后的乡镇颁发“蜗牛奖”，以此促进工作加快推进。同时，建立多级负责、齐抓共管的联动机制，建立并落实了县、乡、村三级干部层层负责的包保责任制、县直部门结对帮扶村负责制、乡镇实施主体责任制等工作制度。

2. 统筹相关政策，多项措施并举

2014 年以来，岳西县紧紧围绕“不让一个老百姓住在危房里奔小康”的目标，按照“应拆尽拆、应建尽建、应修尽修”的原则，统筹退宅还耕、易地扶贫搬迁和危房改造，出台了《岳西县统筹推进“三大革命”解决农村住房安全工作实施方案》《岳西县易地扶贫搬迁工作“重精准、补短板、促攻坚”专项行动实施办法》《岳西县农村宅基地退出还耕实施意见》等政策性配套文件，精准施策，打“组合拳”，“拆、搬、建、修、保”并举。对一户多宅的危旧房退宅还耕、拆除复垦；对居住在深山区、自然灾害频发区的贫困人口，根据群众的意愿，实施易地扶贫搬迁；对居住在D级危房的农户，修缮危旧房，确保住房安全；对已申报和正在申报的传统古村落予以保护，防止建设性破坏，留住记忆和乡愁。2014年以来，全县共拆除危旧房25391户；实施易地扶贫搬迁2147户，投入资金3.43亿元；实施危房改造17752户，投入28446.7万元，其中中央补助资金10142.1万元，省级补助资金3636万元，尤其是2017年以来，岳西县在国家补助标准的基础上，按照户均1万元奖补到乡镇，提高危房改造户补助标准，弥补社保兜底人员危房改造资金不足，县级配套资金13941.8万元。同时，针对子女居住安全住房，而让父母长期居住在条件简陋的危旧房中的情况，县人民法院、人民检察院、县公安局、县司法局联合发布《关于督促将被赡养人接入安全住房共同生活的通告》，督促子女主动将父母接入安全住房一起生活。据不完全统计，经教育敦促，子女将父母接入安全住房一起居住的全县有130户201人。此举树立了社会正气，有效改善了老人的居住环境。

3. 强化宣传引导，示范培训引路

一是强化宣传引导。通过网站、报纸和电视台等新闻媒体广泛宣传农村危房改造政策，提高群众对政策的知晓率，确保农村危房改造工作在阳光下操作。县公安局、检察院、法院等单位主要负责同志就农村危房改造工作发表电话讲话，宣讲危房改造政策和纪律要求。县住建局、发改委、国土部门主要负责同志在县电视台就危房改造、易地扶贫搬迁、退宅还耕政策进行专题讲解。全县张贴“三大革命”暨拆除危旧住房通告10000份，并将通告在县电视台黄金时段循环播放。同时，印发政策明白纸和技术操作规程等宣传资料，编印农村危房改造技术导则8000套、农村建房图集 2000 套、农村房屋修缮加固方案 2500 套，印发政策明白纸 30000 张。二是举办培训班和现场会。2016 年以来，开展农村危房改造培训班 4 期，培训乡镇业务人员 192 人，农村建筑工匠 1560 人，有效提高了乡村工作人员业务能力和农村建筑工匠技术水平。多次召开危房改造、易地扶贫搬迁、退宅还耕现场会，组织有关部门、乡镇、村主要负责同志现场观摩，有力推进了危房改造等工作的开展。

4. 多元主体监管，确保质量安全

一是强化专业技术监管。县农村危房改造工作领导小组办公室成立 12 个危房改造工作督查组，每组包保 2 个乡镇。督查组负责危改户质量安全检查和技术指导，在工程质量安全上把关，对检查中发现存在质量安全隐患、建设标准执行不到位等问题，现场下发整改通知单，乡镇主要负责人签字确认，限期进行整改。二是强化社会力量监管。充分发挥基层老党员、老村干部的积极作用，将他们聘请为农村建房质量安全义务监督员，对农村建房质量安全进行日常巡查指导，切实补齐农村建房质量安全监管力量不足的短板。

5. 严格危改程序，规范资金使用

一是规范申报程序。岳西县农村危房改造工作严格按照农户申请、村级评议、乡镇审核、县级审批和层层公示程序，公开、公平、公正操作，规范建立一户一档农户资料。二是严格竣工验收。县危改领导小组办公室组织 12 个验收组，根据每月乡镇危改完成情况，逐村逐户进行验收，对验收合格的登记造册，作为资金拨付依据。对验收不合格的，下发整改通知单，限期整改后再次进行验收。三是房屋安全鉴定全覆盖。举办乡村鉴定人员培训班，培训鉴定人员 1315 人。通过培训，各乡镇参训人员掌握了农村房屋危险等级鉴定的基本技能，房屋鉴定过程中，乡村鉴定人员逐村逐户现场查勘，认真填写《岳西县农村房屋危险等级鉴定表》。对鉴定为 A、B 级房屋的出具鉴定意见，经乡村负责人签字盖章后，送县房管局、住建局审核，审定后签署意见并盖章确认；对排查为 C、D 级或鉴定有难度的分类登记报县住建局、房管局，县住建局、房管局派员现场进行鉴定确认。全县 10 万户农户房屋全部进行了安全鉴定。四是规范资金使用。县住建局和财政局联合审查，对验收达标的，及时拨付补助资金，对验收不达标的，一律不予拨付补助资金。为确保资金使用安全规范，县住建局和财政局联合下发文件，加强危房改造补助资金专项管理，所有危改资金通过“一卡通”直接打卡发放给农户，保障资金发放渠道安全、畅通，防止资金挪用、截留等违规情况的发生。

四、岳西县易地扶贫搬迁和危房改造的实践经验与启示

易地扶贫搬迁和危房改造作为党和国家保障民生的两项重要工程，是推进农村社会经济发展的重要举措，直接关系到脱贫攻坚成效，更与千万贫困群众的幸福感和获得感息息相关，同时也为乡村振兴战略“生态宜居”的要求打下坚实的基础。岳西县在政策执行过程中既确保了安置住房、基础设施和公共服务设施建设质量，又同步考虑了贫困群众就业创业、社区管理、文化传承等诸多方面，既解决了贫困群众搬迁的问题，也解决了搬迁后如何脱贫致富和可持续发展的问题。具体的实践经验与启示主要总结为以下几点：

（一）明确试点先行、谋定而后动的工作思路

岳西县结合当地实际，明确了试点先行、谋定而后动的工作思路，先在店前镇银河村、冶溪镇石咀村、青天乡老鸭村、田头乡上畈村四个村启动试点，及时总结经验，然后在全县其他乡镇推行。试点后提出的具体要

求包括：突出“三个坚持”，即坚持一户一宅、坚持规划先行、坚持搬迁与产业发展并重；做到“三个坚决防止”，即坚决防止在新的地质灾害点和山洪灾害区建房，坚决防止拆楼房建楼房，坚决防止因建房搬迁或购房搬迁致贫返贫；强化“三个联动”，采取“县指导、乡负责、村落实”的办法组织工程实施。

（二）强化政策保障，确保搬迁工作稳步推进

为确保搬迁工作稳步推进，岳西县从以下六个方面强化了政策保障：第一，在财政和投资政策上，县政府加大中央财政涉农资金整合力度，统筹用于集中安置区配套基础设施建设，县财政加大易地扶贫搬迁投入力度，合理调整地方债务结构，向易地扶贫搬迁倾斜，对搬迁贫困户发展生产小额贷款给予贴息补助，对阶段性融资困难但能带动搬迁贫困户就业的小微企业，提供短期过桥资金；第二，在金融政策上，引导和鼓励商业性金融机构创新金融产品，增加安置区和搬迁对象的信贷投放规模；第三，在土地政策上，新增建设用地指标优先满足易地扶贫搬迁项目建设需要，通过城乡建设用地增减挂钩优先解决易地扶贫搬迁安置所需建设用地；第四，在产业发展扶持政策上，优先安排相关涉农资金支持搬迁贫困户发展设施农业、乡村旅游、光伏扶贫等产业项目；第五，在就业创业扶持政策上，将符合条件的易地扶贫搬迁对象纳入就业技能培训补贴对象和就业援助对象，加大职业技能培训力度，提高补贴标准；第六，在公共服务和社会保障政策上，为搬迁群众的户口迁移、子女教育、医疗保险和养老保险等生活保障提供了便利。

（三）重点实现后续产业发展由被动“输血”向主动“造血”转变

科学制定产业扶贫实施方案，将安置点产业发展与县域产业发展规划

对接，做到产业发展落实到品种，生产基地布局到乡、村，主体明确到具体的龙头企业、合作社，龙头带动明确到村、户，因村设策、因户施策、一户一策。发展壮大扶贫特色产业，结合当地资源特点，引导搬迁户发展适合本地的生态复合型特色立体产业，帮助搬迁户遴选培育适宜的产业项目。完善产业扶贫利益联结机制，鼓励新型生产经营主体与搬迁贫困人口实施“一对多”的产业发展精准帮扶，鼓励农业新型生产经营主体吸纳搬迁贫困人口就业，鼓励按照资源变资产、资产变资本、资本变股本、农民变股民的思路，试点推进产业扶贫扶持资金折股量化帮扶。加大产业扶贫科技服务支持，以贫困地区的贫困村、扶贫点、产业园、新型经营主体为服务对象，开展定点定人、对口科技服务。

（四）加大精准培训力度，分类指导精准脱贫

一方面，围绕当地特色优势产业发展，加大精准培训力度。对具有劳动能力并愿意学习技能的搬迁人口实施免费培训，对有转移就业意愿的人员开展订单定向转移就业培训，对有创业意愿的人员开展项目创业培训，同时开展农民相关知识技能的基础培训。精准评估培训质量，及时调整培训重点方式。充分利用线上线下媒体，向广大搬迁群众宣传企业用工信息和就业创业扶持政策，促进劳动者和企业有效对接。另一方面，对不同情况的贫困户进行分类指导，从而实现精准脱贫：一是从致贫原因来看，有的是短期的、暂时的，有的是长期的、无法逆转的，据此可以分为短期贫困户和长期贫困户；二是从发展前景或潜在成长性来看，有的贫困户受过一定程度的教育，身体健康，自身有强烈的脱贫致富动力，但苦于无资金、无技术、无门路脱贫致富，对这类农户加以政策引导支持、技术培训、项目对接，让其脱贫致富，发挥创业带头作用。有的贫困户受知识、身体能力等综合条件的限制，发展潜力不大，自身努力也只能保障一个基

本的温饱，可通过就地劳务、家庭养殖、加入合作社等稳定脱贫，并逐步巩固。

（五）打造良好的社会网络，帮助搬迁群众融入新社区

贫困群众搬离熟悉的原居住地，生活环境和生产方式发生改变，在生产、生活和心理等方面有不少困难，能否经受住迁徙带来的挑战，不仅取决于搬迁群众自身的适应能力，也取决于安置区的人文社会环境。为了使他们更快地融入新社区，县里重点抓了以下四点：第一，以社会支持为重点促进移民社会网络重建，激发搬迁群众和迁入地原居民的热情和共同体意识，建立起平等的人际网络，实现成员之间的资源互享互换、信息交流和互助，逐渐形成亲缘、地缘和非血缘并重的社会资源配置体系，使搬迁群众通过社会网络获得一定的认同感进而达到融合的目的。第二，持续加强社区组织建设，在安置区完善搬迁群众的基层党组织，对社区群众生活中遇到的普遍问题及时与相关部门沟通，及时表达和维护群众利益。第三，加强社区移民之间的交流，举行各种文化娱乐活动，增强社区移民之间的凝聚力。第四，畅通利益诉求表达渠道，及时了解和掌握搬迁群众的诉求，建立社会风险评估机制，妥善处理易地搬迁过程中和搬迁后可能存在的社会风险。

附　录

一、岳西县贫困村情况

表1　岳西县2002年重点贫困村（单位：人）

乡镇名称	人口数	贫困村名	乡镇名称	人口数	贫困村名
店前镇	20061	中心、河西、杨胜、徐良、三星、店前、杏花	莲云乡	19100	平岗、莲塘、双珠、通真、将军
来榜镇	22910	黄花、朱塔、鲍冲、余宕、泗州、枫树、横河、下河、公山	青天乡	11769	杨坳、嫩园、石河、界碑、走马、界岭、仓园、同心
菖蒲镇	20544	长岗、东渡、沈岭、毛畈、西畈、吕圩、大树	包家乡	5893	川岭、美丽、石佛、包家、鹞落
头陀镇	10810	大枧、茅庵、马家、英山河、计家、小滑岭、东坡、西美	古坊乡	9126	西河、下坊、月形、长岭、上坊、檀树
白帽镇	21207	羊角、唐河、中园、朱子、高桥、华林、马山、土桥	田头乡	12310	闵山、下潭、方边、下畈、平河、上潭、林湾、上畈
温泉镇	32759	龙井、后山、高枧、牌坊、聚星、资福	中关乡	20763	河店、北山、吴畈、沙峰、横山、蔡畈、京竹、斗水

续表

乡镇名称	人口数	贫困村名	乡镇名称	人口数	贫困村名
响肠镇	19303	下浒、金山、响肠、后冲、请水寨	石关乡	12405	籼湾、伏龙、方山、张家、马畈、黄羊、石关、东冲
河图镇	11771	凉亭、金鬼、北庄、明堂、竹坪、白杨、程河	姚河乡	8635	马石、邱山、管山、杨湾、沈桥
五河镇	13481	鲁冲、横排、王岭、响山、思河、林山、五河、扪鼓	和平乡	9579	九河、松坳、雨山、香山、海螺
主簿镇	8187	蒋庄、主簿、槐树、黄金、大塘	西坪乡	1602	西坪、皂湾、裕丰
黄尾镇	7321	黄龙、官庄、门楼、云峰、严家	前河乡	4307	新民、前河、后河、黄岭
冶溪镇	22507	三友、白石、金盆、蛮王、鸿雁、光华、司麓、桃阳	岩河乡	4260	转桥、南冲、里仁、岩河
毛尖山乡	14188	四河、高峰、上水、上舍、高岭、夏冲	茅山乡	6308	萌塝、永乐、闻坳、河南
巍岭乡	4068	夹河、夺坪、杨河、巍岭			

表 2　岳西县贫困村名单及其出列时序

乡（镇）	岳西县贫困村（65 个）	
	2016 年出列村（56 个）	2017 年出列村（9 个）
白帽镇（4 个）	江河村、深村村、双畈村	南庄村
包家乡（2 个）	包家村、石佛村	
菖蒲镇（4 个）	毛畈村、菖蒲村、西畈村	岩河村
店前镇（4 个）	店前村、银河村、天台村	司空村
和平乡（3 个）	和平村、九河村、太阳村	
黄尾镇（2 个）	黄龙村、平等村	
来榜镇（4 个）	枫树村、马元村、清潭村、羊河村	
毛尖山乡（2 个）	红旗村、林河村	
青天乡（4 个）	河口村、三槐村	老鸭村、道义村
石关乡（2 个）	东冲村、蛇形村	
田头乡（4 个）	方边村、田头村	上畈村、泥潭村
头陀镇（2 个）	石盆村、梓树村	
巍岭乡（2 个）	巍岭村、杨河村	
温泉镇（3 个）	莲花村、斯桥村、西营村	
响肠镇（2 个）	独山村、新浒村	
冶溪镇（4 个）	白沙村、大山村、桃阳村	罗铺村
姚河乡（2 个）	沈桥村、龙王村	
中关乡（2 个）	京竹村、中关村	
主簿镇（2 个）	南田村、主簿村	
五河镇（5 个）	百步村、横排村、思河村、响山村、叶河村	
古坊乡（3 个）	古坊村、前进村	上坊村
河图镇（2 个）	岚川村、金杨村	
莲云乡（1 个）	莲塘村	

二、岳西县建档立卡贫困户收入情况

表3 2015—2018年岳西县贫困户人均十等分组纯收入情况

分组	2015年人均纯收入	2016年人均纯收入	2017年人均纯收入	2018年人均纯收入	2016年人均收入增长率	2017年人均收入增长率	2018年人均收入增长率
10	2964.55	4845.54	5727.8	6267.47	63.45%	18.21%	9.42%
20	3460.75	5768.26	6745.59	7391.03	66.68%	16.94%	9.57%
30	3993.5	6542.96	7600.5	8324.3	63.84%	16.16%	9.52%
40	4536.23	7290.43	8417.72	9201.82	60.72%	15.46%	9.31%
50	5161.7	8044.03	9254.13	10107.8	55.84%	15.04%	9.22%
60	5817.28	8878	10198.25	11037.4	52.61%	14.87%	8.23%
70	6693.84	9839.38	11311.48	12261.13	46.99%	14.96%	8.40%
80	7769.78	11154.88	12864.28	13943.29	43.57%	15.32%	8.39%
90	9645.29	13665.29	15527.32	16718.79	41.68%	13.63%	7.67%

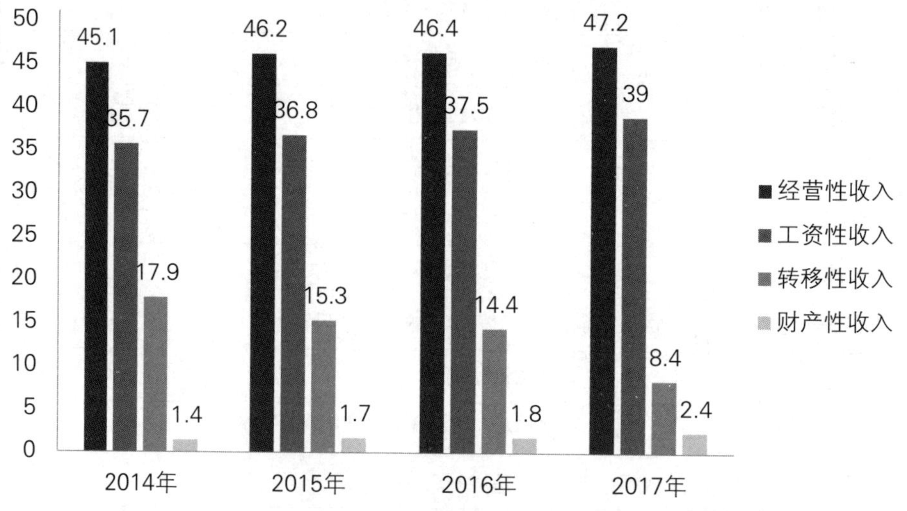

图1 岳西县2014—2017年农村居民人均可支配收入结构变化百分比

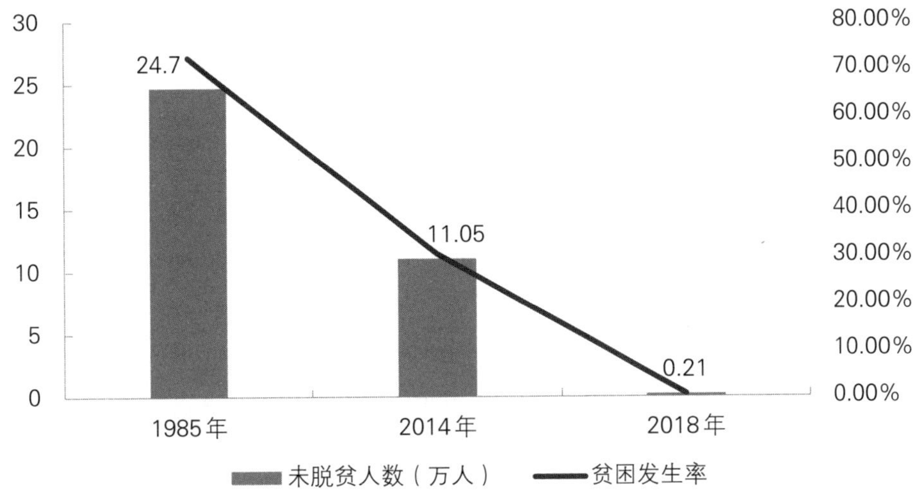

图 2　1985 年、2014 年、2018 年岳西县贫困发生率走势

三、岳西县贫困户致贫原因分析及其主要表现

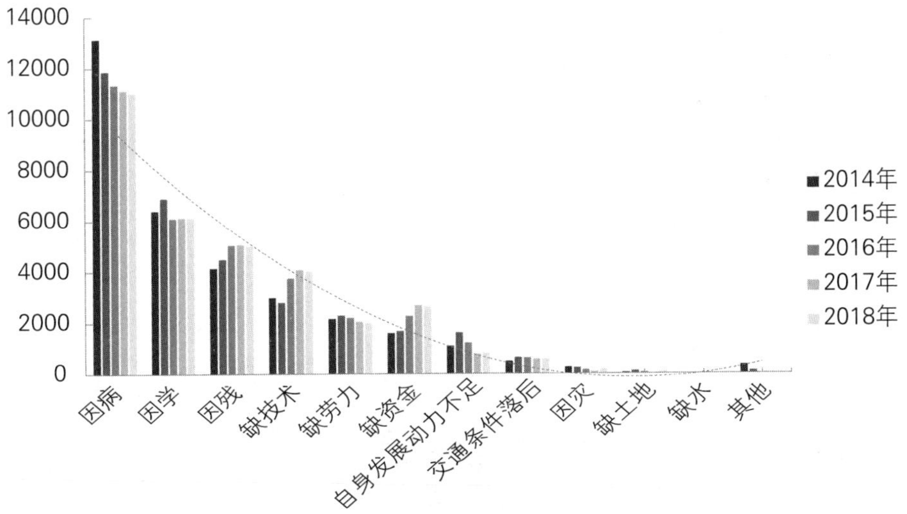

图 3　2014—2018 年岳西县建档立卡贫困户致贫原因变化趋势

（截至 2018 年 12 月 9 日）

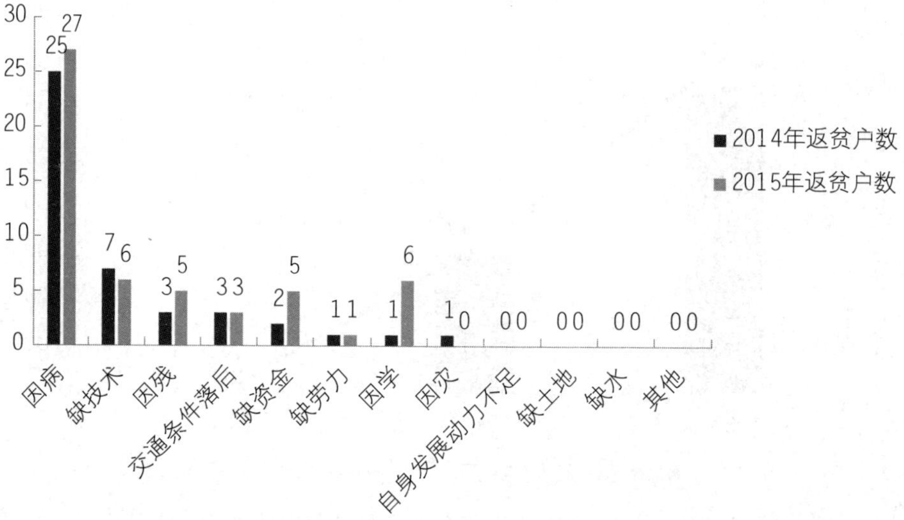

图 4　岳西县 2014—2015 年返贫原因分析

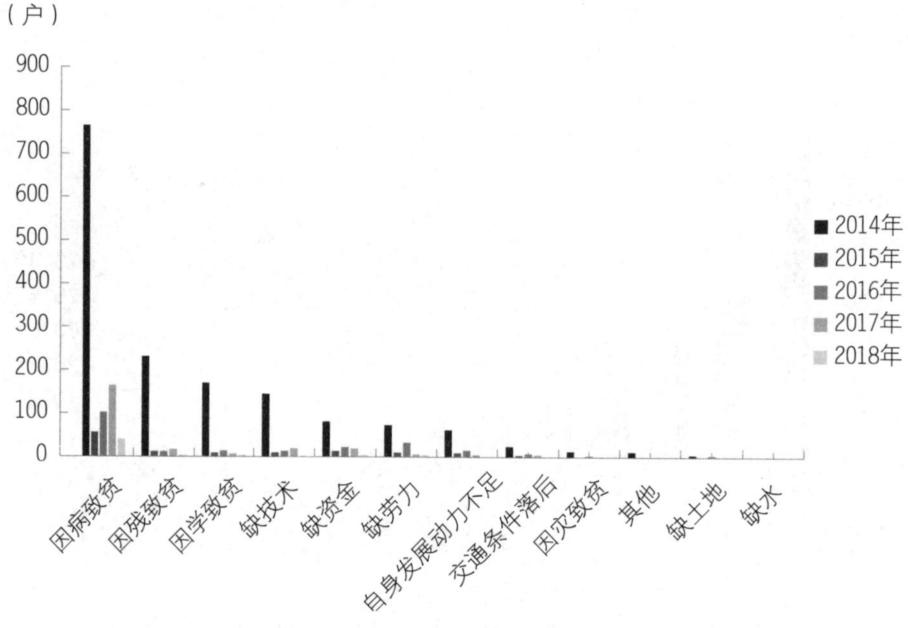

图 5　岳西县 2014—2018 年新增贫困人口致贫原因分析

（截至 2018 年 12 月 9 日）

四、岳西县产业发展及就业情况

表4 “十二五”期间产业发展情况一览

类型 年份	新发展茶园面积（万亩）	新发展桑园面积（万亩）	新发展蔬菜面积（万亩）	新发展中药材面积（万亩）	新增茶叶加工厂（个）	扶持农民专业合作社（个）	新增养殖规模（万头/只）	修建沼气池（个）
2011	0.62	1	0.5	0.5	10	2	313	2750
2012	0.21	0.2	0.4	0.57	15	2	369	1500
2013	0.24	0.25	0.2	0.37	147	2	281	2000
2014	0.40	0.17	0.4	0.27	8	12	181	800
2015	0.37	0.12	0.3	0.21	20	18	185	800
合　计	1.84	1.74	1.8	1.92	200	36	1329	7850

数据来源：摘自《岳西县“十二五”产业精准扶贫规划》。

表5　岳西县2016—2018年就业创业情况统计

类　型	2016年度	2017年度	2018年度
提供就业帮扶贫困户（名）	3682	4138	524
制订帮扶计划（条）	4781	4825	—
开展帮扶（次）	5676	6813	—
帮扶率（%）	100	100	100
新开发公益性岗位（个）	166	199	375
在册贫困劳动力（人）	4	98	260
发放贫困劳动者社保补贴（万元）	2.8	27.23	188.67
岗位补贴（万元）	1.02	9.99	87.56
开发保洁保绿等辅助性岗位（个）	305	589	800

续表

类 型	2016 年度	2017 年度	2018 年度
安置贫困家庭成员（个）	—	246	800
因地制宜开发居家就业岗位（个）	901	1.6	1000
新招募就业扶贫基地（家）	30	54	5
提供就业岗位（万个）	0.32	1.9	—
新建扶贫驿站	—	40	4
乡镇开展实用技术培训（次）	8470	1970	327

数据来源：根据《岳西县就业脱贫工程工作汇报材料》整理。

五、2014—2017 年岳西县经济发展情况

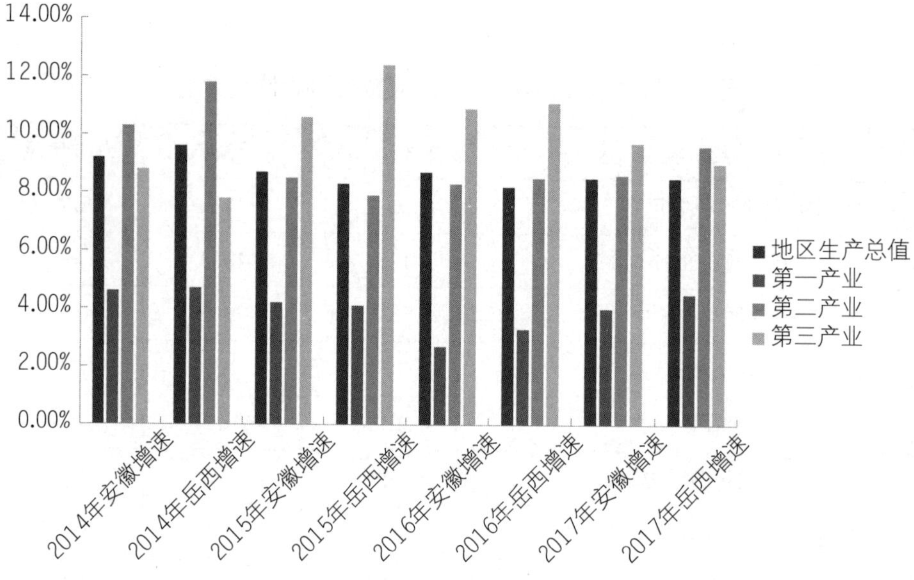

图 6 2014—2017 年安徽省、岳西县的生产总值、产业增加值增速情况

表6 2014—2017年安徽省和岳西县的经济增长情况

地区	指标＼年份	2014		2015		2016		2017	
		绝对数（亿元）	比上年增长（%）	绝对数（亿元）	比上年增长（%）	绝对数（亿元）	比上年增长（%）	绝对数（亿元）	比上年增长（%）
安徽	地区生产总值	20848.75	9.20	22005.6	8.70	24117.9	8.70	27518.7	8.50
	第一产业	2392.39	4.60	2456.7	4.20	2567.7	2.70	2611.7	4
	第二产业	7378.68	10.30	11342.3	8.50	11666.6	8.30	13486.6	8.60
	第三产业	7378.68	8.80	8206.6	10.60	9883.6	10.90	11420.4	9.70
岳西	地区生产总值	73.4	9.60	77	8.30	82.62	8.20	92.6	8.50
	第一产业	15.26	4.70	15.35	4.10	15.72	3.30	16.85	4.50
	第二产业	41.02	11.80	42.07	7.90	44.7	8.50	48.77	9.60
	第三产业	17.12	7.80	19.53	12.40	22.2	11.10	26.98	9.00

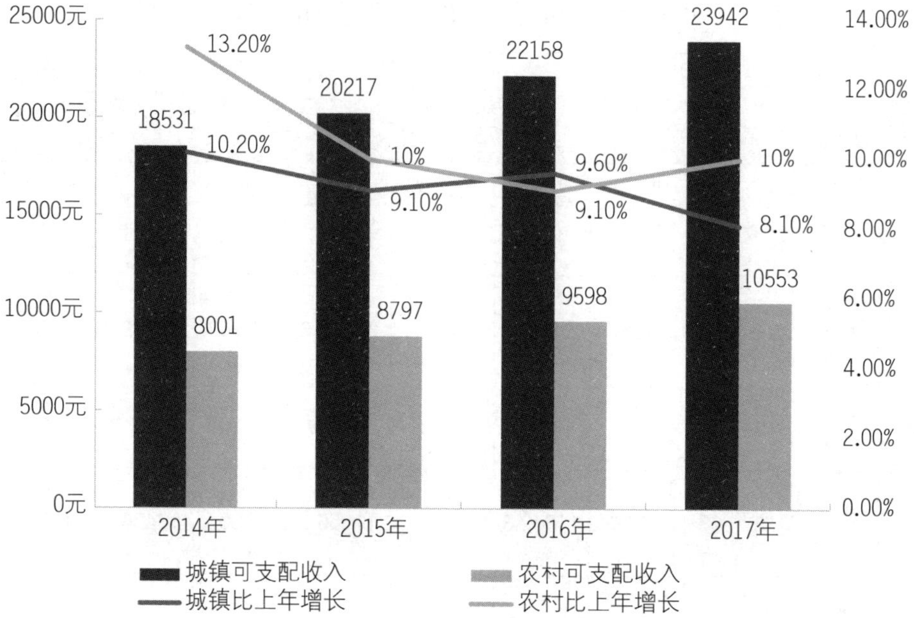

图 7　2014—2017 年岳西县城乡可支配收入情况

后　记

消除贫困、改善民生、逐步实现共同富裕，是社会主义的本质要求，是我们党的重要使命。为实现2020年全面建成小康社会的庄严承诺，实现小康路上一个也不掉队，党和政府展开了以“精准”为特色的波澜壮阔的脱贫攻坚战。目前，脱贫攻坚已经取得了决定性的成绩，一大批贫困县先后顺利脱贫。为了总结脱贫攻坚经验，国务院扶贫办全国扶贫宣传教育中心组织了一系列的脱贫攻坚经验总结活动。这本书就是贫困县脱贫攻坚经验总结的系列成果之一。

位于安徽西南大别山区的岳西县是中国脱贫攻坚工作的一个缩影，在习近平总书记关于扶贫工作的重要论述指引下，在县委、县政府的坚强领导下，在包括贫困人口在内的全县人民的共同努力下，岳西县于2018年顺利宣布脱贫摘帽，成为安徽脱贫第一县。岳西县在脱贫攻坚工作中探索和积累了多方面的经验，这些经验不仅直接回应了贫困地区和贫困农户如何实现减贫发展的问题，也为提升地方和基层政府的治理能力和水平提供了借鉴，这些经验对于深化农村改革、实现乡村振兴也有重要的启迪意义。

在国务院扶贫办宣教中心统一领导下，中国农业大学人文与发展学院组成课题组，于2018年12月开始对岳西脱贫攻坚经验进行调查、研究、分析、归纳。课题组在岳西县委、县政府特别是县扶贫办的支持下，通过文献整理、建档立卡数据分析、实地调研走访、问卷调查、案例分析和座谈会等方式，形成了对岳西县脱贫攻坚经验的概括性成果，具体包括以下几个方面：概要对岳西县脱贫攻坚经验的整体总结，概括出了“以发展引领脱贫”的岳西县经验；本书的第一章到第四章是对岳西县脱贫攻坚的全局性分析，分别研究了岳西县的贫困特点和原因、岳西县贫困治理的总体框架、县域内的区域统筹减贫发展问题和贫困村的脱贫与整体提升问题；本书的第五章至第十章，依据不同的致贫原因，分析了不同行业和领域的减贫实践经验，包括产业与就业扶贫、生态保护扶贫、教育减贫、社会保障减贫、健康扶贫和易地搬迁减贫等；本书的附录包括岳西县社会经济发展和贫困的一些基本信息，供感兴趣的读者参考。

本书是集体研究的成果，课题组组长左停，副组长于乐荣、唐丽霞和李凡负责课题的策划、设计、组织实施和统稿、审稿工作。概要由左停、唐丽霞、于乐荣负责，第一章由刘洋、唐丽霞负责，第二章由徐卫周、于乐荣负责，第三章由李博、刘启明负责，第四章由李佟劼、李凡、唐丽霞负责，第五章由李卓、李凡负责，第六章由张一珂、唐丽霞负责，第七章由刘文婧、王琳、左停负责，第八章由赵梦媛、刘林负责，第九章由金菁、王琳、左停负责，第十章由苏青松、刘林负责，附录部分由刘文婧、于乐荣负责。

在课题研究和本书写作过程中，汲取了岳西县委、县政府和有关部门的许多非常有价值的意见和建议。县委书记周东明、县长江春生县长亲自主持召开有关岳西县脱贫经验总结研究座谈会，并对岳西县的经验进行了高度概括；在国务院扶贫办宣教中心组织的三次评审会上，宣教中心黄承伟主任（已调任中国扶贫发展中心主任）和其他许多领导、专家提出了非常有价值的修改意见；研究出版社的专家从出版的视角也提出了很多有益的建议，他们的意见和建议对于本书的形成和完善发挥了重要作用。由于时间和课题组作者水平的限制，本书可能没有完全展示岳西县脱贫攻坚的丰富经验，书中也可能存在一些问题，这些问题均由课题组作者负责。课题组期待读者对本课题研究和本书提出意见和建议，也期待与读者就岳西县包括全国乃至人类社会的减贫问题进行更多的交流，共同为人类的反贫困事业而努力。

本书编写组

2019年4月于中国农业大学